Von wegen alternativlos!

Lektorat: Moritz Malsch, Berlin
Umschlaggestaltung und Satz: Christine Paxmann text • konzept • grafik
Druck und Bindung: Aalexx Buchproduktion GmbH, Großburgwedel

ISBN 978-3-905811-77-3

Karl-Martin Hentschel

Von wegen alternativlos!

Die gerechte Gesellschaft als Ziel

INHALTSVERZEICHNIS

VORBEMERKUNG

Dieses Buch ist keiner der dramatischen Beiträge, die das Elend der Welt und die Bosheit oder Hilflosigkeit der Politik anklagen und dann die Leser ratlos zurücklassen. Im Gegenteil: Mit diesem Buch will ich all denen Mut machen, die etwas verändern wollen. Dazu bedarf es mehr als einer Kritik der Verhältnisse. Es werden Visionen für eine gerechte und nachhaltige Gesellschaft gebraucht, die die Menschen begeistern – aber auch konkrete Vorschläge, die praktisch umgesetzt werden können.

Dieses Buch handelt von Politik. Im September dieses Jahres wird der Bundestag neu gewählt. Endlich müssen grundlegende Entscheidungen getroffen werden, die seit Jahren vertagt werden: Die Reform des Sozialsystems hin zu einer Bürgerversicherung, ein gerechtes Steuersystem, der Umbau des Energiesystems, die Regulierung der Finanzmärkte und schließlich eine Neukonstituierung Europas – das alles sind gewaltige Aufgaben. Wer jedoch von den Parteien mutige, mitreißende Ideen erwartet, wird enttäuscht. Das Unwort „Politikverdrossenheit" wabert durch die Medien. Viele Menschen haben den Eindruck, Politik könne nichts bewirken.

Angesichts dieser Angst vor dem Risiko können nicht mal Protestparteien Wähler wirklich binden. Den Piraten fehlt ein Kernthema, das jenseits der Netzgemeinde Interesse weckt. Selbst diese Szene ahnt, dass die politischen Entscheidungen in der Realwelt getroffen werden müssen. Die Linken werden von den meisten Menschen trotz vieler richtiger Forderungen nicht für realitätstauglich gehalten – die „Normalbürger" trauen ihnen nicht. Die neoelitären Thesen der neuen FDP wirken unglaubwürdig, gewollt und lebensfern. Nicht einmal die Rechtsradikalen können von der Politikverdrossenheit profitieren – zum Glück. Meine Partei, die Grünen, gewinnt zwar hinzu, hat aber leider immer noch den Geruch der Intellektuellenpartei, die zwar Öko kann, aber nicht genug Herzblut für sozial Schwache übrig hat. Und die SPD verliert trotz der Schwäche der Union weiter. Sie treibt zwischen der hilflosen Gerechtigkeitsrhetorik der Parteilinken und dem StaatsMÄNNERtum von Steinbrück und Co.

Die Schuld an diesem Zustand allein den Parteien zu geben, griffe jedoch zu kurz. Revolutionen brauchen Subjekte. Wer in einer Demokratie etwas Grundlegendes verändern will, der braucht dafür Mehrheiten. Und Mehrheiten bekommt man nicht ohne die zwar kleiner werdende, aber immer noch dominierende bürgerliche Mitte. Das sind die Normalverdiener, die Angestellten- und Arbeiterfamilien und vor allem die Rentner, die noch eine gute Rente bekommen. Und diese Mitte will vor allem Sicherheit. Deswegen ist Merkel mit ihrer Aussitzpolitik, die sie von Kohl gelernt hat, so populär. Sie ist die Inkarnation des „Weiter so" – und viele Menschen ziehen das jedem Risiko vor, auch wenn sie ahnen, dass es so nicht weitergehen kann.

Wenn wir in dieser Situation etwas bewegen wollen, dann müssen Alternativen formuliert werden, die realistisch sind und zugleich begeistern können. Dazu brauchen wir einen Diskurs über die Zukunft. Hier sind die Multiplikatoren gefordert – in der Politik, in den Verbänden und Gewerkschaften, in den Hochschulen, in der Wirtschaft und besonders in den Medien. „Die Medienwelt schlürft und gurgelt die Krise genussvoll", schreibt Hans-Ulrich Jörges im Stern.[1] „Der Spiegel produzierte seit 2009 nicht weniger als zwölf Titelgeschichten über den Untergang des Euro, das Herausbrechen Griechenlands und eine heranbrandende Inflation. Wann hat sich ein Leitmedium so falsch, so haltungslos positioniert?" Ich gebe zu: Ich mochte Jörges' überhebliche Kommentare nie so richtig. Aber diesmal hat er mir aus der Seele gesprochen.

Das ist der Grund, warum dieses Buch weder eine aktuelle Wahlempfehlung noch eine Polemik über die Programme einzelner Parteien enthält. Im Gegenteil: Dieses Buch sucht Antworten, ohne Angst zu machen. Es formuliert Vorschläge zu fast allen aktuellen Fragen der Politik, die oft weit über das hinausgehen, was in der Tagespolitik diskutiert wird. Und das Besondere an diesen Vorschlägen ist: Sie sind durch und durch realisierbar! Manch einer davon mag vielleicht utopisch klingen – es handelt sich aber überwiegend um Konzepte, die in dem einen oder anderen Land dieser Welt bereits praktiziert werden. Es wird Zeit, dass wir aus den guten Ideen praktische Politik machen.

Karl-Martin Hentschel

1 Jörges 2013: *Wenn die Bestie erwacht* (siehe Quellenverzeichnis im Anhang)

Dank

Ich möchte all denen meinen Dank sagen, die durch Kritik, Rat, Diskussionen und Ermutigung zum Entstehen dieses Buches beigetragen haben. An erster Stelle geht das an Lutz, Lars, Gabi und Joanna für das Gegenlesen, Korrigieren und viele Veränderungsvorschläge. Der Dank geht auch an all diejenigen, mit denen ich über die Thesen des Buches diskutieren konnte – Freunde und Bekannte, Wissenschaftler und Fachleute, viele Mitstreiter in der grünen Partei, in dem globalisierungskritischen Bündnis Attac und bei Mehr Demokratie e. V. Dazu gehören auch die Teilnehmer an den Präsentationen meiner Thesen in den Sommerakademien von Attac 2010 und 2012 und auf dem Wirtschaftsworkshop der Grünen Schleswig-Holstein im Sommer 2011 in Heide. Und schließlich danke ich meinem Agenten Lars Schultze-Kossack, der die Herausgabe des Buches überhaupt erst möglich gemacht hat, und meinem Lektor Moritz Malsch für viele Verbesserungsvorschläge und Anregungen, die in das Buch eingeflossen sind.

AUSSTIEG AUS DEM KETTENKARUSSELL

Eine Einführung

Wir stehen am Abgrund! Die Weltbevölkerung nimmt Kurs auf die Zehn-Milliarden-Marke, und alle wollen anständig leben können. Wenn all diese Menschen auch nur den Wohlstand erreichen sollen, der dem jetzigen OECD-Durchschnitt[2] entspricht, dann müsste die Weltwirtschaft 15-mal so viel produzieren wie heute. Das wäre 75-mal so viel wie im Jahre 1950. Diese verblüffende Rechnung stellt der britische Ökonomieprofessor Tim Jackson in seinem Buch *Wohlstand ohne Wachstum* vor.[3]

Zugleich hat der Weltklimarat in seinem Bericht 2010 vorgerechnet, dass wir bis 2050 die Emissionen von Kohlendioxid weltweit um 85 Prozent reduzieren müssen. Bei gleicher Verteilung für alle Menschen bedeutet das für jeden Deutschen eine Reduzierung um 95 Prozent – für US-Amerikaner noch mehr. Wie soll das zusammengehen?

Das ständige Wachstum hat offensichtlich nicht den Wohlstand gebracht, den wir uns davon erhofft hatten. Seit dem Zweiten Weltkrieg hat sich das Einkommen der Menschheit verfünffacht. Und doch leben Milliarden im Elend – mehr als je zuvor. Auch die ungleiche Verteilung der Güter wurde nicht korrigiert. Im Gegenteil: Der Abstand zwischen Arm und Reich nahm in den letzten Jahrzehnten sogar zu – der zwischen Europa und Afrika ebenso wie die Unterschiede innerhalb Deutschlands.

Die bisherige Politik war also nicht erfolgreich. Und sie kann angesichts des Klimawandels und der endlichen Ressourcen sowieso nicht fortgesetzt werden. Tatsächlich verbrauchen wir mittlerweile mehr als doppelt so viele Ressourcen, wie unser begrenzter Planet hergibt. Und unser zunehmender Energieverbrauch führt dazu, dass wir die Erde kontinuierlich aufheizen.

Es ist kein Wunder, dass nicht nur linke Systemkritiker, sondern auch etablierte Ökonomieprofessoren über grundlegende Fragen neu

2 Die OECD (Organisation for Economic Cooperation and Development) dient der Abstimmung der Wirtschaftsentwicklung, der Entwicklung von Standards und dem Erfahrungsaustausch.

3 Jackson 2009: *Prosperity without Growth*.

nachdenken: Wollen wir kein Wachstum mehr? Oder brauchen wir ein anderes Wachstum? Brauchen wir eine Renaissance der sozialen Frage? Müssen wir über Gleichheit und Gerechtigkeit neu nachdenken?

In meiner Jugend verband man Wirtschaftswachstum noch selbstverständlich mit der Vorstellung von mehr Konsum für alle und einem glücklicheren Leben. Damals war das Auto für jeden noch unvorstellbar, und eine Flugreise ans Mittelmeer war ein Traum, den sich nur Filmstars und Millionäre leisten konnten. Heute sind solche Träume für die Normalverdiener längst Wirklichkeit geworden – aber das große Glück für alle ist trotzdem nicht gekommen. Wenn heute Politiker oder Wirtschaftsexperten weiteres Wachstum einfordern, dann wird das längst nicht mehr mit Glücksverheißungen verbunden, die ohnehin keiner mehr glauben mag. Stattdessen wird postuliert, dass wir Wirtschaftswachstum brauchen, weil ohne Wachstum die Wirtschaft in eine Krise gerät. Nicht das Versprechen auf ein besseres Leben, sondern die Angst vor Arbeitslosigkeit und Absturz werden immer mehr zu Motoren der wirtschaftlichen Dynamik.

Diese Situation erinnert fatal an die Fahrt in einem Kettenkarussell, das immer schneller wird. Wir alle sitzen drin und bekommen zunehmend Angst, doch die Geschwindigkeit nimmt immer mehr zu. Die ersten Fahrgäste geraten in Panik und wollen raus. Aber je rasanter wir kreisen, desto gefährlicher wird es, abzuspringen. So klammern wir uns fest in der Hoffnung, dass die Ketten nicht reißen.

In dieser Situation brauchen wir eine Agenda, die sowohl radikal ist als auch begeistern kann, die aber auch praktikabel sein muss – also eine realistische Utopie. Offensichtlich sind erhebliche Veränderungen in der Logik unserer Gesellschaft erforderlich. Aber welche Änderungen sind sinnvoll? Welche Gesellschaft wollen wir haben? Die Kriterien dafür sind recht einfach zu formulieren: Gerecht soll sie sein und wirtschaftlich erfolgreich, nachhaltig und sicher, demokratisch und doch handlungsfähig. So weit besteht vermutlich überwiegend Einigkeit. Aber wenn es darum geht, ein konkretes Modell zu finden, das diese Wünsche erfüllt, wird es schwierig. Der Kommunismus ist gescheitert. Der Kapitalismus hat die Kutsche gegen die Wand gefahren. Welche Alternativen gibt es?

Dabei geht es um mehr als um Wachstum, die Verteilung des Reichtums und eine saubere Umwelt. Es geht um die Frage, was die Menschen von ihrer Gesellschaft, von ihrem Leben eigentlich jenseits von Essen, Trinken, Wohnen und Kleidung erwarten. Und damit reden wir über Themen wie Glück, Lebensqualität und die Fähigkeit, das eigene Leben selbst zu gestalten. Insofern richtet sich die Frage nach der zukünftigen Gesellschaft nicht nur an die Ökonomie und Ökologie, sondern auch mindestens in gleichem Maße an die Philosophie und Psychologie. Letztlich landen wir bei der Frage nach dem Sinn des Lebens.

Wussten Sie, dass die meisten Schweden keine Steuern an die Regierung in Stockholm zahlen – obwohl Schweden die höchste Steuer- und Abgabenquote der Welt hat? Ein Paradox, das ich später aufklären werde. Denn tatsächlich resultierte die Idee, dieses Buch zu schreiben, ursprünglich aus meiner Beschäftigung mit dem skandinavischen Modell. Es hat mich immer verblüfft, dass dort die Mehrheit der Menschen bereit ist, mehr Steuern zu zahlen als irgendwo anders. Sie sind also bereit, mehr in „ihre" Gesellschaft zu investieren als die Menschen in Zentraleuropa, wo zwar viel vom Staat erwartet, aber schnell aufbegehrt wird, wenn dafür vom Finanzamt in Form von Steuern oder Abgaben die Rechnung präsentiert wird.

Eine zweite persönliche Quelle für dieses Buch waren meine sehr widersprüchlichen Erlebnisse in unterschiedlichen Berufen und Tätigkeiten. Ich begann mein Berufsleben als Offizier der Bundeswehr. Später war ich in einem Konzern als Computerspezialist tätig, engagierte mich als Betriebsrat und wurde schließlich zum Leiter einer Abteilung für neue Technologien befördert. Mit 46 Jahren wechselte ich von der Wirtschaft in die beim Bürger so ungeliebte Politik und war schließlich Fraktionsvorsitzender der Grünen während der Simonis-Regierung in Schleswig-Holstein. Ich habe dabei erfahren, dass sich die Sicht eines Beamten auf ökonomische Fragen diametral von der eines Verantwortlichen in der Wirtschaft unterscheidet, der auf positive Zahlen achten muss, wenn er nicht Menschen in die Arbeitslosigkeit schicken will. Und auch das Bildungssystem stellt sich aus dem Blickwinkel einer Regierung völlig anders dar als aus der Perspektive eines Elternbeirates in der Schule und wiederum aus Sicht eines Bildungsforschers an der Universität. Während eine Regierung angesichts leerer Kassen jeden Euro zweimal umdrehen muss, um nicht noch mehr Schulden zu hinterlassen, können Eltern oft nicht verstehen, wieso für etwas so Wichtiges und Zentrales wie Schulen nicht ausreichend Geld da sein soll.

Zu meiner Überraschung hatten die meisten Politikerinnen und Politiker, die ich im schleswig-holsteinischen Parlament und auch in vielen Konferenzen in Berlin, Dresden oder München, in Hongkong, Warschau oder Reykjavík kennenlernte, entgegen der herrschenden Volksmeinung keineswegs nur ihre privaten Interessen im Blick, sondern engagierten sich mit viel persönlichem Einsatz für die von ihnen für richtig erachteten Ziele und die Menschen in ihrem Wahlkreis. Und doch wurden sie unablässig beschimpft – jedenfalls wenn sie dem Regierungslager angehören. Die Opposition wird dagegen meist heftig beklatscht, wenn sie die Regierung kritisiert – aber eben nur bis zur nächsten Wahl. Diese Erfahrung machen ja auch viele grüne Politiker, wenn sie eine Zeit lang regiert haben. In diesem Buch wird deshalb die Frage gestellt, welche Ziele Politik wie verfolgen sollte und worauf es den Menschen wirklich ankommt. Wollen die Menschen mehr Reichtum, mehr Glück, mehr Freiheit, mehr Sicherheit oder gar alles zusammen? Und wie ist das zu gewährleisten? Es ist erstaunlich, dass diese Fragen in den täglichen Diskussionen über Politik und gutes Leben nur eine geringe Rolle spielen. Dabei hat sich eine Vielzahl von Wissenschaftlern, Autoren und Philosophen in den letzten Jahren damit beschäftigt.

Während der erste Teil dieses Buches eine Antwort auf diese grundlegenden Fragen und Probleme sucht, liegt der Schwerpunkt im zweiten Teil auf dem Konkreten. Dahinter steht meine Überzeugung, dass abstrakte Staatsphilosophien und Utopien wichtig sind, aber nicht ausreichen, um die Welt auf sinnvolle Weise zu verändern. Zu oft sind Utopien in der harten Wirklichkeit gescheitert oder haben zu anderen Ergebnissen geführt, als der Philosoph sich gedacht hatte. Schon bei den Praktika in der Physik und Chemie während meines Studiums habe ich gelernt, dass Experimente oft andere Ergebnisse liefern, als wir uns beim Versuchsaufbau vorgestellt haben. Das muss kein Messfehler sein. Im Gegenteil – aus den Abweichungen können Wissenschaftler oft viele wertvolle Erkenntnisse gewinnen und die Theorie weiterentwickeln.

In der Politik ist das allerdings viel schwieriger. Denn die Menschen reagieren nicht nur oft anders als erwartet auf die Versuche von Politikern, sie zu beglücken. Anders als Objekte in einem physikalischen Experiment haben sie auch noch eine eigene Intelligenz und setzen diese gegebenenfalls dazu ein, bewusst die Absichten der Regierung zu durchkreuzen. Sowieso sind Experimente mit einer Gesellschaft sehr riskant und oft leidvoll. Die Geschichte des 20. Jahrhunderts ist dafür ein grauenhaftes Lehrbuch. Deswegen sind positive praktische Erfahrungen so wertvoll.

Ich möchte aber nicht missverstanden werden: Ich halte Utopien und Visionen für dringend erforderlich. Ohne Visionen von einer besseren Welt kann man Menschen kaum dazu bringen, sich zu begeistern und zu engagieren. Aber man sollte die Utopien nicht im Jenseits – im Himmel oder im Kommunismus nach der erhofften Weltrevolution – suchen, sondern hier auf Erden. Beispiele von guter Praxis gibt es viele, in Skandinavien und Indien, in der Schweiz und in Neuseeland, in Kanada wie auch in Japan und sogar in Deutschland. Sie müssen nur aufgespürt werden. Natürlich können nicht alle Modelle überallhin übertragen werden, aber so manches Beispiel enthält Weisheiten, die sich verallgemeinern lassen.

Wie man sieht, bin ich Optimist und gehöre nicht zu denjenigen, die den Weltuntergang voraussehen. Im Gegenteil: Ich bin überzeugt davon, dass wir es packen werden – dass am Schluss die Vernunft doch siegen wird. Aber leicht wird es nicht. Einfach abwarten, dass die Dinge sich zum Guten entwickeln, ist mit Sicherheit keine Lösung. Die Lage der Welt erfordert dringend aktives Handeln. Um aber wirksam handeln zu können, brauchen wir das Wissen über unsere Optionen und einen offenen Dialog über unsere Ziele. Dazu soll dieses Buch beitragen.

TEIL I

DER STOFF, AUS DEM DIE TRÄUME SIND

Wer Modelle für eine „gute“ und „gerechte“ Gesellschaft sucht, begibt sich leicht auf Glatteis. Er sollte die Fallstricke kennen, über die beim Nachdenken über eine bessere Welt nicht nur wohlmeinende Politiker, sondern auch kluge Philosophen gestolpert sind. Er sollte auch die Fakten und Rahmenbedingungen kennen, die für jede noch so kluge Utopie die Grenzen setzen und die zukünftige Wege ebnen oder versperren können.

Darum beschäftigt sich Teil I dieses Buches mit neuen und alten Debatten und Philosophien und mit aktuellen Forschungsergebnissen über so grundlegende Themen wie Glück und Gerechtigkeit, Wachstum und Nachhaltigkeit, Sinn und Unsinn von Utopien und das Problem der Komplexität menschlicher Gesellschaften.

Am Beginn dieses ersten Teils steht die wichtigste Prämisse des politischen Handelns: die Frage, was eine gute Gesellschaft ausmacht. Woran machen wir fest, in welchem Maße eine Gesellschaft die Interessen ihrer Bürger verwirklicht? Das Bruttonationaleinkommen[4] hat hier als alleiniger Maßstab offensichtlich versagt. Wie messen wir also eigentlich die Qualität einer Gesellschaft?

4 Auch bekannt unter der früheren Bezeichnung Bruttosozialprodukt. Oft verwendet man auch das Bruttoinlandsprodukt, das etwas anders berechnet wird.

KAPITEL 1

ZWISCHEN COSTA RICA UND BHUTAN

WIE MESSEN WIR DIE QUALITÄT EINER GESELLSCHAFT?

Die glücklichsten Menschen der Welt findet man in Costa Rica. Dieses Ergebnis liefert jedenfalls die Welt-Datenbank des Glücks auf der Homepage von Professor Veenhoven an der Erasmus-Universität in Amsterdam.[5] Dahinter folgen Dänemark und Island. Die USA befindet sich immerhin auf Platz 21. Deutschland liegt auf einem guten 29. Platz.

Das Thema Glück ist en vogue. Universitäten bilden Forschungsschwerpunkte, die das Thema Glück aus Sicht der Psychologie, Gehirnforschung, Soziologie, Ökonomie und Philosophie bearbeiten. Die Feuilletons von *Zeit* und *taz* bis hin zur Yellow Press und den regionalen Tageszeitungen nehmen sich breit des Themas an. Und der Internet-Bücherversand Amazon liefert für das Stichwort „Glück" über 100 000 Fundstellen.

Der britische Ökonom und liberale Vordenker Jeremy Bentham gründete schon im 18. Jahrhundert die Denkschule des Utilitarismus. Demnach ist eine Gesellschaft gerecht, wenn der Nutzen (Utility) – darunter versteht er das Glück (er spricht auch von Vorteil und Freude sowie der Vermeidung von Unglück, Schmerz und Elend) – aller Menschen maximiert wird.[6] Für die Amerikaner war das individuelle Glück schon immer wichtig. Schließlich steht das Recht auf Glück in der Verfassung der USA. In Europa wurde oft jedoch das Gemeinwohl, ein sittsames, erfülltes Leben und Ähnliches als Maßstab betrachtet. Der Londoner Ökonom und Glücksforscher Richard Layard vertritt sogar die Auffassung, dass es das oberste Ziel der Politik sein sollte, die Menschen glücklich zu machen.[7] Würde das gelingen, dann wären die von den Menschen frei gewählten Politiker die beliebtesten Menschen der Welt.

Leider funktioniert das nicht so einfach. Ich habe einmal gelesen, dass Computerexperten neben Ärzten zu den angesehensten Berufs-

5 Veenhofen 2011: *World Database of Happiness.*

6 Bentham 1780/2007: *An Introduction to the Principles of Morals and Legislation.*

7 Layard 2005: *Die glückliche Gesellschaft.*

gruppen zählen; dagegen stehen Politiker und Journalisten in der Rangskala ganz unten. Als ich mich entschloss, meinen Job als Programmierer zu verlassen und ins Parlament zu gehen, stürzte ich also von ganz oben nach ganz unten: Da frage ich mich, warum ist das so? Was ist eigentlich das Ziel der Politik? Ist das Glück tatsächlich der richtige Maßstab? Und wie stellt man fest, ob die Menschen glücklich sind?

Wohlbefinden und Gerechtigkeit

Fast alle modernen Philosophen, Ökonomen oder Politologen sind sich in einem Punkt einig: Eine Gesellschaft sollte daran gemessen werden, ob und in welchem Maße sie in der Lage ist, **allen** Menschen ein gutes Leben zu gewährleisten. Diese Zielsetzung geht natürlich davon aus, dass alle Menschen gleiche Rechte haben – was auch immer man genau darunter versteht.

Das ist keineswegs selbstverständlich: Vor der Aufklärung dominierte die Vorstellung von einer gottgewollten Ordnung, in der jeder Mensch seinen Platz einzunehmen hatte. Ob man arm oder reich war, Adliger oder Bauer, im Wohlstand oder im Elend lebte, wurde als gottgegebenes Schicksal verstanden, das man ertragen musste in der Hoffnung auf ein besseres Leben im Jenseits. Seitdem hat unter den relevanten Philosophen nur noch der Zyniker Nietzsche der Gleichheit widersprochen. Er forderte eine Sonderstellung der geistigen Elite als Voraussetzung für geistige und künstlerische Höchstleistungen und bezeichnete Wohlfahrt für „Herdenmenschen" als ein „Brechmittel".[8]

In der Praxis dauerte es noch viel länger, bis sich die Auffassung, dass alle Menschen gleiche Rechte haben, in den meisten Staaten durchsetzte. In der Verfassung der Vereinigten Staaten wurde zwar das Recht auf Glück für jedermann zum Staatsziel erhoben, aber das galt in Wahrheit nur für weiße Männer. Frauen, Sklaven und Indianer waren damit nicht gemeint. In Europa erhielten Frauen in den meisten Staaten – darunter auch Frankreich und Italien – erst nach dem Zweiten Weltkrieg das Wahlrecht. Und noch heute gibt es in vielen Staaten diskriminierende Gesetze gegen Frauen, Minderheiten und Einwanderer.

8 Nietzsche 1886/1999: *Jenseits von Gut und Böse.*

Deshalb muss als Ausgangspunkt jeder Diskussion über eine gute Gesellschaft das Axiom gesetzt werden, dass eine gute Gesellschaft zugleich eine gerechte Gesellschaft sein soll. Dieses Axiom bedeutet eine entschiedene Absage an elitäre Standpunkte – auch an Nietzsche. Eine Gesellschaft, die das Wohlbefinden für **alle** Menschen anstrebt, muss Gerechtigkeit und sozialen Ausgleich anstreben.

Aus dem Axiom ergeben sich aber zwei Fragen:

1. Was verstehe ich unter Wohlbefinden? Wie definiere ich die Qualität einer Gesellschaft? Was könnte als Maßstab dienen, mit dem ich messen kann, wie gut das Leben ist?
2. Wie sollen die Chancen, das Wohlbefinden, das Glück, der Wohlstand usw. in der Gesellschaft verteilt sein? Müssen alle Menschen exakt das Gleiche bekommen – oder wie viel Ungleichheit darf in einer guten, gerechten Gesellschaft existieren?

Das Problem mit dem Bruttoinlandsprodukt

Die Ökonomen haben es sich traditionell mit der Frage nach dem Maßstab einfach gemacht. Für sie waren Wohlbefinden und Wohlstand meist gleichbedeutend mit dem kollektiven Einkommen, gemessen am Bruttoinlandsprodukt. Sie folgen damit der Auffassung von Adam Smith, dem Vater der modernen Ökonomie. Er war der Auffassung, dass der freie Markt dafür sorgt, dass der größtmögliche Nutzen für alle entsteht.[9]

Erstaunlicherweise denken die meisten Politiker heute immer noch so. Verfolgt man die aktuellen politischen Debatten, dann könnte man meinen, das BIP sei das Maß aller Dinge. Als im schleswig-holsteinischen Landtag im Sommer 2011 eine Gruppe von Wissenschaftlern um Hans Diefenbacher auf Einladung der Grünen eine Studie vorstellte, die zu dem Ergebnis kam, dass die Lebensqualität in Schleswig-Holstein viel höher ist, als das BIP es anzeigt[10], erntete sie Hohn und Spott – besonders von der FDP. Schließlich könne man sich fürs Wohlfühlen nichts kaufen, meinte der FDP-Fraktionsvorsitzende Kubicki.

9 Smith 1776/2009: *Der Wohlstand der Nationen.*

10 Diefenbacher und Zieschank 2011: *Woran sich Wohlstand wirklich messen lässt.*

Dabei wissen wir es längst besser. Wenn Menschen sich aussuchen können, wie und wo sie leben wollen, dann spielen viele Faktoren eine Rolle: politische Freiheit, intakte Umwelt, interessante Kultur, ein abwechslungsreicher Job und – natürlich auch dies – gute Bezahlung. Zwar kommen die meisten Studien zu dem Ergebnis, dass Armut sich negativ auf das Glück auswirkt. Das Gegenteil gilt aber nicht: Reichtum über ein Mittelmaß hinaus macht nicht glücklicher. Sowieso kommt es nicht so sehr auf das absolute Einkommen an, wichtiger ist die Peergroup, in der ich lebe. Wenn ich nicht viel weniger habe als meine besten Freunde, dann reicht das in der Regel. Das ist auch der Grund, warum der Wettbewerb um immer mehr Einkommen in einer Gesellschaft im Ergebnis die Menschen nicht glücklicher macht. Obwohl sich das Bruttoinlandsprodukt seit 1950 verfünffacht hat, hat das subjektive Glück kaum zugenommen – in vielen Staaten nahm es seit den 1970er-Jahren sogar wieder ab. Da ja nicht nur der Einzelne wohlhabender wird, sondern alle seine Freunde auch, ist das plausibel.

Wenn aber das Einkommen nicht der Maßstab ist – wie messe ich dann das Wohlbefinden?

Gibt es ein Bruttonationalglück?

Viele Autoren und Philosophen von den Utilitaristen Jeremy Bentham und John Stuart Mill bis hin zu dem Glücksforscher Richard Layard machten deshalb nicht das BIP, sondern das Glück (englisch „happiness“) zum Maßstab aller Dinge. Nach Mill ist die Gesellschaft am besten und gerechtesten, in der die Gesamtsumme des Glücks aller Menschen am höchsten ist.[11] Konsequenterweise haben neben den USA auch Japan, Südkorea, Haiti und Namibia das Streben nach Glück in die Verfassung aufgenommen. Der buddhistische Himalaya-Staat Bhutan hat gar die Mehrung des Bruttonationalglücks – in Anlehnung an das Bruttonationaleinkommen – als Staatsziel festgeschrieben. Was aber ist Glück? Wie kann es gemessen werden?

In der Praxis erweist sich das als schwierig. Gehirnforscher haben mit Gehirnstrommessungen festgestellt, dass Glück mit messbaren elektromagnetischen Schwingungen vorne rechts im Gehirn verbunden ist.

11 Mill 1861/1976: *Der Utilitarismus.*

Man kann dieses Gehirnzentrum auch durch das Glücksmedikament Dopamin anregen oder die Ströme durch einen Magneten von außen verstärken und so das Wohlbefinden tatsächlich steigern. Auch ist das Glücksgefühl mit einer Ausschüttung von körpereigenen Substanzen, den Endorphinen, verbunden. Aber hilft uns das weiter? Repräsentative Glücksmessungen per EKG oder Blutprobe erscheinen doch etwas unpraktisch und wären wohl auch zu teuer. Der Bremer Soziologie-Professor Jan Delhey hat eine Glücksformel entwickelt: Glück = Haben + Lieben + Sein. Eine Ermittlung des Glücksniveaus setzt dann aber ausführliche Interviews und eine Analyse des privaten Umfeldes der Probanden voraus, wie die *taz*-Redakteurin Maria Rossbauer bei ihrem Selbstversuch erfahren hat.[12] Auch das scheint keine effiziente Methode zu sein, um das Glücksniveau einer Gesellschaft zu ermitteln.

Ein praktikablerer Ansatz sind die repräsentativen Umfragen, die seit den 1970er-Jahren in vielen Ländern regelmäßig durchgeführt werden. Die Menschen sollen auf einer Skala von 1 bis 10 angeben, wie glücklich oder zufrieden sie mit ihrem Leben, ihrer Gesundheit und anderen Aspekten ihres Lebens sind. Leider erwiesen sich aber auch diese Umfragen als problematisch.

Angus Deaton vom Gallup-Institut in Washington hat zahlreiche solcher Umfragen ausgewertet.[13] Er kommt zu dem ernüchternden Ergebnis, dass sie keinen zuverlässigen Indikator fürs Wohlbefinden darstellen. Dafür sind die Angaben der Menschen zu schlecht vergleichbar. Befragt man zum Beispiel die Menschen nach ihrer Zufriedenheit mit ihrem Gesundheitszustand, dann sind Menschen im Alter um 50 Jahre in einigen Ländern unzufriedener mit ihrer Gesundheit als Menschen über 70, obwohl Letztere mit Sicherheit nicht gesünder sind als die 50-jährigen. Menschen in afrikanischen Staaten mit hohen AIDS-Infektionsraten sind angeblich zufriedener als Menschen in Osteuropa, obwohl Letztere eine erheblich höhere Lebenserwartung und trotz großer Mängel eine bessere Gesundheitsversorgung haben. Bei der Frage nach ihrem Glücksniveau sind die Angaben der Menschen in allen lateinamerikanischen Ländern extrem hoch (Professor Binswanger spricht vom Latino-Faktor[14]), dagegen in Osteuropa und

12 Rossbauer 2011: *Frau Rossbauer sucht das Glück.*

13 Deaton 2007: *Income, Health and Well-Being Around the World.*

14 Binswanger 2006: *Die Tretmühlen des Glücks.*

Schwarzafrika extrem niedrig – sogar wenn man Länder mit vergleichbarem Lebensstandard vergleicht. Das kann auch damit zusammenhängen, dass Worte wie Glück (englisch „happiness" – manchmal auch „luck") und Zufriedenheit (englisch „satisfaction") in vielen Ländern oder Sprachen nicht exakt die gleiche Bedeutung haben. Ein objektiver Maßstab ergibt sich daraus jedenfalls nicht.

Gerechtigkeit und Verwirklichungschancen

Für die meisten Philosophen stand denn auch weder das „Einkommen" noch das „Glück" im Zentrum ihrer Suche nach einer guten Gesellschaft, sondern der Begriff der „Gerechtigkeit". Doch das macht es nicht einfacher. Auch bei der Definition, was gerecht ist, gehen die Ansichten auseinander. Das möge ein Beispiel des indischen Ökonomen Amartya Sen illustrieren:[15]

Drei Kinder, Anne, Bob und Carla, streiten sich um eine Flöte. Anne sagt, sie sei die Einzige, die eine Flöte spielen kann. Bob sagt, er sei so arm, dass er als Einziger kein Spielzeug hat. Carla sagt, sie habe die Flöte in mühevoller Arbeit hergestellt. Was ist eine gerechte Lösung des Konfliktes?

Der Utilitarist sagt: Die Gesellschaft hat den meisten Nutzen, wenn Anne die Flöte bekommt, weil sie sie spielen kann.

Der Egalitäre findet es gerecht, wenn Bob die Flöte bekommt, weil er der Ärmste ist.

Der Liberale ist der Meinung, dass Carla sich die Flöte durch ihre Arbeit verdient hat.

Offensichtlich gibt es also keine perfekte gerechte Lösung.

Platon hielt eine Klassengesellschaft für gerecht, wenn es keine Willkür gibt, sondern verlässliche Regeln, auf die sich jeder – vom Sklaven bis zum Regierenden – verlassen kann (siehe Kapitel 4).[16] Ungleichheit wird von ihm nicht nur akzeptiert, er hält sie für notwendig. Die klassischen Liberalen hielten eine Gesellschaft für gerecht, wenn alle Menschen vom Bettler bis zum Superreichen vor dem Gesetz gleich sind. Soziale Ungleichheit akzeptieren sie. Aber schon der Vater des Libera-

15 Sen 2010: *The Idea of Justice.*

16 Platon 2000/ca. 370 v. Chr.

lismus John Locke forderte neben Freiheit, Gleichheit und Recht auf Eigentum auch das Recht, das Leben zu genießen.[17] Die Sozialisten forderten nicht nur die Gleichheit vor dem Gesetz, sondern auch soziale Gerechtigkeit. Und Thomas Morus verstand unter Gerechtigkeit die absolute Gleichheit – von Freiheiten war kaum die Rede.[18] Was also ist der Maßstab?

Am meisten überzeugt hat mich der Vorschlag des „Capability-Approach“, der in den letzten Jahren immer mehr internationale Anerkennung gefunden hat. Dieses Konzept stammt von dem schon erwähnten Ökonomen Amartya Sen und der Philosophin Martha Nussbaum.[19] Sen hat sich zeitlebens mit dem Thema Armut und Entwicklung beschäftigt und wurde dafür 1998 mit dem Nobelpreis für Wirtschaftswissenschaften ausgezeichnet. Sen und Nussbaum geht es nicht um abstrakte Gerechtigkeitsprinzipien, sondern um deren Auswirkung auf den einzelnen Menschen. Sie halten deshalb weder das Einkommen noch das Glück für den richtigen Maßstab für die Qualität einer Gesellschaft. Stattdessen schlagen sie vor, eine Gesellschaft daran zu messen, wie groß für die Menschen ihre Fähigkeit (englisch „capability“) ist, ihr Leben nach ihren Wünschen selbst zu gestalten. Im Deutschen wird der Begriff „capability“ auch oft mit „Verwirklichungschancen“ übersetzt. Das trifft – wie ich finde – den Gedanken besser als „Fähigkeit“.

Sen und Nussbaum haben den Ansatz sehr umfassend ausgearbeitet. Ohne auf die Konzepte und ihre Unterschiede im Detail einzugehen, habe ich einige Faktoren zusammengestellt, die nach Sen für eine Maximierung der Verwirklichungschancen wichtig sind:

- Das Einkommen – und zwar sowohl absolut (was kann ich mir leisten?) als auch relativ im Vergleich zu meiner Umgebung.
- Freiheit (gerechte Justiz, Wahlrecht; Schutz der Bürgerrechte usw.).
- Der Umgang mit persönlichen Faktoren wie Alter, Geschlecht, Krankheiten und Behinderungen.
- Umweltfaktoren wie gesundes Klima, Schutz vor Überschwemmungen, saubere Luft, gesunde Natur

17 Locke 1690/1977: *Zwei Abhandlungen über die Regierung.*

18 Morus 1516/1986.

19 Nussbaum 2011: *Creating Capabilities.*

- Das soziale Umfeld wie Gesundheitsversorgung, Zugang zu Bildungsangeboten, Schutz vor Kriminalität und Gewalt, soziale Einrichtungen.
- Gesellschaftliche Verhaltensmuster: etwa ob in einer Gesellschaft bestimmte Standards wie Kleidung, Wohnung, der Besitz eines Autos oder gar einer bestimmten Marke über das Dazugehören entscheiden oder zur Ausgrenzung führen.

Zwischen den genannten Faktoren gibt es erhebliche Wechselwirkungen. So hängen die Verwirklichungschancen stark von der öffentlichen Infrastruktur eines Landes ab. In einem Land, das ein gut ausgebautes Sozialsystem mit guten Schulen, Kindertagesstätten und Pflegeeinrichtungen bereitstellt, braucht man weniger Geld, um die gleichen Lebenschancen zu haben. In einem Land mit einem guten kostenlosen Gesundheitssystem, in dem jeder kostenfrei mit Stipendium studieren kann (wie in Dänemark), herrscht sicher mehr Lebensqualität als in einem Land, in dem trotz geringer Einkommensunterschiede Bildung und Gesundheit teuer bezahlt werden müssen. In einem Land mit weniger Kriminalität und mehr Solidarität lebt es sich besser, nicht nur für Arme, sondern auch für Reiche – denn sie können sich freier bewegen.

Ganz erheblichen Einfluss auf die Verwirklichungschancen haben individuelle Behinderungen. So braucht ein gehbehinderter Mensch viel mehr Ressourcen und Einkommen, um die gleiche Fähigkeit zu haben, am Leben teilzunehmen, wie ein Gesunder. Wenn er Millionär ist, dann kann er sich trotz seiner Behinderung vieles leisten, was ein armer gesunder Mensch sich nicht leisten kann. Aber wenn er nur das Doppelte des Einkommens eines gesunden Menschen hat, kann das bedeuten, dass er immer noch von vielem ausgeschlossen bleibt. Dagegen steigt seine Fähigkeit erheblich, wenn die Stadt, in der er lebt, behindertengerecht gestaltet ist. Dann kann er U-Bahnen, Busse, Museen und Theater trotz seiner Behinderung nutzen – auch ohne viel Geld.

Auch individuelle kulturelle Maßstäbe der Menschen können sich erheblich auswirken. Für einen Einwanderer kann es beispielsweise eine große Rolle spielen, ob er in seiner neuen Heimat seine Religion ausüben und seine Kultur ausleben kann. Für einen Einheimischen stellt sich dieses Problem nicht.

Die Qualität einer Gesellschaft hängt also davon ab, inwieweit sie alle Menschen befähigt, möglichst gleichberechtigt ein gutes Leben (well-being) zu führen. Gesundheitssystem, Schulen, öffentliche Behindertentoiletten, Umweltschutz, Toleranz gegen Einwanderer usw. – das alles trägt dazu bei, dass in einer Gesellschaft die Verwirklichungschancen steigen. Aber auch die gesellschaftliche Teilnahme durch die Ausübung staatsbürgerlicher Pflichten, die Möglichkeiten politischer oder ökonomischer Einflussnahme und sogar die Stimmungslage in einer Gesellschaft gehören dazu. So trägt beispielsweise der Grad des Vertrauens in die Mitbürger zum Sicherheitsempfinden und damit zur Lebensqualität wesentlich bei. Auch eine gefühlte Solidarität, also das Bewusstsein, dass die Gesellschaft sich in schwierigen Zeiten um den Einzelnen kümmert, ist wichtig.

Mit dem Capability-Approach erweiterten Sen und Nussbaum die früheren Ansätze erheblich. Denn so unterschiedlich die Vorstellungen von dem Aristokraten Platon, dem Liberalen Locke und der egalitären Vision von Thomas Morus' Utopia waren, so hatten sie doch eines gemein: Sie alle formulierten Prinzipien und Kriterien für das, was sie als gerecht erachteten. Für Sen und Nussbaum dagegen sind nicht mehr abstrakte Kriterien, sondern die tatsächlichen Auswirkungen auf das Leben der einzelnen Menschen entscheidend. Welche Kriterien sich daraus ergeben, das soll nach Sen nicht am grünen Tisch des Philosophen festgelegt werden. Vielmehr soll dies Ergebnis eines öffentlichen Dialogs sein und kann sich von Gesellschaft zu Gesellschaft – ja sogar von Region zu Region – unterscheiden. Sicherlich sind die Ansprüche an ein gutes Leben in Island, einer Gesellschaft am Rande von Gletschern und Vulkanen, die überwiegend vom Fischfang lebt, ganz andere als in den Himalaya-Tälern von Bhutan oder in einer Metropole wie New York. Deshalb betrachtet Sen Freiheit und Demokratie als unabdingbare Voraussetzungen für eine gute Gesellschaft. Denn ohne einen freien öffentlichen Diskurs können sich die Menschen nicht auf „ihre“ Kriterien für das Wohlbefinden verständigen.

Der Happy Planet Index und andere Maßstäbe

Folgerichtig blieb Amartya Sen auch nicht bei der Philosophie stehen. Er war ein Mensch, der sich immer wieder in die Praxis eingemischt hat. Deshalb hat er 1989 gemeinsam mit dem ehemaligen Weltbankdirektor Mahbub ul-Haq aus Pakistan im Auftrag der UNDP, der Entwicklungsorganisation der UNO, den Human Development Index (HDI) entwickelt – also den Index für menschliche Entwicklung, der seitdem jährlich veröffentlicht wird.[20] Damit wurde erstmals eine Alternative zum eindimensionalen Maßstab Bruttoinlandsprodukt und zu den subjektiven Glücksumfragen geschaffen, um den Entwicklungsstand einer Gesellschaft zu bewerten. Bis dahin galt auch ein Land als gut entwickelt, wenn es Milliarden durch Ölquellen verdiente, obwohl die Bevölkerung hungerte und keine Schulbildung bekam.

Ursprünglich bestand der HDI nur aus drei Faktoren, weil diese gut verfügbar waren – dem Bruttonationaleinkommen pro Kopf (in Kaufkraft gemessen), der Alphabetisierungsquote und der Lebenserwartung. Mittlerweile wurde der Index ausdifferenziert, und es werden jährlich über 100 Indikatoren aus den Bereichen Wirtschaft, Gleichstellung, Nachhaltigkeit, Demokratie, Bildung, Gesundheit und anderen Aspekten erhoben. Im Jahre 2010 lag übrigens Norwegen an der Spitze der Entwicklung vor Australien und Neuseeland.

Mittlerweile wurden weitere Indizes entwickelt, um die Qualität einer Gesellschaft zu messen. Bekannt ist zum Beispiel der Happy Planet Index (HPI) der britischen Denkfabrik „New Economics Foundation“.[21] Dabei wird eine Art von Produkt aus Lebenserwartung und Zufriedenheit ermittelt und das Ergebnis durch den ökologischen Fußabdruck geteilt. Unter ökologischem Fußabdruck versteht man ein Maß für die Umweltbelastung pro Kopf. Auf diese Weise wird ein Index gewonnen, der die Lebensqualität in Relation zu den verbrauchten Ressourcen angeben soll. Allerdings sind Umfragen über die Lebenszufriedenheit mit großen Problemen behaftet, wie oben bereits dargelegt wurde. Im Ergebnis liegen beim HPI die lateinamerikanischen Staaten an der Spitze vor Südostasien, China und Indien und Europa. Die USA haben aufgrund des hohen Ressourcenverbrauchs den größ-

20 UNDP 2010: *Bericht über die menschliche Entwicklung.*

21 New Economics Foundation 2009: *The Happy Planet Index 2.0.*

ten ökologischen Fußabdruck und liegen deshalb weit abgeschlagen. Dahinter kommen nur noch die armen Staaten im südlichen Afrika.

Nicht ganz so radikal, dafür aber auf vergleichbaren Zahlen basierend, ist der Fortschrittsindex von Stefan Bergheim.[22] Der ehemalige Star-Investmentbanker hat sich zur Aufgabe gemacht, mit seinem Stuttgarter „Zentrum für gesellschaftlichen Fortschritt“ eine Alternative zum Bruttoinlandsprodukt zu entwickeln. Seine vier Dimensionen sind das Pro-Kopf-Einkommen, die Lebenserwartung Neugeborener, die Schüler- und Studentenquote und der ökologische Fußabdruck. In einer Zeitreihe für 22 hoch entwickelte Staaten von 1970 bis 2008 lagen Schweden und Norwegen kontinuierlich auf den vorderen Plätzen. Aufsteiger sind Finnland, Neuseeland, Südkorea und Japan. Absteiger sind einmal die USA wegen des schlechten Gesundheitssystems und der mangelnden Umweltpolitik, aber auch Dänemark wegen der geringeren Lebenserwartung. Deutschland liegt kontinuierlich im hinteren Drittel. Hier schlägt vor allem das vergleichsweise ungerechte Bildungssystem zu Buche.

Noch anspruchsvoller angelegt ist der Nationale Wohlfahrtsindex (NWI), den Hans Diefenbacher vom evangelischen FEST-Institut in Heidelberg und Roland Zieschank von der FU Berlin entwickelt haben.[23] Sie versuchen, mithilfe von 21 Faktoren eine echte Alternative zum BIP zu errechnen. Dabei werten sie alle Einkommen, Investitionen, Bildungsausgaben, aber auch ehrenamtliche Arbeit, Hausarbeit usw. als Plus, alle Negativa wie Abschreibungen, Gesundheitskosten, Umweltschäden, Verkehrsunfälle, Abbau von Ressourcen und Artenschwund als Minus. Genau genommen wird also nicht die Lebensqualität gemessen, sondern es wird eine Art gesellschaftliche Bilanz erstellt. Im Unterschied zum BIP werden aber nicht nur die formale Wirtschaft, sondern das gesamte Kapital der Gesellschaft einschließlich Bildung, Gesundheit, Umwelt usw. in Zahlen bilanziert. Die Untersuchung ergab, dass der deutsche NWI sich zwischen 1998 und 2006 kaum erhöhte, obwohl das BIP deutlich wuchs. Die Schäden haben also das wachsende nationale Einkommen wieder aufgefressen.

Beim Vergleich der vorliegenden Ansätze kann man Ähnlichkeiten feststellen: Die zentralen Parameter für das Wohlbefinden sind neben

22 Bergheim 2010: *Fortschrittsindex.*

23 Diefenbacher/Zieschank 2011.

dem Einkommen die Gesundheit, die Bildung, die Umwelt – dazu kommen je nach Komplexität Faktoren wie Sicherheit, Infrastruktur und Ressourcenverluste. Versuche, das Wohlbefinden auf Grundlage subjektiver Befragungen zu bestimmen wie beim HPI, scheinen eher nicht geeignet. Dagegen liegen die Ergebnisse für die anderen Indizes nicht so weit auseinander und zeigen deutliche Tendenzen: Skandinavien liegt tendenziell vorne, Ostasien holt deutlich auf. Bei Berücksichtigung der Nachhaltigkeit fallen die USA zurück.

Noch stehen die verschiedenen Ansätze oft ohne kontroverse Debatte einfach nebeneinander. Aber es ist absehbar, dass auf Basis der umfangreichen Daten der UNDP in den nächsten Jahren ein Index entwickelt werden kann, der auch international akzeptiert wird. Die Enquete-Kommission „Wachstum" des deutschen Bundestags hat bereits einen – noch umstrittenen – Vorschlag dafür erarbeitet. Ein solcher Index könnte dann das Bruttoinlandsprodukt als Maßstab für den Entwicklungsstand eines Landes ablösen. Dabei ist es durchaus denkbar, dass in den einzelnen Ländern oder Regionen aufgrund einer öffentlichen Debatte die Bewertungskriterien variieren. So könnte der Forderung von Amartya Sen, dass jede Nation oder Region ihren eigenen Maßstab finden sollte, Genüge getan werden.

Das rawlssche Optimum und die Verteilung des Wohlstandes

Nachdem wir uns bisher mit dem Maßstab für eine gute Gesellschaft beschäftigt haben, komme ich jetzt zur zweiten eingangs gestellten Frage: Wie sollen die Güter bzw. nach Sen die Verwirklichungschancen in einer Gesellschaft verteilt sein?

„Dass Manager pro Stunde 20 000 Euro verdienen, also einen Betrag, auf den viele Menschen in einem ganzen Jahr nicht kommen, empfinden (Menschen) als ‚ungerecht'. Aber sie finden es nicht automatisch unfair, wenn jemand, der etwas gelernt hat, der ehrgeizig war und sich im Beruf qualifiziert hat und dann aufgestiegen ist, 200 000 Euro im Jahr verdient – also grob gesprochen, das Zehnfache des Durchschnittsverdieners. Die gleichen Menschen empfinden es dagegen nicht als fair, wenn Menschen 40 Stunden und mehr arbeiten und dann mit

Hungerlöhnen von 900 Euro nach Hause gehen." So umreißt der Journalist Robert Misik seine Vorstellung, wann Ungleichheit noch gerecht und ab wann sie ungerecht ist.[24] Interessanterweise entsprechen 200 000 Euro ungefähr dem Gehalt eines deutschen Bundesministers. Das liegt also etwa auf dem Niveau, das von den meisten Wählern akzeptiert wird.

Von Thomas Ebert stammt folgende Definition: „In diesem Sinne können wir soziale Gerechtigkeit als angemessene Verteilung von Gütern und Lasten definieren. Zu diesen Gütern und Lasten gehören auch Rechte und Pflichten, Chancen und Freiheitsspielräume, Macht und Einfluss auf Personen oder Personengruppen."[25]

Wie sollen also diese Güter und Lasten in einer gerechten Gesellschaft verteilt werden? An dieser Stelle wird es Zeit, sich mit John Rawls zu beschäftigen. Der 2002 verstorbene Harvard-Professor John Rawls gilt als der bedeutendste Gerechtigkeitsphilosoph des 20. Jahrhunderts. In seinem Hauptwerk *Eine Theorie der Gerechtigkeit* formulierte er 1971 zwei Kriterien für eine gerechte Gesellschaft:[26]

1. Freiheitsprinzip: Jeder soll das gleiche Recht auf ein umfassendes System von Grundfreiheiten haben.
2. Differenz- oder Gleichheitsprinzip: Soziale und ökonomische Ungleichheit ist nur dann gerechtfertigt, wenn sie
   a) (Chancengleichheit) mit Positionen verbunden ist, die jedem real offenstehen, und
   b) (Verteilungsprinzip) für die Schwächsten der Gesellschaft Vorteile bringt.

Das Freiheitsprinzip beinhaltet die Persönlichkeitsrechte, wie sie beispielsweise in die deutsche Verfassung oder die Menschenrechte aufgenommen worden sind. Insoweit befindet sich Rawls in Übereinstimmung mit allen freiheitlichen Demokraten – aber eben auch mit dem klassischen Liberalismus. Für Rawls hat das Freiheitsprinzip absoluten Vorrang. Dieser Punkt seiner Philosophie ist oft auf heftige Ablehnung gestoßen. Das wichtigste Argument gegen den absoluten Vorrang der

24 Misik 2010.

25 Ebert 2010.

26 Rawls 1971/1979.

Freiheit lautet: Ein Verhungernder wird sich eher zur Sklaverei bereit erklären als seinen sicheren Tod in Kauf nehmen. Deswegen sollten nach Meinung der Kritiker Freiheiten und soziale Gerechtigkeit gleich gewichtet werden.

Das radikal Neue bei Rawls ist jedoch sein zweiter Punkt, das Gleichheitsprinzip. Dabei geht es Rawls nicht um die Verteilung des Einkommens, sondern um die Verteilung der „Grundgüter". Darunter versteht er Rechte, Freiheiten, Chancen, Einkommen und Vermögen. Er liegt damit schon sehr nahe bei dem Chancenverwirklichungskonzept von Sen und Nussbaum. Rawls fordert radikale Chancengleichheit. Das geht so weit, dass er ein Bildungssystem fordert, das nicht nur für alle gleich ist, sondern das auch unterschiedliche Voraussetzungen der Schüler durch Familie und Veranlagung ausgleicht. Allerdings geht er nicht so weit, das Erbrecht und damit die Vermögensverteilung infrage zu stellen – hier bleibt er inkonsequent.

Das Interessanteste an seinem Konzept ist die Verteilungsregel: Ungleichheit ist nur dann erlaubt, wenn die Ärmsten davon profitieren. Der Soziologe Thomas Ebert macht dies durch die folgende Grafik deutlich. Um die Grafik einfach zu gestalten, beschränkt er sich auf

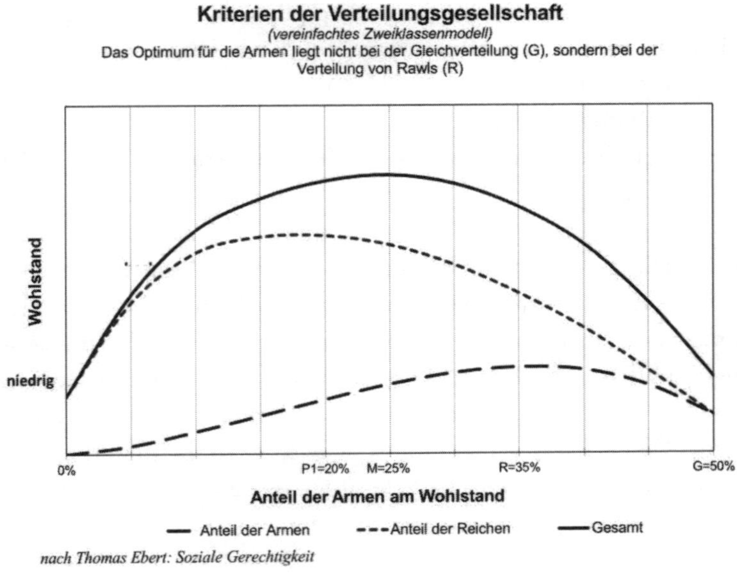

nach Thomas Ebert: Soziale Gerechtigkeit

eine Gesellschaft mit zwei Klassen – die Reichen und die Armen. Die Grafik stellt die möglichen Verteilungen des Wohlstandes dar. Jede Klasse umfasst genau die Hälfte der Bevölkerung.

Am linken Rand der Grafik bekommen die Reichen alles und die Armen nichts – also 0 Prozent. Dann haben die Armen kein Interesse an Arbeit. Kriminalität und Lethargie breiten sich aus, und der Wohlstand ist am geringsten. Der Punkt G (Gleichverteilung) am rechten Grafikrand entspricht dem Ideal des Kommunismus: Alles wird genau gleich verteilt. Der Anteil der Armen liegt also bei 50 Prozent. Auch hier ist der Wohlstand insgesamt relativ gering – wenn auch höher als am linken Rand. Dahinter steht die Annahme, dass die Menschen sich nicht so sehr anstrengen, wenn Anstrengung und Fähigkeit nicht durch Geld oder Anerkennung oder auf andere Weise belohnt werden.

In der Mitte der Grafik im Punkt M finden wir das Maximum des Gesamtwohlstandes. Weber hat den Punkt (willkürlich) so gelegt, dass er einem Anteil der Armen von 25 Prozent entspricht. Die Reichen bekommen dann 75 Prozent. Diese Verteilung entspricht also dem Ideal der Utilitaristen; der Nutzen für die gesamte Gesellschaft ist maximal – aber relativ ungleich verteilt.

Besonders interessant sind nun die Punkte P1 (Pareto1) und R (rawlsscher Punkt). Bei P1 liegt das Maximum für den Wohlstand der reichen Klasse. Bei R liegt das Maximum für den Wohlstand der Armen. In der Volkswirtschaft bezeichnet man eine Verteilung an eine Vielzahl von Personen oder Gruppen „Pareto-optimal" (nach dem italienischen Wohlfahrtsökonomen Vilfredo Pareto), wenn keiner sich verbessern kann, ohne dass ein anderer benachteiligt wird. Demnach sind alle Punkte zwischen P1 und R Pareto-optimal. Außerhalb der beiden Punkte nimmt sowohl der Wohlstand der Armen als auch der der Reichen ab. Sie sind also für niemanden erstrebenswert. Welcher Punkt im Pareto-optimalen Bereich zwischen P1 und R aber ausgewählt wird, das ist eine politische Entscheidung – oder eine Frage des Klassenkampfes zwischen Reich und Arm. Jede Verbesserung für die Armen geht in diesem Bereich auf Kosten der Reichen und umgekehrt.

Der Punkt R – also der Punkt, an dem der Wohlstand (oder ein anderes Qualitätsmaß wie die Verwirklichungschancen) für die Armen am größten ist – entspricht genau der Forderung von John Rawls, Ungleichheit sei nur dann gerechtfertigt, wenn es den Ärmsten dadurch besser gehe. Der Punkt R ist noch deutlich von einer Gleichverteilung entfernt, wie sie von Thomas Morus und anderen radikalen Egalitaristen gefordert wurde. Aber Rawls fordert damit mehr Gleichheit, als sie heute irgendwo auf der Welt realisiert wird. Interessanterweise stellt sich also heraus, dass die rawlssche Verteilung ein Kompromiss ist zwischen der Utopie der Utilitaristen (reich, aber ungleich) und der der Kommunisten (arm, aber gleich). Um diesen optimalen Kompromiss zu finden, müsste sich die Gesellschaft nach Auffassung von Sen vorher auf einen Maßstab verständigen.

In der Wirklichkeit ist es natürlich möglich, dass sich die Punkte auf der Skala durch eine kluge Politik verschieben. Wenn es gelingt, die Menschen, die sich für die Gesellschaft besonders engagieren, durch ein kluges Anreizsystem zu belohnen und zu motivieren, dann kann es sein, dass sich der Punkt R erheblich in Richtung auf G (Gleichheit) verschiebt, weil die Kurve des Gesamtwohlstandes dadurch im rechten Teil angehoben wird.

Zu beachten ist auch, dass es für die Überlegung von Rawls keine Rolle spielt, welchen Maßstab für Wohlstand man wählt. Man könnte also auf der senkrechten Achse der Grafik genauso gut das Einkommen angeben, das Glück nach Mills, die Basisgüter nach Rawls oder eben – wie ich es vorschlage – die Verwirklichungschancen nach Sen.

Werkzeuge und Bausteine

Wir haben jetzt also ein plausibles Konzept sowohl für die Bestimmung eines Maßstabes für eine gute Gesellschaft (die „Verwirklichungschancen“) und für die optimale Verteilung der Chancen innerhalb der Gesellschaft (die rawlssche Verteilung) gefunden. Beides sind aber keine universal gültigen Fixpunkte. Denn gemäß Amartya Sen muss die optimale Verteilung wie auch der Maßstab des Wohlbefindens in jeder Gesellschaft neu gefunden werden – und zwar sollte das durch eine öffentliche Debatte in einem demokratischen Verfahren geschehen. Aber diese Entscheidung ist nicht willkürlich und nicht Ergebnis eines abstrakten philosophischen Diskurses. Amartya Sen hat uns das Werkzeug an die Hand gegeben, mit dem eine Gesellschaft ihre Definition für Wohlbefinden festlegen kann. Aufgrund dieser Definition kann dann ein Index entwickelt werden, mit dem das Wohlbefinden gemessen werden kann. Und John Rawls hat uns schließlich gelehrt, den Punkt R für jede Definition des Wohlbefindens zu berechnen und damit die Entscheidung über das Maß der Gleichheit auf eine objektive Grundlage zu stellen. Thomas Ebert hat das so formuliert: „Wie viel Gleichheit bzw. Ungleichheit anzustreben ist, ist keineswegs nur eine Gerechtigkeitsfrage, sondern auch eine Tatsachenfrage."

Und tatsächlich gibt es empirische Untersuchungen, die sich mit dieser Tatsachenfrage beschäftigen. Das wird nun das Thema des folgenden zweiten Kapitels sein.

KAPITEL 2

DIE WASSERWAAGE

Wieso Gleichheit Glück bringen kann

Wusste Sie,

- dass fast 70 Prozent aller Schweden ihre Mitbürger in der Regel für vertrauenswürdig halten, während das Gleiche nur für 10 Prozent der Portugiesen gilt?
- dass die Anzahl der Morde pro Einwohner im US-Staat Louisiana 21-mal so hoch ist wie in Japan?
- dass in Texas siebenmal so viele Menschen an Fettsucht leiden wie in der Schweiz?

Diese Unterschiede sind frappierend. Denn hier werden nicht von Diktatoren tyrannisierte und von Korruption zerfressene Länder mit geordneten Rechtsstaaten verglichen. Da fragt man sich natürlich: Worauf sind solche Unterschiede zurückzuführen?

Die britischen Epidemiologen (grob eingedeutscht sind das Gesundheitsforscher) Kate Pickett und Richard Wilkinson haben diese und viele andere Zahlen in ihrem Buch *The Spirit Level* zusammengetragen.[27] Wörtlich heißt „Spirit Level" Wasserwaage und soll mit Gerechtigkeit assoziiert werden. Die deutsche Übersetzung ist unter dem programmatischen Titel *Gleichheit ist Glück* erschienen. Das trifft es gut: Denn die beiden Forscher haben bei ihren Forschungen eine aufsehenerregende Entdeckung gemacht, die Politik und Ökonomie revolutionieren müsste: In Gesellschaften mit weniger Ungleichheit innerhalb der Bevölkerung leben die Menschen gesünder und besser.

Als ein Beispiel für ihre Entdeckung nehme ich die Anzahl der Gefängnisinsassen:

27 Wilkinson und Pickett 2009: *The Spirit Level.*

Gefängnisinsassen und Ungleichheit

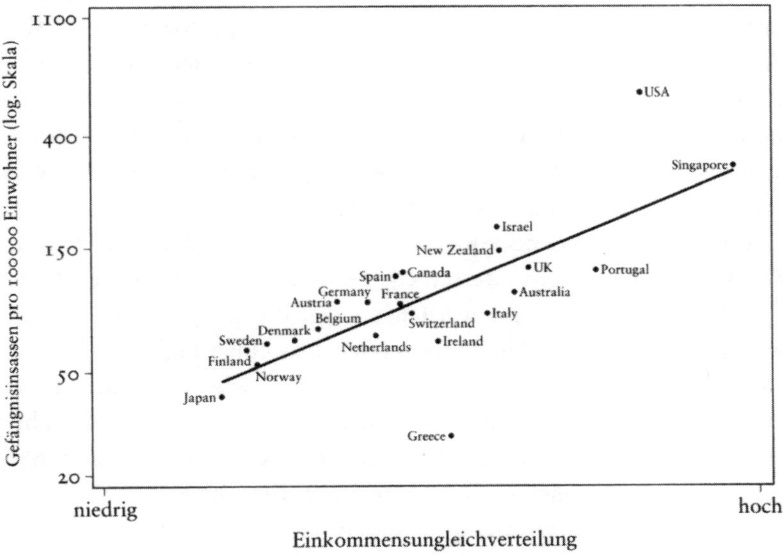

Die Grafik lässt unschwer erkennen, dass die Zahl der Gefängnisinsassen umso höher ist, je ungleicher die Einkommen in einer Gesellschaft verteilt sind. Als Maß für die Ungleichheit haben die Wissenschaftler das Durchschnittseinkommen der 20 Prozent Bestverdienenden durch das der 20 Prozent am wenigsten verdienenden Menschen geteilt. Ich nenne das im Folgenden den 20-Prozent-Quotienten.[28] Je größer dieser Quotient ist, desto mehr klafft die Schere zwischen Arm und Reich auseinander.

Dieser Quotient liegt bei den entwickelten Staaten der Erde zwischen 3,4 für Japan und 9,7 für Singapur. In Japan ist das Einkommen des reichsten Fünftels der Bevölkerung also 3,4-mal so hoch wie das des ärmsten Fünftels. Deutschland liegt mit einem Quotienten von 4,3 noch relativ gut. In den armen Ländern sind die Schwankungen viel extremer. In vielen lateinamerikanischen Staaten liegt der Quotient über 20 – so in Brasilien bei 26. In einigen afrikanischen Staaten wie Namibia und Sierra Leone sogar über 50.

28 Siehe die Erläuterung in Anhang 1, Tabelle A.

Wilkinson und Pickett haben aber nicht nur die Zahl der Gefängnisinsassen betrachtet. Mehr Ungleichheit geht ebenfalls mit mehr Fettleibigkeit und mit mehr Mordtaten einher. Auch die Zahl der Menschen mit psychischen Störungen, die Zahl der Schwangerschaften von Minderjährigen, die Zahl der Drogenabhängigen und viele andere soziale Probleme nehmen mit wachsender Ungleichheit zu. Weiterhin ist festzustellen, dass in Ländern mit mehr Ungleichheit die Schulleistungen schlechter und die Aufstiegschancen geringer sind und dass Menschen weniger Vertrauen in ihre Mitmenschen haben.

Einige dieser Ergebnisse kann man sich leicht und plausibel erklären. Wenn die Einkommensunterschiede geringer sind, dann ist der Anreiz zum Klauen geringer, dann werden weniger Jugendliche kriminell, und weniger Menschen landen im Gefängnis. Das klingt logisch. Aber wieso die Menschen deshalb weniger lange leben, wieso sie schneller fett werden und warum mehr Menschen Drogen nehmen, bedarf schon einer genaueren Betrachtung. Viele neoliberale Wirtschaftstheoretiker vertreten ja traditionell die Gegenposition: Einkommensunterschiede sind nach ihrer Auffassung nötig, damit mehr Wettbewerb mehr Leistung bringt und es dadurch den Menschen besser geht.

Frappierend ist aber vor allem, in welchem Maße sich mehr oder weniger Ungleichheit auf das Leben der Menschen auswirkt. Eine Verdoppelung der Einkommensunterschiede führt nicht etwa zu einem leichten Anstieg der Zahl von Gefängnisinsassen. Das wäre ja noch gut nachzuvollziehen. Tatsächlich steigt die relative Zahl der Insassen statistisch um das Dreifache. Die Zahl der Geburten von Minderjährigen versechsfacht sich sogar, wenn die Ungleichheit verdoppelt wird. Die Zahl der Fettleibigen wächst statistisch um das Zweieinhalbfache. In Griechenland zum Beispiel ist die Zahl der Menschen mit Fettsucht etwa zehnmal so hoch wie in Japan.

Wie ist das zu erklären? Wilkinson und Pickett geben darauf in ihrem Buch viele und durchaus überzeugende Antworten, die zum Teil heftig und kontrovers diskutiert werden. Manche klingen logisch, manche sind hoch umstritten, und man muss sie nicht teilen. Es ist auch nicht so, dass bei allen Parametern der beschriebene Zusammenhang für alle Länder gilt. Es gibt durchaus Ausnahmen. So hat die Schweiz viel weniger fettleibige Einwohner als Griechenland, obwohl beide Staaten bezüglich der Ungleichheit der Einkommen kaum auseinanderliegen. So ist die Lebenserwartung in Dänemark niedriger als in den USA, obwohl Dänemark viel geringere Einkommensunterschiede als die USA ausweist. Da muss es also jeweils noch andere Faktoren geben, die das erklären können.

Solche Abweichungen sind aber eher Einzelfälle. Betrachtet man eine Vielzahl von sozialen Faktoren gleichzeitig, dann verlieren die Ausrutscher an Gewicht, und das Bild wird eindeutig. Deshalb haben Wilkinson und Pickett aus zehn Faktoren, die unter anderem mit Gesundheit, Bildung, Sicherheit, Kriminalität und Vertrauen zu tun haben, einen „Gesundheits- und Sozialindex" gebildet. Vergleichen wir nun den Indexwert, der für die einzelnen Länder gilt, mit der Ungleichheit in diesen Ländern, dann liegen die Länder in der Grafik wunderbar wie auf einer Perlenschnur aufgereiht.

Gesundheits- und Sozialindex und Einkommensverteilung

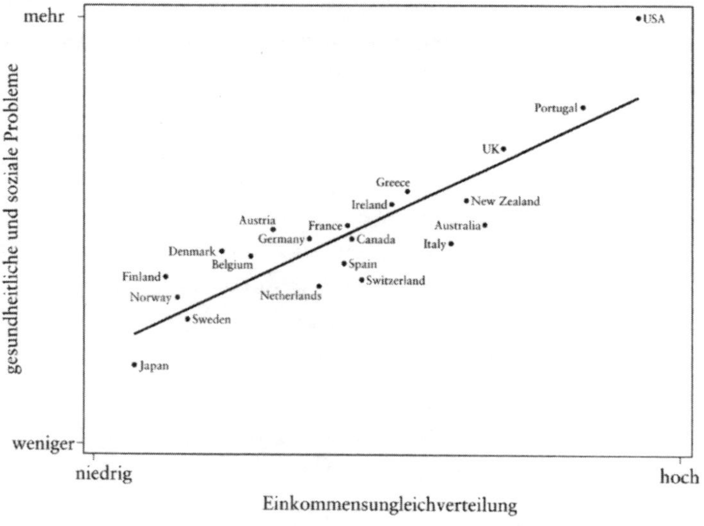

Im Vergleich der reichen Länder zeigt sich ein enger Zusammenhang zwischen Ungleichheit und gesundheitlichen und sozialen Problemen.

Quelle: Wilkinson/Pickett: The Spirit Level.

Das ungerechteste Land in der Grafik sind die USA mit dem niedrigsten Indexwert; um die Stellung des gerechtesten Landes konkurriert Japan mit den skandinavischen Ländern.

Armut und Reichtum

Nun fragt man sich natürlich, ob der Zusammenhang zwischen Gleichheit und Lebensqualität möglicherweise auf die Einkommensunterschiede zwischen den Ländern zurückzuführen ist. Sollte es nicht Menschen in reichen Ländern sowieso besser gehen als denen in ärmeren Ländern? Vergleicht man arme Entwicklungsländer mit reichen Industriestaaten, dann ist das in der Tat der Fall. Aber das gilt nur bis zu einem jährlichen Pro-Kopf-Einkommen von etwa 15 000 Dollar pro Person. Jenseits dieser Schwelle gilt dieser Zusammenhang nicht mehr, wie die unten stehende Grafik erkennen lässt, die allerdings nur die „reichen" Staaten betrachtet. Für die ausgewählten Länder wird der

Gesundheitliche und soziale Probleme in reichen Ländern

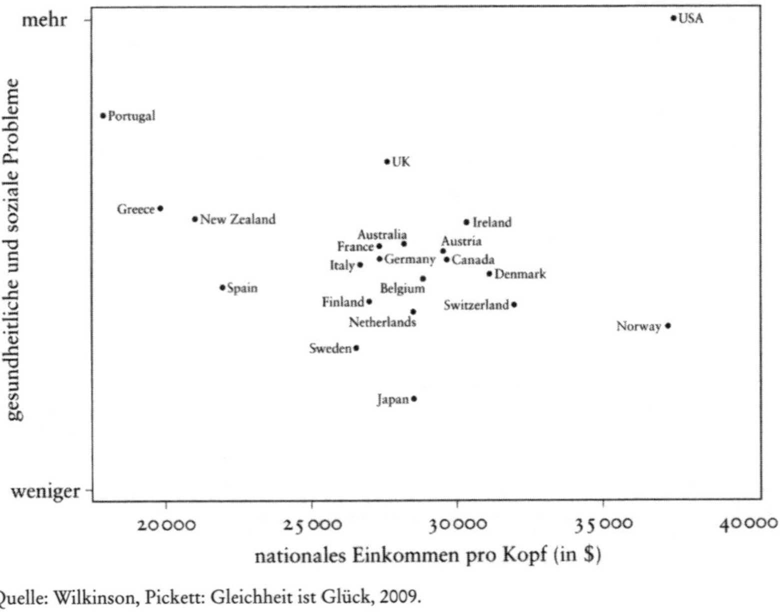

Quelle: Wilkinson, Pickett: Gleichheit ist Glück, 2009.

Gesundheits- und Sozialindex diesmal in Abhängigkeit vom Durchschnittseinkommen dargestellt. Wie man sieht, ist die Verteilung der Länder in der Grafik eher zufällig. Eine allgemein höhere Lebensqualität in den reichsten Staaten ist nicht zu erkennen – selbst wenn man die USA als Ausreißer außen vor lässt. Offensichtlich gibt es keinen signifikanten Zusammenhang zwischen dem Gesundheits- und Sozialindex und dem Einkommen in wohlhabenden Staaten. Am Einkommen kann es also nicht liegen.

Und doch ist auch bei dieser Aussage Vorsicht geboten. Untersucht man nämlich das Wohlergehen von reichen und armen Menschen innerhalb eines Landes, dann stellt man extreme Unterschiede fest. Die folgende Grafik zeigt die Lebenserwartung in englischen und walisischen Wahlbezirken, sortiert nach der Anzahl der armen Menschen. Man sieht sofort: Je wohlhabender die Menschen in einer Region sind, desto länger leben die Menschen.

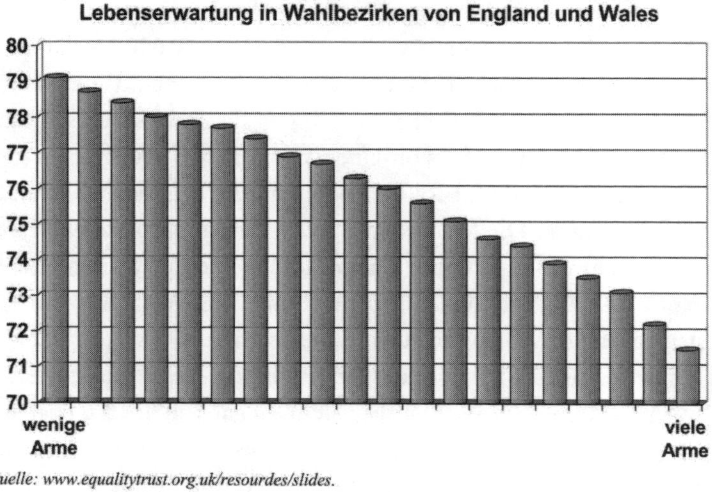

Quelle: www.equalitytrust.org.uk/resourdes/slides.

In einer anderen Studie wurde die Lebenserwartung von weißen und schwarzen Jugendlichen in den USA verglichen. Dabei wurden Postleitzahlbereiche mit hohem und niedrigem Durchschnittseinkommen ausgewählt. Die maximale Differenz in der Lebenserwartung liegt bei fast unglaublichen 28 Jahren! Zum Beispiel liegt die Lebenserwartung eines Schwarzen im New Yorker Stadtteil Harlem mit 65 Jahren niedriger als in Bangladesh.

Man kann also feststellen: Beim Vergleich von zwei hoch entwickelten Staaten spielt es keine Rolle, ob das Durchschnittseinkommen bei 15 000 Dollar oder bei 40 000 Dollar liegt. Aber innerhalb eines Staates oder einer Region haben Einkommensunterschiede eine gravierende Auswirkung auf Gesundheit, soziale Probleme, Kriminalität und das Wohlbefinden der Menschen. Wie kommt das?

Der Glücksökonom Richard Layard erklärt das mit folgender Geschichte:[29] Eine Gruppe von Medizinstudenten an der Harvard-Universität wurde gefragt, in welcher der beiden folgenden Welten sie lieber leben wollen:

a) Das Durchschnittseinkommen liegt bei 25 000 Dollar im Jahr, sie selbst verdienen aber 50 000 Dollar.

b) Das Durchschnittseinkommen liegt bei 250 000 Dollar im Jahr, sie selbst verdienen aber 100 000 Dollar.

Die Mehrzahl der Studenten wollten lieber nur 50 000 Dollar verdienen, wenn sie dann mehr haben als ihre Mitmenschen. Ihnen war also ihre Stellung in der Gesellschaft wichtiger als ihr absolutes Einkommen. Dieses Phänomen ist von einer Vielzahl von Autoren beschrieben worden. Nicht der absolute Lebensstandard ist entscheidend für das Wohlbefinden. Die Menschen wollen zwar mehr verdienen – aber vorrangig geht es ihnen dabei darum, in der sozialen Stufenleiter aufzusteigen. Das Gefühl, dass andere viel mehr haben als ich selbst, löst offensichtlich Stress aus und führt zu Unwohlsein.

Dann müsste es aber in allen Gesellschaften der Oberschicht besser gehen und der Unterschicht schlecht – egal wie hoch das absolute Durchschnittseinkommen liegt. Aber interessanterweise ist das nicht der Fall. In Gesellschaften mit großen Einkommensunterschieden geraten nicht nur die unteren Schichten unter Stress, sondern auch die oberen.

Um das zu verstehen, will ich eine letzte Grafik zu Hilfe nehmen. Sie vergleicht die Kindersterblichkeit in Schweden (20-Prozent-Quotient = 4) und England/Wales (20-Prozent-Quotient = 7,2).[30]

29 Layard 2005: *Die glückliche Gesellschaft.*

30 Leon u. a. 1992: *Social class differences in infant mortality in Sweden.*

Wie man sieht und erwartet hat, differiert die Kindersterblichkeit in England und Wales erheblich zwischen sieben und vierzehn Todesfällen auf 1000 Kinder. Die Kinder der Armen sterben doppelt so oft wie die der Reichen. Dagegen sind die Unterschiede in Schweden erstaunlich gering. Das kann man damit erklären, dass Schweden eine fast kostenlose Gesundheitsversorgung für alle Einwohner hat. Viel bemerkenswerter ist jedoch, dass die Kindersterblichkeit in allen Schichten in Schweden geringer ist als in England und Wales. Sogar für die englische Oberschicht, die sich ja mit Sicherheit eine perfekte Gesundheitsversorgung leisten kann, liegt sie höher als für alle Schichten in Schweden.

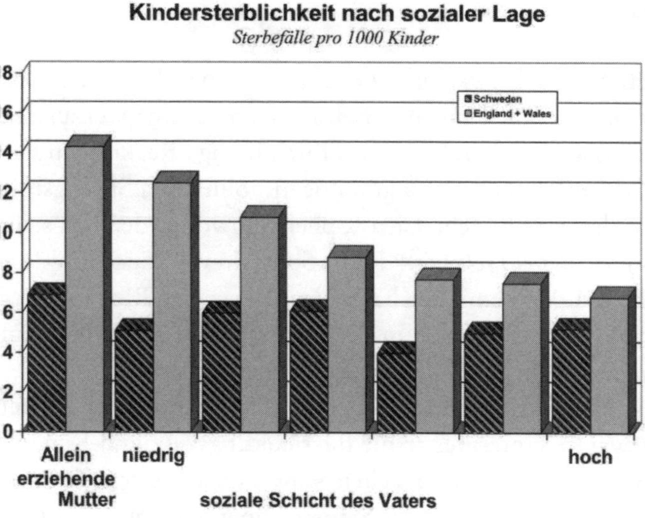

Quelle: Leon, Vagero, Olausson 1992

Wilkinson und Pickett ziehen aus dieser und vielen anderen Untersuchungen, die sie zitieren, den Schluss: Mehr Gleichheit lohnt sich für alle Menschen – nicht nur für die Unterschicht. Alle Untersuchungen kommen zu dem Ergebnis, dass die Lebensqualität in einer gerechteren Gesellschaft auch für die Oberschicht höher ist. Bei einigen Faktoren ist das evident. Denn von weniger Kriminalität und weniger Drogensüchtigen profitieren alle Menschen. Aber das erklärt noch nicht, warum es zum Beispiel weniger Totgeburten auch bei den Reichen gibt.

Offensichtlich wirken sich mehr Ungleichheit und das Gefühl von fehlender Gerechtigkeit auf das gesamte Zusammenleben der Gesellschaft und auf ihre Institutionen aus, von den Gefängnissen über das Gesundheitssystem bis hin zur Bildung. Der Statuswettkampf zwischen den Menschen nimmt zu, und es entsteht ein „sozialer Stress", der alle Mitglieder der Gesellschaft, eben auch die Bessergestellten, beeinträchtigt. Der Überlebenskampf wird härter – für alle. Daher lautet der Untertitel der deutschen Ausgabe des Buches denn auch: *Warum gerechte Gesellschaften für alle besser sind.*

Sind Mörder fettleibig?

Da ich das Buch *The Spirit Level* so ausführlich referiere, komme ich nicht umhin, mich mit der Kritik daran auseinanderzusetzen. Denn wie zu erwarten war, hat dieses Buch hitzige Reaktionen hervorgerufen. Schließlich enthält es gewaltigen politischen Sprengstoff. An der Spitze der Kritik steht Christopher Snowdon, der mit seinem Buch *The Spirit Level Delusion*[31] („Die Spirit-Level-Täuschung") eine polemische Kritik geschrieben hat und einen eigenen Blog im Internet dazu betreibt. Daraus hat sich in der britischen Öffentlichkeit ein heftiger Dialog entwickelt, auf den ich kurz eingehen möchte.

Die Hauptkritik entfaltet sich an der Auswahl der Staaten. Durch die gewählte Untergrenze für Bevölkerungszahl und Einkommen fallen insbesondere alle asiatischen Schwellenländer wie Singapur, Hongkong und Südkorea aus der Statistik, aber auch einige osteuropäische Staaten. Das relativiert zum Beispiel die Aussagen über die Lebenserwartung, da in der Tat alle asiatischen Staaten eine höhere Lebenserwartung haben, unabhängig davon, ob sie eine sehr gleiche (Japan) oder eine sehr ungleiche (Singapur) Einkommensverteilung haben.

Der zweite Kritikpunkt bezieht sich auf die Begründungen. In der Tat kann man sehr unterschiedlicher Meinung sein, ob es einen direkten Zusammenhang zwischen der Einkommensverteilung und Fettleibigkeit gibt. Jeder, der mit Statistik zu tun hat, weiß, dass Korrelationen nicht bedeuten, dass es eine kausale Abhängigkeit zwischen zwei Parametern gibt. Um dies zu verdeutlichen, präsentiert Snowdon zum

31 Snowdon 2010: *The Spirit Level Delusion.*

Beispiel eine Grafik, aus der sich gut erkennen lässt, dass die Menschen in Ländern mit geringen Einkommensunterschieden weniger an Gott glauben. Eine andere Grafik ergibt, dass die Menschen in Ländern mit großen Einkommensunterschieden öfter ins Kino gehen. Das heißt noch lange nicht, dass der eine Parameter die Ursache des anderen ist – also dass z. B. Gottgläubige mehr ins Kino gehen. Natürlich sind diese Beobachtungen nicht so einfach zu erklären. Es kann auch sein, dass es keinen ursächlichen Zusammenhang gibt und die beobachtete Korrelation auf dritten Faktoren beruht, die wir noch nicht kennen. Jedoch spricht vieles dafür, dass die Gläubigkeit in gerechteren Gesellschaften tatsächlich abnimmt. Aber sollen wir deswegen gegen mehr Gerechtigkeit sein?

Ein gutes Beispiel für diese Art von Interpretationsproblemen ist die Feststellung, dass in Ländern, die eine hohe Mordrate aufweisen, auch viele Menschen Übergewicht haben. Daraus aber den Schluss zu ziehen, dass Mörder dicker sind, wäre Unsinn. Eine Erklärung dieses Zusammenhangs könnte aber folgendermaßen aussehen: In sozialen Brennpunkten wird aufgrund der Spannungen zwischen den Menschen mehr gemordet. Zugleich ist anzunehmen, dass sich die Menschen dort weniger bewusst ernähren und mehr zu Junkfood greifen. Und es ist bekannt, dass Junkfood zu Übergewicht führt. Im Ergebnis würde das bedeuten: Obwohl es in sozialen Brennpunkten mehr Morde und Fettleibigkeit gibt, gibt es zwischen den beiden Phänomenen keine Verbindung. Sie haben aber gemeinsame Ursachen: relative Armut und hohe Arbeitslosigkeit.

Für die Beurteilung der Statistiken in *The Spirit Level* heißt das: Man muss nicht mit jeder Interpretation der Autoren übereinstimmen. Die beiden sind eben Gesundheitsforscher und keine Soziologen. Entscheidend ist der starke Zusammenhang zwischen dem von ihnen konstruierten Index und der Ungleichheit der Einkommen. Dieser Zusammenhang existiert zweifellos – auch wenn der eine oder andere Faktor sich noch nicht erklären lässt.

Die dritte Kritik an dem Buch bezieht sich schließlich auf die angebliche Eindimensionalität. Snowdon schreibt zu Recht, dass für die Unterschiede bei den Indexwerten der einzelnen Staaten viele Faktoren verantwortlich sein können: Einkommen, Kultur, Geschichte, Demografie, ethnische Abstammung, Geografie, Gesetze, Politik und Klima. Der Vorwurf lautet: Wilkinson und Pickett würden alle Unterschiede nur auf die Ungleichheit der Einkommen reduzieren. Diese Kritik halte ich für ungerecht. Niemand bestreitet – auch nicht die Autoren –, dass all diese Faktoren und viele andere einen Einfluss haben können. Wenn das nicht so wäre, dann lägen alle Staaten in den Graphen stets direkt auf der Linie, und es gäbe keine Ausreißer. Dennoch ist der lineare Zusammenhang zwischen Ungleichheit sowie gesundheitlichen und sozialen Problemen klar nachweisbar.

Natürlich gibt es kulturelle, geografische und andere Unterschiede, und diese haben sicher Gründe: Wenn die Lebenserwartung in allen asiatischen Staaten höher liegt als in sonst vergleichbaren europäischen Ländern, dann könnte das an der Esskultur liegen. Und wenn die Mordrate in Finnland und einer Reihe von US-Bundesstaaten höher liegt, als aus der Statistik zu erwarten wäre, dann liegt das erkennbar daran, dass dies genau die Staaten sind, in denen jeder eine Schusswaffe besitzen darf. Das ändert aber nichts an dem generellen Zusammenhang zwischen Mordrate und Ungleichheit. Im Gegenteil – es erklärt die Ausreißer. Es gibt also mit Sicherheit noch viele verborgene Faktoren. Aber an der Tatsache, dass der Gesundheits- und Sozialindex eng mit der Ungleichheit einer Gesellschaft zusammenhängt, ändert das alles nichts. Der revolutionäre Kern dieses Buches bleibt davon unberührt.

Krieg als Gleichmacher?

Wer sich große alte Stadthäuser anschaut, die in der Gründerzeit vor dem Ersten Weltkrieg gebaut wurden, findet einen überraschenden Wohnungsgrundriss. Neben der Küche führt eine Tür in einen kleinen Nebenflur mit einem oder mehreren sehr kleinen Zimmern mit kleinen Fenstern – ganz im Gegensatz zu den großen Räumen am Hauptflur. Damals war es nämlich noch selbstverständlich, dass sich die Mittelschicht – also zum Beispiel höhere Beamte, Lehrer oder auch Ärzte – eine oder mehrere Bedienstete im Haushalt leisten konnte, die in diesen Zimmern wohnten. Die alten Stadthäuser sind also architektonische Zeugen einer Zeit, in der der 20-Prozent-Quotient auch in

Deutschland wohl noch über 20 lag – wie es heute noch in Lateinamerika oder vielen Staaten Afrikas der Fall ist.

Wer heute mehr Lebensqualität durch mehr Gleichheit anstrebt, wird sich deshalb die Frage stellen, wie es im letzten Jahrhundert zu der Reduzierung der Ungleichheit kam. War sie eine Folge des Wirtschaftswachstums? War sie eine Folge des Kampfes der Gewerkschaften? War die Angst davor, dass sich die Unterprivilegierten dem Kommunismus zuwenden, entscheidend? All das mag eine Rolle gespielt haben. Eine genauere Analyse bringt jedoch Überraschendes zutage. Denn der große Schub in Richtung weniger Ungleichheit erfolgte nicht durch die zunehmende Produktivität des Kapitalismus, wie so oft behauptet wird. Im Gegenteil: Mehr Gleichheit war vor allem eine Folge der beiden Weltkriege und der Weltwirtschaftskrise von 1929. Die Mobilisierung großer Teile der Bevölkerung im Krieg war nur möglich, indem die Klassenschranken fielen – zuerst an der Front, dann auch im Hinterland, wo die Arbeitskräfte immer knapper wurden und die Frauen selbstbewusst eine immer stärkere Rolle einnahmen. Am Ende der Kriege folgten dann soziale Revolutionen in Europa und nationale Revolutionen in den ehemaligen Kolonien. Hatte schon der Erste Weltkrieg die Adelsprivilegien in den meisten europäischen Staaten weitgehend beseitigt, so erfolgte der große Schub im Zweiten Weltkrieg. Das gilt besonders für Großbritannien. Die britische Sozialgesetzgebung stammt überwiegend aus der Zeit der beiden Weltkriege und den anschließenden Nachkriegsjahren. Auch das allgemeine und gleiche Wahlrecht für Männer und schließlich das Frauenwahlrecht wurde in den meisten Staaten erst infolge der Weltkriege eingeführt – so zum Beispiel in Frankreich und Italien erst nach 1945.

Der *taz*-Autor Robert Misik weist darauf hin, dass der Spitzensteuersatz in den USA infolge der Wirtschaftskrise unter Roosevelt in den 1930er-Jahren auf sagenhafte 79 Prozent und im Zweiten Weltkrieg sogar bis auf 91 Prozent angehoben wurde[32] – zum Vergleich: Heute sind es 35 Prozent (mehr dazu in Kapitel 7). Die Erbschaftssteuer erreichte zeitweise einen Spitzenwert von 77 Prozent – wohlgemerkt, in den USA, die allgemein nicht als Mutterland des Kommunismus gelten. Ähnlich war es in Deutschland – und zwar nicht nur in der DDR, sondern auch im Westen. Nach beiden Weltkriegen brachen ganze

32 Misik 2010: *Anleitung zur Weltverbesserung*.

Kolonialreiche zusammen, neue Staaten entstanden, und innerhalb der reichen Industriestaaten wurden soziale Utopien diskutiert. Ein beredtes Dokument dafür liefert das Ahlener Programm der CDU von 1946, in dem festgestellt wurde, dass der Kapitalismus gescheitert sei, und sich die CDU zum christlichen Sozialismus bekannte.

Dieser „Sozialisierungseffekt" eines Krieges war übrigens auch kein Novum im 20. Jahrhundert. Das Gleiche wurde schon im antiken Griechenland beobachtet. So stand die Einführung der Demokratie in Athen nach Auffassung des Soziologen Thomas Ebert in ursächlichem Zusammenhang mit den Perserkriegen, die eine gewaltige Kraftanstrengung bedeutet hatten.[33] Nach den Opfern, die das Volk in diesen Kriegen gebracht hatte, konnten die Aristokraten den Forderungen nach mehr Demokratie keinen Widerstand mehr entgegensetzen.

Der durch den Zweiten Weltkrieg verursachte Gerechtigkeitsschub war jedoch historisch einmalig und dauerte bis in die 1970er-Jahre an. Ein erstaunliches Fanal war weltweit die Abschaffung des Klassenschulsystems durch eine acht- bis zwölfjährige Einheitsschule. Diese erfolgte im Zeitraum von 1945 bis 1970 in fast allen Industriestaaten von Japan über die USA bis nach Großbritannien. Nur Deutschland und Österreich – die Frontstaaten gegen den Ostblock – blieben die Ausnahme. Hier hielten Konservative die Einheitsschule wohl für eine Ausgeburt des Sozialismus.

Der konstante Gini-Index

Diese Phase endete jedoch, als die Erinnerung an Krisen und Kriege verblasste und das Wachstum des Wiederaufbaus nachließ. Später büßte auch die Drohung mit dem Sozialismus infolge der Dauerkrise im Ostblock und der anschließenden Perestroika ihre Glaubwürdigkeit ein. So kam es dazu, dass die Ungleichheit in der Welt seit den 1980er-Jahren wieder zunahm. Der Beweis, dass der Kapitalismus von sich aus in Friedenszeiten in der Lage ist, mehr Gerechtigkeit zu schaffen, steht also noch aus. Andererseits kann ich mir nicht vorstellen, dass eine zunehmende Konzentration von Vermögen und Einkommen in wenigen Händen in einer Demokratie auf Dauer akzeptiert wird.

33 Ebert 2010: *Soziale Gerechtigkeit.*

Der Gerechtigkeitsphilosoph John Rawls hat, wie in Kapitel 1 ausgeführt, das Prinzip formuliert, dass Ungleichheit nur dann akzeptiert werden darf, wenn auch die Schwächsten der Gesellschaft davon Vorteile haben.[34] Wenn es also in einem kapitalistischen Land den Armen letztlich besser geht als im Sozialismus, dann ist der Kapitalismus dort gerechtfertigt. Gilt das Erstere nicht, dann ist der Kapitalismus ungerecht. Rawls' Kriterium fordert also keine vollständige Gleichverteilung. Denn die Versuche, diese zu realisieren, haben sich bislang ja nicht bewährt. Wichtig ist auch, dass sich das Bessergehen nicht allein aufs Einkommen bezieht, sondern die Lebensumstände insgesamt umfasst. Aber egal, ob wir der Definition von Rawls folgen oder andere Maßstäbe anlegen: Klar ist, dass in den meisten real existierenden Gesellschaften ein Mehr an Gleichheit eine deutliche Steigerung der Lebensqualität bewirken könnte – und zwar nicht nur für die Ärmsten, sondern, wie Wilkinson und Pickett nachgewiesen haben, für alle. Wie sollte also die Umverteilung von Vermögen und Einkommen in Zukunft vorgenommen werden? Ich bin überzeugt, dass diese Frage zur Nagelprobe für die Zukunftsfähigkeit unseres liberalen Gesellschaftsmodells werden wird. Dieses Buch ist unter anderem auch ein Versuch, eine Antwort darauf zu finden.

An dieser Stelle möchte ich zunächst nur zwei Thesen dazu formulieren, auf die ich später zurückkommen werde:

1. Will man eine gerechte Gesellschaft herstellen, dann muss sich die Gesellschaft zunächst auf ein Maß an Ungleichheit einigen, das als optimal empfunden wird.

Wenn weniger Ungleichheit in den entwickelten Gesellschaften mehr Lebensqualität für alle bedeutet, dann stellt sich die Frage, wie die optimale Einkommensverteilung aussieht. Soll der 20-Prozent-Quotient besser bei 8 wie in den USA, bei 3,4 wie in Japan oder vielleicht sogar bei einem noch geringeren Wert liegen?

In der Praxis würde man wohl statt des 20-Prozent-Quotienten eher den „Gini-Index" verwenden.[35] Der wesentlich komplexere Gini-Index ist ein von dem italienischen Statistiker Corrado Gini entwickeltes und von Statistikern häufig verwendetes Maß der Ungleichheit, das

34 Rawls 1971: *A Theory of Justice*.

35 Siehe dazu Anhang 1, Tabelle A.

besser als der 20-Prozent-Quotient die gesamte Verteilung aller Einkommensgruppen berücksichtigt. Er kann theoretisch zwischen 0 und 100 Prozent liegen. Dabei bedeutet ein Indexwert von 0 Prozent, dass alle Einwohner das Gleiche bekommen, also perfekter Kommunismus realisiert wird. Ein Index von 100 Prozent würde bedeuten, dass einer alles besitzt. In der Realität liegt der Index für die Einkommen in den entwickelten Staaten zwischen 23 Prozent in Schweden und 45 Prozent in den USA, in den weniger entwickelten dagegen zwischen 27 Prozent in Usbekistan und 74 Prozent in Namibia. Für die gesamte Welt dürfte er sogar noch darüber liegen, da dann die ärmsten Länder mit den reichsten verglichen werden, sodass die Unterschiede noch größer sind.[36]

Zu einer Betrachtung der Ungleichheit gehört neben der Verteilung der Einkommen auch die Vermögensverteilung. Vermögen sind überall noch viel stärker konzentriert als Einkommen. Der Gini-Index für die Vermögensverteilung in den entwickelten Ländern liegt zwischen 54,7 Prozent in Japan und 80,3 Prozent in der Schweiz. Auf die gesamte Welt bezogen, liegt er bei 89,2 Prozent. Also liegt die große Menge des gesamten Reichtums immer noch in sehr wenigen Händen. Zum Beispiel besitzt in den USA ein Prozent der Haushalte ein Drittel aller Vermögen.[37]

Will man also Gerechtigkeit herstellen, dann müsste sich jede Gesellschaft zunächst auf eine Einkommensverteilung einigen, die als optimal empfunden wird. Klar ist, dass die geringen Einkommensunterschiede in den ehemals kommunistischen Staaten auch zu negativen Effekten geführt haben. Dies galt besonders dann, wenn hoch qualifizierte Experten weniger verdienten als weniger gut Ausgebildete, weil dann die Motivation, sich weiterzubilden und zu engagieren, geschwächt wurde. Es muss also ein optimaler Kompromiss gefunden werden, der von Gesellschaft zu Gesellschaft durchaus unterschiedlich ausfallen könnte. So könnte eine Gesellschaft beschließen, dass für sie ein Gini-Index für Einkommen von 20 Prozent und für Vermögen von 50 Prozent optimal ist – eine andere verständigt sich auf 30 und 60 Prozent. Diese Festlegungen sollten jeweils das Ergebnis eines breit geführten Gerechtigkeitsdiskurses sein.

36 OECD 2011: *Devided We Stand.*

37 Davies u. a. 2007: *The World Distribution of Household Wealth.*

2. Es sollte ein System mit variablen Steuersätzen eingeführt werden, die jeweils entsprechend der angestrebten Einkommensverteilung nachjustiert werden.

Im zweiten Schritt müsste die Gesellschaft dann beschließen, mit welchen Maßnahmen sie den angestrebten Gini-Index erreichen und dann halten will. Dies könnte durch Einkommens- und Vermögenssteuern mit variablen progressiven Sätzen erreicht werden. Dafür wäre dann ein jährliches Monitoring erforderlich. Steigt also ein Gini-Index, dann wird automatisch der entsprechende Steuersatz angehoben. Wird der angestrebte Index erreicht, dann können die Steuern wieder gesenkt werden. Zugleich sollten die Auswirkungen im Rahmen des Monitorings beobachtet werden, sodass die Gesellschaft entscheiden kann, ob die festgelegten Indexwerte immer noch als optimal angesehen werden oder ob sie geändert werden sollten.

Natürlich klingt das wie eine schöne Utopie – was aber kein Argument dagegen ist, sie zu realisieren. Gravierender wäre der Einwand, dass ein solches System unterkomplex sein könnte. Es könnte zum Beispiel dazu führen, dass die Steuersätze ständig steigen, aber immer mehr Menschen arbeitslos werden und das Ziel dadurch nicht erreicht wird. An dieser Stelle möchte ich das Thema mit diesen Anmerkungen erst einmal stehen lassen und mich im nächsten Kapitel den Wachstumsproblemen zuwenden. Im zweiten Teil des Buches werde ich dann auf die Konstruktion eines idealen Steuersystems zurückkommen.

KAPITEL 3

DIE DRITTE EXPLOSION

Vom Ende des Wachstums zu einem neuen Gleichgewicht

Im Frühjahr 1973 kaufte sich mein damaliger Mitstudent Christian ein Spinnrad und ein paar Säcke Schafswolle. So etwas kannte ich bis dahin nur aus dem Märchen Dornröschen. Christian hatte beschlossen, Energie zu sparen. Er war der erste Öko, den ich kennenlernte. Ein neues Zeitalter in der Philosophie hatte für mich etwas skurril begonnen.

Anlass für Christians merkwürdiges Verhalten war die Lektüre des Club-of-Rome-Berichts *Die Grenzen des Wachstums*.[38] Als dieser 1972 veröffentlicht wurde, ahnten auch die Autoren Donella und Dennis Meadows noch nicht, dass sie einen Weltbestseller geschrieben hatten, der in 30 Sprachen übersetzt werden sollte und der bis heute eine Auflage von über 30 Millionen Exemplaren erreicht hat. Denn das Buch enthielt lediglich die trockene Analyse einer Computersimulation mit dem Namen „World 3“. Was so viel Furore machte, war die Aussage, dass es noch vor dem Jahr 2100 zu einem Zusammenbruch der Weltwirtschaft kommen würde, wenn man nicht massiv gegensteuerte. Das Buch stieß teilweise auf heftige und polemische Kritik, wurde sogar von Wissenschaftlern als Unsinn und als politisch motiviert bezeichnet.

Trotzdem war es die Geburtsstunde einer neuen politischen und philosophischen Denkweise und trug nicht unerheblich zur Gründung von Umweltbewegungen und grünen Parteien bei. Heute sind die Ergebnisse fast schon Allgemeinwissen. Die Kritiker des Buches mussten sich längst eines Besseren belehren lassen. Als die Autoren 1992 und 2004 jeweils eine aktualisierte Fassung des Buches herausbrachten, mussten nur wenige Parameter angepasst werden.[39] Die Modellrechnungen hatten sich als außerordentlich stabil erwiesen – die Ergebnisse veränderten sich nur minimal.

Trotzdem blieben die offiziellen Institutionen und die Mehrheit der Politiker lange ignorant. Symptomatisch war etwa die Haltung der

38 Meadows u. a. 1972: *Die Grenzen des Wachstums.*

39 Meadows u. a. 2006: *Die Grenzen des Wachstums – das 30-Jahre-Update.*

Internationalen Energieagentur (IEA) – der Lobbyorganisation der Energiewirtschaft und zugleich Beraterin der OECD-Regierungen in Energiefragen. Bis 2006 verbreitete sie in ihren Berichten, dass es genug Energiequellen gebe, um den Bedarf auf viele Jahrzehnte ohne Probleme zu decken. Erst 2007 tauchte in dem jährlichen Bericht der IEA zum ersten Mal das Wort „Greenhouse Gas Emissions“ (Emission von Treibhausgasen) auf. Und 2008 schließlich – mittlerweile hatte die IEA mit Nobuo Tanaka einen neuen Chef – lautete die Überschrift der Pressemitteilung bei der Veröffentlichung des Jahresberichtes World Energy Outlook (WEO): „Neue Energie-Realitäten – WEO fordert eine globale Energie-Revolution trotz der Finanzkrise.“ Deutlicher hätte das Eingeständnis, dass die Agentur 40 Jahre lang die Realität geleugnet hat, nicht formuliert werden können.

Mein Thema in diesem Buch ist nicht die ökologische Frage. Aber wer ein Haus baut, muss wissen, über wie viele Finanzmittel, wie viele Arbeiter und wie viele Bausteine er verfügen kann. Sonst bleibt die schönste Bauzeichnung ein Fantasiegebilde. Wer eine gerechte Gesellschaft aufbauen will, muss wissen, wie viel Güter an die Menschen verteilt werden können. Wer ein Paradies anstrebt, muss wissen, was das Paradies kostet. Deshalb will ich mich nun mit den Rahmenbedingungen beschäftigen, auf die sich jede Zukunftskonzeption der Gesellschaft einstellen muss. Wo also liegen die Grenzen des Wachstums, von denen in dem Buch von Meadows u. a. die Rede ist?

Die Grenzen des Wachstums

Donella und Dennis Meadows haben immer wieder betont, dass sie in ihrem Buch keine exakte Zukunftsvoraussage machen. Stattdessen haben sie per Computerprogramm Testläufe mit sehr unterschiedlichen Parametern durchgeführt und eine Vielzahl möglicher Verläufe analysiert. Das Computerprogramm simuliert die Entwicklung der Weltökonomie mithilfe von über 170 Parametern wie beispielsweise dem Wirtschaftswachstum, der Bevölkerungszahl, der Umweltverschmutzung oder der landwirtschaftlichen Produktivität. Warum aber sagt das Programm bei fast allen Parametereinstellungen einen Zusammenbruch der Wirtschaft voraus? An sich ist daran nichts Besonderes. Jedes Wachstum – zum Beispiel das der Zahl der Rehe in einem Waldstück – muss irgendwann aufhören. Wächst die Population einfach weiter, dann muss es im Winter, wenn die Nahrung am knappsten ist, zur Hungersnot kommen. Die nebenstehenden vier Graphen zeigen die grundsätzlich möglichen Wachstumsmodelle:[40]

A. **Kontinuierliches Wachstum:** Wenn es keine Grenzen gibt oder die Grenzen immer mitwachsen wie in Graph A, dann könnte sich eine Population ständig weitervermehren. Das wäre zum Beispiel der Fall, wenn sich mit wachsender Zahl der Menschen der Erdball entsprechend ausdehnt, sodass immer mehr Bodenschätze, mehr Ackerflächen usw. zur Verfügung stehen. Das Wachstum würde sich sogar ständig beschleunigen – man nennt die entsprechende Kurve eine Exponentialfunktion.

   Auf diese Art ist die Menschheit in den letzten 250 Jahren tatsächlich gewachsen, was viele Menschen – auch Politiker – verleitet hat zu glauben, es würde immer so weitergehen. In der Wirklichkeit kommt solch ein Wachstum allerdings nie auf Dauer vor, da es immer fest definierte Wachstumsobergrenzen gibt. Die Erde wächst nun mal nicht mit. Deswegen kommen für uns nur die folgenden drei Fälle infrage:

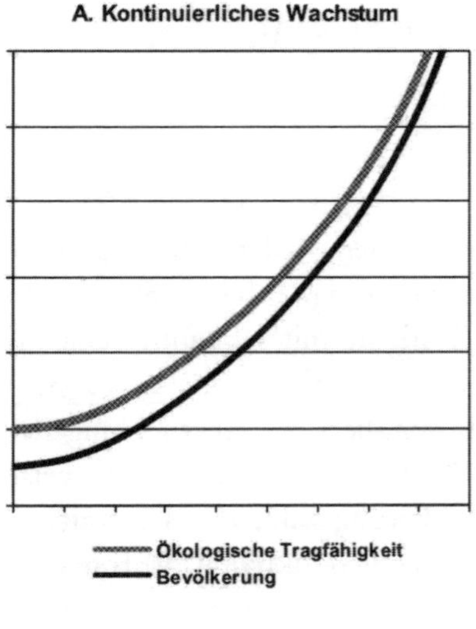

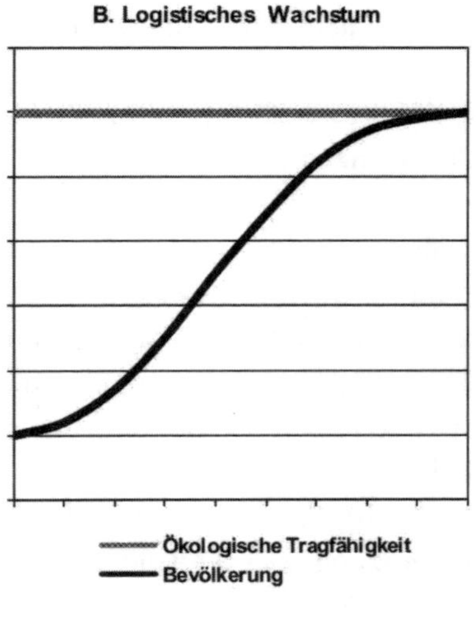

40 Alle Graphen nach Meadows/Meadows/Randers, Stuttgart 2006.

B. **Logistisches Wachstum:** Dies ist der Idealfall eines Wachstumsprozesses. Am Anfang der Wachstumsphase wächst die Population wie bei A mit einer Exponentialfunktion. Wenn nun das Wachstum rechtzeitig gebremst wird, nähert sich die Population gleichmäßig der Obergrenze an und kommt schließlich in ein Gleichgewicht. Diese typische S-Kurve nennt man logistische Wachstumskurve.

C. **Grenzüberschreitung mit Einschwingen:** Häufig werden die Wachstumsgrenzen nicht rechtzeitig erkannt. Das System reagiert dann zu spät – es wird zu spät gebremst. Dadurch wird das ökologisch verträgliche Maximum überschritten, und die Ressourcen werden geschädigt. Es tritt eine Krise ein. Wenn aber noch relativ früh (wenn auch zu spät für eine logistische Kurve) gebremst wird, werden die Ressourcen nicht übermäßig geschädigt und gehen nur leicht zurück. Die Population schwingt sich nach mehreren Krisen auf ein neues Gleichgewicht ein.

D. **Grenzüberschreitung mit Zusammenbruch:** In diesem Fall wird nicht oder zu spät gebremst. Deshalb kommt es zu einer großen Krise. Die Ressourcen werden wegen Übernutzung nachhaltig geschädigt. Nach einem Zusammenbruch der Ökonomie spielt sich die Population auf einem viel niedrigeren Niveau ein. Welche gravierenden gesellschaftlichen Begleitumstände (Hungersnöte,

C. Grenzüberschreitung mit Einschwingen

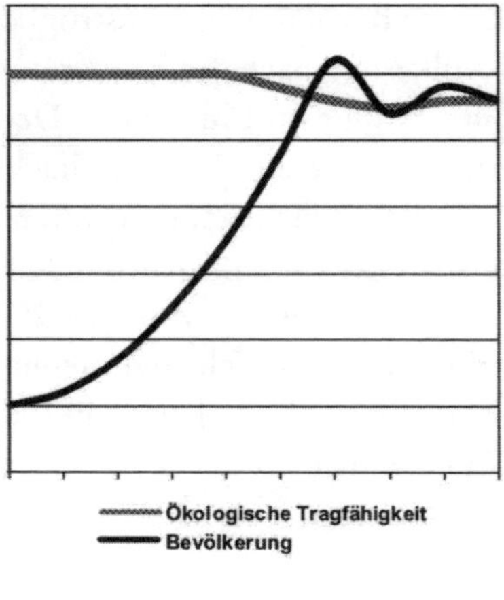

D. Grenzüberschreitung mit Zusammenbruch

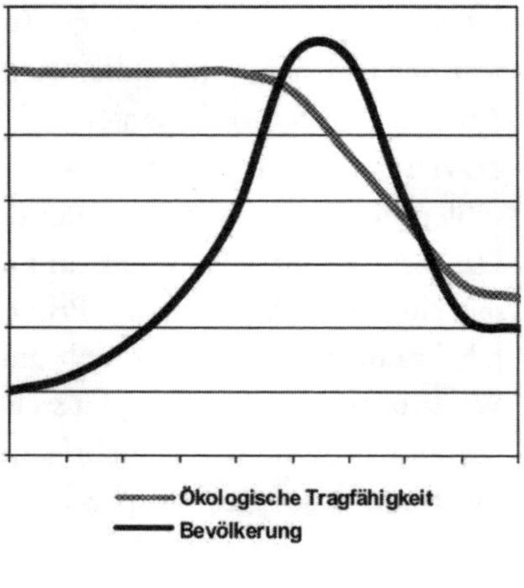

Kriege) eintreten müssen, in deren Folge ein so großer Teil der Bevölkerung umkommt, kann man sich ausmalen. Dies ist der schlimmste Fall.

Spielt man die Simulationen durch, dann stellt man erschreckt fest, dass das Computerprogramm „World 3“ bei fast allen Einstellungen der Parameter bei Fall D landet. Fall A kann man ausklammern, da sich die Erde leider nicht ausdehnt. Der Fall C war 2004 nur noch bei sehr radikalen Bremsmaßnahmen erreichbar. Der wünschenswerte Fall B ist – laut „World 3“ – seit etwa 1990 nicht mehr erreichbar, da wir damals schon die Grenzen überschritten haben.

So weit das Computerprogramm. Natürlich vereinfacht das Programm. Es hat ja nur 170 Parameter. Die wirkliche Welt hat dagegen Millionen Parameter und ist viel komplizierter. Trotzdem ist die Prognose – wie man leicht nachvollziehen kann – völlig realistisch. Bislang sind keine wesentlichen Fehler gefunden worden.

Die Industriegesellschaft als Übergangsphase

Wann das exponentielle Wachstum unserer Gesellschaft genau begann, ist schwer festzustellen. Denn das Wachstum der Menschheit war nie gleichmäßig. Klimaschwankungenen und große Katastrophen wie die Pest im Mittelalter haben zeitweilig zu erheblichen Bevölkerungsschwankungen geführt. Die größte bekannte Bevölkerungskatastrophe war der Rückgang der indianischen Bevölkerung nach der Eroberung Amerikas durch die Spanier von 50 auf 5 Millionen Einwohner. Der gravierendste Faktor dafür waren vermutlich die aus Europa eingeschleppten Krankheiten, gegen die die Indianer nicht immun waren. Das heutige massive Wachstum setzte spätestens im 18. Jahrhundert mit einer Zunahme von 0,5 Prozent jährlich ein. Bis zur Mitte des 20. Jahrhunderts steigerte es sich auf zwei Prozent jährlich. Bei diesem Wachstumstempo verdoppelt sich die Menschheit alle 35 Jahre – in 100 Jahren würde sie sich verachtfachen! Da kann man zu Recht von einer Bevölkerungsexplosion sprechen.

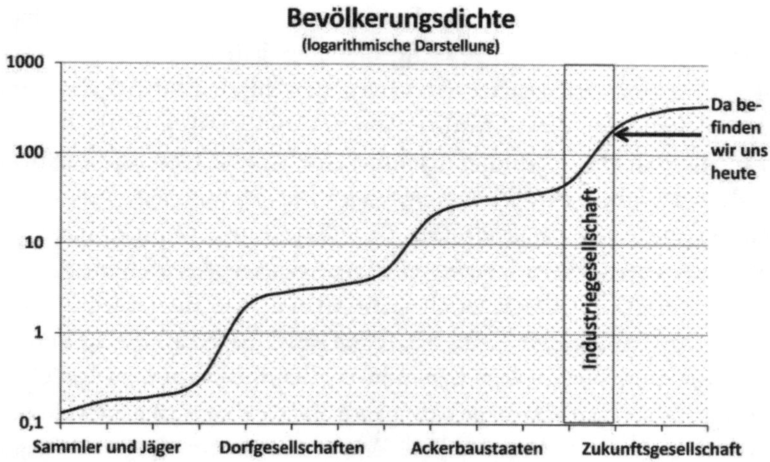

Einwohner/km² in den Kernregionen
Quelle: Eigene Grafik, Daten von Lenski und Nolan

Ursache der Explosion war die Nutzung von neuen Energiequellen – zuerst Kohle, dann Öl, Erdgas und schließlich Uran und die dadurch ausgelöste Industrialisierung. Will man jedoch diese „Explosion" richtig einordnen, dann muss man sich klarmachen, dass sie nicht die erste, sondern mindestens bereits die dritte Bevölkerungsexplosion der Geschichte war.[41] Das kann man in der logarithmischen Darstellung der Entwicklung (siehe oben stehende Grafik) gut erkennen. Die erste Explosion war der Übergang von der Sammler- und Jägergesellschaft zur Dorfgesellschaft mit einfachem Ackerbau – die neolithische Revolution. Damals stieg die Bevölkerungsdichte um das Zwanzigfache. Die zweite Explosion erfolgte mit der Entstehung von Städten und Staaten in Mesopotamien und Ägypten und der durch Herrschaft organisierten Arbeitsteilung – die urbane Revolution. Wieder stieg die Bevölkerungsdichte um das Zehnfache. Auch die Industrialisierung hat die Bevölkerungsdichte in vergleichbaren Kulturgebieten (z.B. China, Europa) noch einmal mehr als verzehnfacht. Wenn es gelingt, die Bevölkerungszahl bei etwa 9 Milliarden im Jahre 2050 zu stabilisieren, dann werden fast zwanzigmal so viel Menschen auf der Erde leben wie zu Beginn der Industrialisierung.

41 Lenski und Nolan 1970: *Human Societies*; dabei ist zu beachten, dass die Explosionen in der Vergangenheit in unterschiedlichen Weltregionen zu unterschiedlichen Zeiten stattfanden.

Keine Explosion war von Dauer. Nach jeder Explosionsphase entstand ein neues Gleichgewicht, das über Jahrtausende relativ stabil blieb – trotz erheblicher Schwankungen durch Klima, Kriege und Krankheiten. Vor dieser historischen Schablone ist also die Industriegesellschaft der letzten 200 Jahre keine stabile Gesellschaftsform, sondern lediglich eine Übergangsphase der Menschheit. Wir befinden uns mitten in der Endphase einer Explosion. Wenn es gut geht, dann erreichen wir ein neues Gleichgewicht – die Zukunftsgesellschaft, von der wir heute noch nicht wissen, wie sie aussehen wird. Es hat also auch keinen Sinn, bezüglich des Übergangs der kommenden Jahrzehnte von einer neuen industriellen Revolution zu sprechen, wie man es oft hört. Denn das klingt so, als stände eine neue Explosion bevor. Das Gegenteil ist der Fall. Wir brauchen ein neues Gleichgewicht.

Leider gibt es dabei ein großes Problem, das bei den früheren Explosionen nicht existierte: Wesentliche Ressourcen, die zur Explosion vor 200 Jahren geführt haben, wie Kohle, Öl, Gas, Uran und viele Metalle, werden uns in Zukunft nicht mehr in vergleichbarem Umfang zur Verfügung stehen. Deswegen benötigen wir zunächst einen weiteren Technologieschub – nicht um mehr, sondern um effizienter produzieren zu können. Nur wenn uns das gelingt, werden wir den Lebensstandard, der heute in den reichen Ländern bereits erreicht wurde, auch in Zukunft erhalten und weltweit übertragen können.

Wenn uns das nicht gelingt, dann wird die Sache übel ausgehen. Wenn es wirklich dazu kommt, dass die Weltökonomie kollabiert, dann wird der Kampf um die Ressourcen sich zuspitzen und unweigerlich Hungersnöte, Krieg und Gewaltherrschaft nach sich ziehen. Das Ergebnis wäre das Ende unserer heutigen Zivilisation.

Zum Glück sieht es so aus, dass die technische Machbarkeit des Übergangs nicht mehr das eigentliche Problem darstellt. Die technologischen Fragen sind bereits weitgehend gelöst. Eine gute Darstellung der technischen Potenziale findet man bei Ernst Ulrich von Weizsäcker.[42] Es geht also „nur“ noch um die ökonomische und politische Bewältigung des Überganges, also um das Management des Technologiewechsels hin zum neuen Gleichgewicht. Das schauen wir uns nun genauer an.

42 Weizsäcker u. a. 2010: *Faktor Fünf: die Formel für nachhaltiges Wachstum.*

Wie sehen die Grenzen des Wachstums aus?

In den historischen Gesellschaften war es fast immer die Menge der verfügbaren Nahrungsmittel, die das Wachstum begrenzte. In einigen Sonderfällen war es auch die Wassermenge oder die begrenzte Menge anderer Rohstoffe, wie Jared Diamond in seinem Buch *Kollaps* schildert.[43] Ein besonders eindrucksvolles Beispiel ist der ökonomische Zusammenbruch der Hochkultur auf der Osterinsel. Auf dieser Insel im Pazifik sank die Bevölkerung auf ein Zehntel, nachdem die Wälder abgeholzt waren. Heute gibt es jedoch einen grundlegenden Unterschied zu vergleichbaren historischen Situationen. Es handelt sich nicht um einen einzigen Faktor, der knapp zu werden droht und das weitere Wachstum begrenzt. Meadows und seine Mitautoren haben vielmehr eine Vielzahl von Parametern ausgemacht, bei denen unsere Gesellschaft nahezu zeitgleich an eine Grenze zu stoßen droht:

- Umweltfaktoren: Es gibt eine Reihe von Grenzen für die Belastbarkeit der Umwelt etwa durch Giftemissionen (Beispiel DDT), die FCKW-Emissionen, die das Ozonloch verursacht haben, die Überdüngung usw. Bisher konnte darauf durch internationale Abkommen reagiert werden. Die Grenze für die Emission von Treibhausgasen, die den Klimawandel auslösen, ist also nur eine von vielen Herausforderungen. Allerdings hat diese eine ungleich größere Dimension, weil sie gravierende Eingriffe in die gesamte Produktionsweise erfordert.
- Ressourcenknappheit: Es gibt eine ganze Reihe von Rohstoffen, die bereits knapp zu werden drohen. Das gilt besonders für viele Metalle.
- Erschöpfung der Energiequellen: Sowohl die fossilen Energiequellen wie auch die radioaktiven Energiequellen gehen viel schneller zu Ende, als lange geglaubt wurde.
- Nahrungsknappheit: Trotz aller agrartechnischen Fortschritte scheint auch die Nahrungsproduktion aufgrund der begrenzten bebaubaren Fläche auf ein Maximum zuzusteuern. Durch Bodenerosion gehen sogar erhebliche Flächen verloren.

43 Diamond 2005: *Kollaps.*

Die Analysen der Meadows' haben ergeben, dass praktisch alle Grenzen noch innerhalb dieses Jahrhunderts erreicht werden. Wenn man in „World 3" eine dieser Grenzen herausnimmt, indem man die diesbezüglichen Grenzwerte künstlich erhöht, dann läuft das Programm sofort gegen eine andere Grenze. Die Kombination aus Bevölkerungsexplosion, wachsendem Energie- und Rohstoffverbrauch und wachsenden Emissionen in die Umwelt führt dazu, dass die Menschheit überall an die Grenze der Belastbarkeit des Globus stößt.

Das neue Gleichgewicht

Wir stehen also vor der Herausforderung, unsere gesamte Lebens- und Produktionsweise anzupassen, damit die Menschheit wieder mit der Natur und den Ressourcen dieses Planeten im Gleichgewicht leben kann. Was bedeutet das nun für das politische Handeln? Wie können wir das Bestmögliche tun, um uns auf die Situation einzustellen? Diese Frage haben sich in den vergangenen Jahrzehnten viele Ökologen und Ökonomen gestellt. Bei dem Versuch, die Ergebnisse knapp zusammenzufassen, bin ich zu folgenden sechs Punkten gekommen, die ich für entscheidend halte:[44]

1. Die Umstellung auf Erneuerbare Energien

Da die fossilen und radioaktiven Rohstoffe für die Energieproduktion zu Ende gehen, müssen wir in Zukunft unsere Energie ausschließlich aus erneuerbaren Energien gewinnen. Dieses Ziel ist bis Mitte des Jahrhunderts erreichbar.[45] Das ist auch notwendig, um die erforderlichen Klimaschutzziele zu erreichen und eine Erwärmung des Klimas um mehr als 2 Grad zu verhindern.

2. Die Recyclingwirtschaft

Auch die Rohstoffvorkommen werden immer spärlicher, und ihre Ausbeutung wird immer teurer – das betrifft vor allem viele Metalle.

44 Hentschel 2010: *Es bleibe Licht.*

45 SRU 2010: *100 % erneuerbare Stromversorgung bis 2050.*

Bis Ende des Jahrhunderts wird die Konzentration der meisten Rohstoffe in den Lagerstätten so gering sein, dass sich der Bergbau nicht mehr lohnt. Es wird dann billiger sein, die Rohstoffe aus den Abfällen zu recyceln. Schon heute steigen die Recycling-Quoten bei vielen Rohstoffen kontinuierlich an. Nun stehen wir vor der Aufgabe, neue Produkte systematisch so zu konzipieren und die Produktionsprozesse so zu organisieren, dass wir bis Ende des Jahrhunderts zu einer Recyclingwirtschaft übergehen – in der all die Rohstoffe, die nicht nachwachsen, fast hundertprozentig wiederverwendet werden.

3. Null Emissionen

Alles Leben auf der Erde ist Teil der Biosphäre, einer verglichen mit dem Erddurchmesser hauchdünnen Schicht, die unseren Globus bedeckt. Wir Menschen sind Teil dieser Biosphäre und brauchen sie zum Leben. Zurzeit emittieren Wirtschaft und Verbraucher Zehntausende von verschiedenen Substanzen in die Umwelt, die in der Natur nicht vorkommen und deshalb nur sehr schwer und teilweise mit zerstörerischen Folgen abgebaut werden können. Wir müssen dafür sorgen, dass die Naturkreisläufe, auf denen das Leben basiert, nicht weiter gestört und zerstört werden. Wir dürfen deshalb keine Stoffe mehr in Luft, Wasser und Erde emittieren, die dort von Natur aus nicht oder nicht in diesen Mengen vorkommen. Kunststoffe müssen so hergestellt werden, dass sie vollständig abbaubar sind und wieder in den Naturkreislauf eingehen können. Verbindungen wie zum Beispiel das immer noch weitverbreitete PVC, das über Jahrhunderte nicht abgebaut wird und dann starke Gifte wie Dioxin hinterlässt, müssen verboten werden. Andere Kunststoffprodukte wie Plastiktüten aus Polyethylen sind vollständig abbaubar und somit kein Problem. Mit dem Übergang zu einer Recyclingwirtschaft sollte deshalb auch diese Aufgabe bewältigt werden können.

4. Naturräume weltweit sichern

Um die Biosphäre zu retten, ist noch ein weiteres Vorhaben zwingend erforderlich. Wir müssen genügend Naturräume sichern, damit auch solche Arten überleben können, die sich der vom Menschen gestalteten Kulturlandschaft nicht anpassen können. Füchse können in einer Großstadt wie Hamburg gut leben – es werden sogar immer mehr –, und Bussarde lieben Autobahnen, weil sie dort viele totgefahrene Mäuse und andere Tiere als Nahrung finden. Aber Fischotter oder Störche haben ohne Naturschutzmaßnahmen keine Chance zu überleben. Insbesondere die Extrembiotope wie Feucht- und Trockengebiete sterben in unserer fast schon industriell gestalteten Agrarsteppe aus. Deswegen müssen ausreichend große Schutzgebiete und Nationalparks ausgewiesen werden.

Aber selbst wenn wir 10 oder 15 Prozent der Fläche unter Naturschutz stellen, reicht das nicht aus. Wenn wir verhindern wollen, dass sich in den Böden immer mehr Gifte ansammeln, dann müssen Land- und Forstwirtschaft als die Hauptnutzer des ländlichen Raumes bis Ende des Jahrhunderts vollständig auf ökologische Bewirtschaftungsformen umgestellt werden.

5. Das Bevölkerungswachstum stoppen

Die Weltbevölkerung darf nicht weiter wachsen. Denn selbst wenn wir die Punkte 1 bis 4 umsetzen, bleiben die verfügbaren landwirtschaftlich nutzbaren Flächen und die Gesamtmenge der Rohstoffe begrenzt. Ein Wohlstand für alle bei begrenzten Ressourcen ist letztlich nur für eine konstante Bevölkerungszahl möglich.

Das Ende des Bevölkerungswachstums lässt sich jedoch nicht verordnen. Das erfordert soziale Rahmenbedingungen wie eine Alterssicherung, die es den Menschen akzeptabel erscheinen lässt, auf die Sicherheit der Großfamilie zu verzichten.

Der entscheidende Hebel für die Begrenzung der Geburtenrate scheint jedoch nach den Untersuchungen des Ökonomen und Nobelpreisträgers Amartya Sen die Bildung der Frauen zu sein.[46] Selbst in Gebieten mit einem niedrigen Pro-Kopf-Einkommen wie dem südindischen Bundesstaat Kerala war eine Senkung der Geburtenrate möglich, nachdem dort die allgemeine Schulpflicht auch für Mädchen durchgesetzt wurde. Sen kommt in seinen Analysen zu dem Ergebnis, dass selbst die Ein-Kind-Politik in China nur deswegen ihr Ziel erreichte, weil sie mit einer besseren Ausbildung der Frauen verbunden wurde.

46 Sen 2000: *Ökonomie für den Menschen.*

6. Ökonomie im Gleichgewicht

Die sechste Aufgabe könnte sich als die schwierigste herausstellen. Wir brauchen auch eine neue Ökonomie. Dies betrifft alle ökonomischen Systeme – von der Weltwirtschaft und dem Weltfinanzsystem über das nationale Gesellschafts- und Bankenrecht bis hin zu den Steuer-, Renten- und Sozialsystemen. Denn all diese Systeme wurden in den letzten 200 Jahren auf ständiges Wachstum angelegt. Jetzt brauchen wir eine Ökonomie, die entweder ohne Wachstum, mit weniger Wachstum oder mit einem anderen Wachstum funktioniert.

Wie man sieht, sind die Konsequenzen aus den ersten vier Punkten einfach und klar. Sie bedeuten einen weitgehenden Umbau unserer Produktionsprozesse, eine neue Energieversorgung und eine andere Umweltpolitik. Vor 30 Jahren erschien das den meisten Menschen noch unmöglich. Heute jedoch sind immer mehr Menschen, gerade auch die einschlägigen Wissenschaftler und Entscheidungsträger, davon überzeugt, dass dies alles machbar ist. Schwieriger ist der fünfte Punkt – „das Bevölkerungswachstum stoppen". Dazu wird in vielen Staaten eine andere Sozial- und Bildungspolitik erforderlich sein – und die wird es in vielen armen Ländern nur dann geben, wenn wir sie dabei unterstützen. Das heikelste Thema aber ist Punkt 6 – die neue Ökonomie. Hier geht es um Macht, Einfluss und viel Geld. Und es stellt sich eine grundsätzliche Frage: Kann eine kapitalistische Ökonomie überhaupt ohne das klassische Wachstum funktionieren?

Wohlstand ohne Wachstum?

„Unsere Gesellschaft steht vor einem grundsätzlichen Dilemma. Dem Wachstum zu widerstehen bedeutet, einen ökonomischen und sozialen Zusammenbruch zu riskieren. Rücksichtslos weiterzumachen gefährdet die Ökosysteme, von denen unser langfristiges Überleben abhängt." So beschreibt der britische Ökonom Tim Jackson das Grundproblem unserer Wirtschaftsweise.[47] Bemerkenswert an dem

47 Jackson 2009: *Prosperity without Growth.*

Buch ist allein schon die Tatsache, dass ein Ökonom versucht, eine „kapitalistische" Ökonomie ohne Wachstum zu denken.

Auf das von Jackson formulierte Dilemma gibt es zwei sehr verschiedene Antworten: Die Suffizienzstrategie und die Effizienzstrategie.

1. Die Vertreter der Ersteren wollen das Wachstum stoppen. Mit Suffizienzstrategie ist gemeint, dass wir unsere Bedürfnisse reduzieren und den gegebenen Grenzen unserer Welt anpassen.
2. Die Effizienzstrategen dagegen wollen die Produktion immer effizienter und die Ressourcen sparsamer einsetzen und so den Verbrauch an Energie, Bodenflächen und Rohstoffen vom Wachstum entkoppeln. Deswegen spricht man auch von einer Entkopplungsstrategie.

Vermutlich wird keine der beiden Strategien alleine ausreichen, um die Wende hinzubekommen – es geht also in der Praxis nicht um ein „Entweder-oder", sondern um eine intelligente Kombination der beiden Ansätze.

Tim Jackson gilt als der prominenteste Ökonom der Suffizienzstrategie. Für ihn gibt es zwei inhärente Ursachen für das kontinuierliche Wachstum:

Auf der einen Seite steht das Bemühen der Wirtschaft, den Absatz kontinuierlich zu steigern. Dies ist vor allem ein Problem von Monopolen und großen Kapitalgesellschaften, die auf das Wachstum angewiesen sind, um die erwarteten Dividenden zu liefern. Sie produzieren permanent neue und interessante Produkte, um die Nachfrage anzuregen. Diese Konzerne müssen sich umstellen. Kleine und mittlere Unternehmen – insbesondere Familienunternehmen – haben weniger Probleme. Sie wollen oft lediglich den Lebensunterhalt ihrer Besitzer und der Mitarbeiter sichern. Sie sind nicht auf Wachstum – wohl aber auf Kontinuität angewiesen.

Als zweite Ursache des Wachstums identifiziert Jackson uns selbst, die Konsumenten. Wir kaufen viele Konsumgüter nicht, um unsere materiellen Bedürfnisse zu befriedigen. Wir kaufen bestimmte Label und bestimmte Geräte, weil wir damit einen Lebensstil dokumentieren wollen. Jackson drückt es so aus: „Konsumgüter sind eine symbolische Sprache, in der wir ständig miteinander kommunizieren, nicht über die Güter an sich, sondern über das, was wirklich zählt: Familie, Freundschaft, Zugehörigkeit, Gemeinschaft, Identität, sozialer Status, Bedeutung des Lebens."

Wie wir schon im vorigen Kapitel gesehen haben, werden dieser Wettbewerb um mehr Status durch Einkommen und Konsum und der damit verbundene Stress verstärkt, wenn die Unterschiede bei den Einkommen größer sind. Durch mehr Gleichheit in der Gesellschaft wird der Statuswettbewerb dagegen gedämpft. Wir kaufen also Güter, damit man uns bemerkt, uns einbezieht, uns mag, unser Freund wird. Um mehr Glück zu bekommen, wird immer mehr gekauft – und je ungleicher die Gesellschaft ist, desto mehr versuchen wir, mehr zu „scheinen" als zu „sein". Der Schweizer Ökonom Mathias Binswanger nannte diesen Effekt *Die Tretmühlen des Glücks: Wir haben immer mehr und werden nicht glücklicher.*[48]

Das Fazit von Tim Jackson lautet: Es gibt sowohl in der Wirtschaft als auch bei den Konsumenten starke psychologische und strukturelle Impulse, die das Wachstum ständig antreiben. Grundsätzliche ökonomische Hindernisse, das Wachstum zu stoppen, gibt es dagegen nicht. Die ökonomischen Systeme würden auch ohne Wachstum weiter funktionieren. Wenn weniger produziert wird, stellt sich jedoch die Aufgabe, den weiteren Abbau der industriellen Arbeitsplätze durch neue Technologien zu kompensieren. Sie müssen durch eine kombinierte Strategie ersetzt werden: Die wirtschaftliche Aktivität und die Beschäftigung müssen sich zukünftig mehr auf die sozialen und persönlichen, nichtmateriellen Dienstleistungen konzentrieren – also mehr Bildung, mehr Pflege, mehr Gesundheitsdienstleistungen, mehr Kultur usw.

Dies kann mit einer Reduzierung der Arbeitszeiten und der Einführung eines Grundeinkommens verbunden werden. Letzteres könnte als Gegenleistung für Gemeinschaftsdienste bei sozialen, ökologischen oder anderen kommunalen Aufgaben eingeführt werden. Außerdem muss mehr Geld für ökologische Investitionen eingesetzt werden – mehr Geld für Abfallvermeidung, Recycling, erneuerbare Energien, Aufforstung, Feuchtgebiet-Renaturierung usw. All dies ist sowieso wünschenswert – erfordert aber meist eine Umlagefinanzierung. Es muss entweder über Stiftungen oder über den Staat durch höhere Steuern oder Abgaben finanziert werden.

48 Binswanger 2006: *Die Tretmühlen des Glücks.*

Weiterhin schlägt Jackson vor, einige Rahmenbedingungen neu zu setzen. Die ökologischen Grenzen sollen durch staatliche Regelungen und Steuern fest implementiert werden. Hierunter fallen Zertifikate für Emissionen (sogenannte Caps), eine ökologische Steuerreform, die die externen Folgekosten bewertet, und finanzielle Ausgleichssysteme, um den ökologischen Wandel der Entwicklungsländer zu unterstützen. Und es soll ein neuer Maßstab für wirtschaftliche Aktivitäten eingeführt werden. Das Bruttonationaleinkommen (BNE), mit dem heute der Wohlstand einer Nation gemessen wird, ist ungeeignet, da es nur begrenzt etwas über die Lebensqualität einer Gesellschaft aussagt (dieses Problem wurde schon in Kapitel 1 behandelt).

Schließlich muss auch die soziale Logik verändert werden, damit die Anreize für den Statuswettbewerb reduziert werden. Hierfür ist die Reduktion der sozialen Ungleichheit entscheidend. Interessanterweise versteht aber Jackson darunter nicht nur eine Nivellierung der Einkommensunterschiede, sondern auch die bessere Anerkennung der sozialen Dienste und schließlich die Stärkung des sozialen Kapitals durch den Ausbau von öffentlichen Einrichtungen (siehe Kapitel 10).

Der Rebound-Effekt

Eine solche Suffizienzstrategie, die auf Konsumreduzierung setzt, mag für die reichen Länder noch plausibel klingen. Aber angesichts des bestehenden Elends in großen Teilen der Welt ist es für viele Staaten kaum realistisch, den Menschen zu predigen, sie sollten sich einschränken. Darauf versucht die Effizienzstrategie eine Antwort zu geben. Einer ihrer bekanntesten Vertreter, Ernst Ulrich von Weizsäcker, stellte in seinem Buch *Faktor Fünf* das Konzept vor, wie die Energieproduktivität, die Stoffproduktivität und die Transportproduktivität verfünffacht werden können.[49] Auf diese Weise soll der Wohlstand mehr als verdoppelt und zugleich der Ressourcenverbrauch halbiert werden. Der Gedanke dieser Strategie ist relativ einfach: Wenn wir es schaffen, trotz Wachstum den Verbrauch an Ressourcen und die Belastung der Umwelt zu reduzieren, also Produktion und Ressourcenverbrauch zu entkoppeln, dann wird nachhaltiges Leben auch in Zukunft möglich.

49 Weizsäcker u. a. 2010.

Wenn wir zum Beispiel die Energieproduktion zu 100 Prozent auf erneuerbare Quellen umstellen, dann erreichen wir viel mehr, als wenn wir die Hälfte des Stroms einsparen. Wenn wir ein Passiv-Plus-Haus bauen, dann sparen wir nicht nur Energie, wir gewinnen sogar noch welche dazu. Nach der Substitution der nuklear-fossilen Energie durch erneuerbare Energien wäre die Höhe des Energieverbrauchs im Grunde sogar gleichgültig, da ja die gesamte Energie aus Sonne und Wind gewonnen wird. Auch die Zahl der Produkte spielt keine Rolle mehr, wenn die Gesamtmenge des Materials, das verarbeitet wird, durch Recycling konstant gehalten wird und nur solche Emissionen in die Umwelt freigesetzt werden, die von der Natur wieder verarbeitet werden. Dann können sogar mehr Autos, mehr Computer oder mehr Kleidung produziert werden, unter der Bedingung, dass sie immer leichter werden oder zu erheblichen Teilen aus natürlich abbaubaren organischen Stoffen bestehen und dass nicht noch mehr Straßen gebaut werden, die Naturräume zerschneiden.

Ob die Volkswirtschaft, gemessen mit dem Bruttonationaleinkommen, dabei weiter wächst, spielt dann keine Rolle mehr. Zahlen verbrauchen keine Ressourcen. Die Produktionsmenge der Industrie kann weiterhin in begrenztem Umfang steigen, solange der Energie- und Rohstoffverbrauch dabei abnimmt.

Kritiker der Effizienzstrategie verweisen darauf, dass wir die Produktion allein schon um das Fünfzehnfache steigern müssen, damit alle Menschen das OECD-Niveau erreichen. Die dafür erforderlichen Effizienzgewinne sind aber selbst mit der Weizsäcker-Strategie nicht denkbar. Außerdem kommt dann noch der sogenannte „Rebound-Effekt" ins Spiel. Im Basketball bezeichnet man mit Rebound einen Ball, der nicht in den Korb geht, sondern stattdessen unkontrolliert zurückspringt und dem Gegner oft Gelegenheit zu einem Konter gibt. Der berühmteste ökonomische Rebound war der Übergang von den Großrechnern auf die PCs. Als die Computer immer schneller und effizienter wurden, führte das nicht dazu, dass die wenigen Großrechner durch kleine PCs ersetzt wurden. Stattdessen kam es zu einer Verbreitung der Computer in alle Haushalte. Der mehr als tausendfache Effizienzgewinn wurde durch den „Rebound" – die millionenfache Verbreitung der Computer – konterkariert. Oder allgemeiner formuliert:

Sparsame Produktion nützt nichts, wenn dadurch das Produktionsvolumen explodiert.

Stellt man also die beiden Strategien gegeneinander, dann bemerkt man, dass sie sich keineswegs gegenseitig ausschließen, sondern eher ergänzen. Wenn durch Investitionen in effizientere Kühlschränke, Waschmaschinen und Lampen zugleich der Stromverbrauch reduziert wird, der Strom dann auch noch regenerativ erzeugt wird und schließlich mit der gleichen erneuerbar erzeugten Strommenge auch noch Millionen Menschen in armen Ländern neue Waschmaschinen betreiben können, dann sollte das im Sinne aller Strategien sein.

Green New Deal und das Kippen der Waage

Strategien sind gut und schön. Aber selbst die beste Strategie ist nur dann etwas wert, wenn es Akteure in Wirtschaft und Politik gibt, die willens sind, sie umzusetzen.

Anfang 2007 kreierte der Journalist Thomas L. Friedman in zwei Kolumnen in der *New York Times* einen neuen Begriff, der seitdem durch die Welt geistert: Der „Green New Deal".[50] Ursprünglich war er ein Konzept zur Überwindung der Finanzmarktkrise. Der Begriff ist eine Anspielung auf den „New Deal" – das Investitions- und Sozialprogramm, mit dem der US-Präsident Franklin D. Roosevelt ab 1933 auf die damalige Wirtschaftskrise reagiert hatte. Friedman griff das auf – aber verband die Idee mit dem notwendigen sozialen und ökologischen Umbau. Wenn wir schon Milliarden aufgrund der Finanzmarktkrise investieren müssen, um die Märkte stabil zu halten, dann sollte das Geld doch wenigstens in sinnvolle „grüne" Zukunftsinvestitionen fließen.

Ähnlich hatte auch schon Al Gore, der ehemalige Vizepräsident der USA unter Clinton, argumentiert.[51] Um den gewaltigen Umbau der Weltwirtschaft rechtzeitig zu bewältigen, schlug er vor, ein gemeinsames weltweites Programm aufzulegen. Er nannte dies den „Marshall-Plan für die Erde". Damit nahm er Bezug auf den Marshall-Plan nach dem Zweiten Weltkrieg, der den Wiederaufbau des zerstörten Europas und das Wirtschaftswunder möglich gemacht hatte. Durch den neuen

50 Friedman 2007: *A Warning from the Garden.* Friedman 2007: *The Power of Green.*

51 Gore 1992: *Wege zum Gleichgewicht – Ein Marshallplan für die Erde.*

Marshall-Plan sollten die ökologische Krise und das Elend der unterentwickelten Länder in einer gemeinsamen Kraftanstrengung überwunden werden.

Wie realistisch ist aber ein solcher Plan? Einerseits gibt es positive Ansätze. Deutschland hat den Umbau des Energiesystems zumindest eingeleitet. In Japan werden Hybridautos in Millionenserien gebaut, und China stellt mehr thermische Solaranlagen auf als der Rest der Welt. Auf die gesamte Welt bezogen sind diese Fortschritte jedoch quantitativ noch vernachlässigbar. Wer zurzeit die Nachrichten über die Renaissance der Erdöl- und Erdgasförderung in den USA liest, könnte verzweifeln. Ist der Umbau der Wirtschaft in diesem Jahrhundert überhaupt noch zu schaffen?

Es gibt ein gutes Argument gegen den Pessimismus, und das ist der Kippeffekt. Die meisten Analysten stellen sich den Übergang zu einer nachhaltigen Gesellschaft als kontinuierlichen Prozess vor. Transformationsprozesse laufen aber in Wirklichkeit völlig anders ab. In der Anfangsphase fallen zunächst erhebliche Ausgaben für Forschung und Entwicklung an. Die Märkte für neue Produkte sind klein. Es fehlt die Infrastruktur. Deshalb sind erhebliche Förderprogramme nötig, damit sich überhaupt etwas bewegt. Viele neue Technologien wie die Computertechnik wurden über viele Jahre durch Militärprogramme subventioniert, bevor sie wirtschaftlich einsetzbar waren. Oft müssen auch erst gesetzliche Rahmenbedingungen neu geschaffen werden, nicht selten gegen massive Widerstände der etablierten Wirtschaft. Versicherungen nehmen mangels Erfahrung horrende Prämien für neue Produkte, Banken geben keine Kredite für Anlagen, mit deren Finanzierung sie keine Erfahrung haben usw.

Der Technologiewechsel verhält sich deshalb oft wie das Kippen einer Waage, bei der auf der einen Seite eine Tonne liegt. Man kann auf der anderen Seite erst grammweise, dann kiloweise Gewichte auftürmen, es tut sich lange Zeit nichts. Wenn die neuen Technologien aber erst einmal in Bewegung geraten, dann kippt die Waagschale – und der Erneuerungsprozess kann sich enorm beschleunigen. Wie das Sprichwort sagt, ist aller Anfang schwer – noch besser sollte man sagen: Der Anfang ist das Schwerste. Insofern sind 20 Prozent erneuerbare Energie in Deutschland, knapp 5 Prozent biologische Landwirtschaft in der

EU und eine Million Hybridfahrzeuge in Japan noch kein relevanter Beitrag gegen den Klimawandel. Aber der Anfang ist gemacht. Professor Schellnhuber, der Direktor des Potsdam-Instituts für Klimafolgenforschung, drückte das so aus: „Transformationsprozesse dieser Größenordnung haben enorme Selbstbeschleunigungspotenziale, wie sie etwa durch die industrielle Revolution im vorletzten Jahrhundert mobilisiert wurden."[52]

Fassen wir also zusammen: Die Technologien sind bekannt, die strategischen Optionen sind formuliert, und der Anfang ist gemacht. Nun kommt es darauf an, die Waage zum Kippen zu bringen. Resignation ist dafür kein Erfolg versprechendes Rezept. Die Menschen wählen in einer Demokratie den Wandel nur, wenn sie Vertrauen haben. Was wir dazu in Deutschland und Europa beitragen können, darauf werde ich in Kapitel 12 zurückkommen.

52 Kammertöns/Lebert: *Manchmal könnte ich schreien.*

KAPITEL 4

VON WATERWORLD BIS REALOTOPIA

Über Utopien, Visionen und Mosaiksteine

Als Kevin Costner 1995 sein düster-visionäres Epos „Waterworld" fertiggestellt hatte, war es der bis dahin teuerste Streifen der Filmgeschichte geworden. In dem Endzeit-Szenario jagt der Held – natürlich von Costner selbst gespielt – in seinem Trimaran-Segler über die Weltmeere. Ein Großteil der Kontinente ist im Ozean versunken, nachdem infolge des Klimawandels die Polkappen geschmolzen sind. Süßwasser und trockene Erde sind zu Raritäten geworden. Die überlebenden Menschen haben sich auf Inseln, alte Bohrplattformen oder verankerte Schiffe geflüchtet. Sie alle vereint der Traum von einem Mythos – dem letzten Stück festen, trockenen Bodens, das irgendwo noch existieren soll: „Dryland".

Zukunftsszenarien haben immer etwas mit dem Zeitgeist zu tun. Sie funktionieren in der Regel nur, wenn sie den Nerv der Zeit treffen. Endzeitszenarien sind insofern Ausdruck für die wachsende Erkenntnis, dass das Zeitalter des permanenten Wachstums und Ressourcenverbrauchs zu Ende geht. Für die US-Amerikaner kam Costners Öko-Horror-Vision wohl etwas zu früh – denn der Film galt lange als Flop, weil er in den USA nicht die hohen Produktionskosten einspielte. Das gelang dann aber in Europa.

Wenn man sich vorgenommen hat, ein Buch darüber zu schreiben, wie die Welt besser und gerechter gestaltet werden kann, liegt es nahe, sich auch mit Zukunftsszenarien, Utopien und Staatsphilosophien auseinanderzusetzen. Solche Zukunftsvisionen werden seit Jahrhunderten in immer neuen Varianten publiziert. Meist handelt es sich um inspirierende Beschreibungen paradiesischer Zustände und idealer Staaten. Millionen haben für ihre Utopien gekämpft und auch das Leben gelassen. In der Realität scheiterten letztlich sowohl die klassenlose Gesellschaft des Kommunismus als auch der jesuitische Gottesstaat in Paraguay und die Kibbuzim-Bewegung in Israel. Brauchen wir also

Utopien, oder sind sie geradezu gefährlich? Welche Gefahren sind damit verbunden? Und wenn wir Utopien zeichnen, dann stellt sich die Frage: Welche Art von Utopien brauchen wir?

Sind Visionen krankhaft?

„Wer Visionen hat, sollte zum Arzt gehen", sagte der Altbundeskanzler Helmut Schmidt 1980 in einem Interview über seinen Vorgänger Willy Brandt. Er war ein entschiedener Gegner von solchen Hirngespinsten. Er verstand sich als Macher. Und so war es kein Wunder, dass er mit dem nachdenklichen Lebenskünstler Brandt und seinen Visionen einer besseren Welt nichts anfangen konnte, ihn womöglich sogar für unfähig hielt. Helmut Schmidt hielt sich selbstverständlich für den besseren und klügeren Politiker. Durchsetzungsstärker als Brandt war er allemal. Was soll man auch von einem Politiker halten, der wie Brandt oft Selbstzweifel hatte und tagelang von der Bildfläche verschwand?

Aber die Geschichte urteilt später oft anders, als es sich die Akteure vorgestellt haben. Vielleicht war es schließlich gerade der Mangel an Visionen, der Helmut Schmidt zu Fall brachte. Denn zwei Jahre nach dem zitierten Ausspruch musste auch er zurücktreten. Seine eigene Partei vermochte ihm bei der Stationierung von neuen Mittelstreckenraketen in Zentraleuropa nicht mehr zu folgen. Vielleicht hatte er die Lage falsch eingeschätzt. Womöglich fehlte ihm im Unterschied zu Brandt eine mitreißende Utopie, für die er die Menschen begeistern konnte. Im Lichte der Nachwelt wurde jedenfalls Willi Brandt trotz seiner kurzen Kanzlerzeit zur Legende. Er stand für die neue Ostpolitik, für die Versöhnung mit Polen, für einen neuen demokratischen Aufbruch. Es gelang ihm wie keinem anderen Politiker in Deutschland, Millionen Jugendliche zu begeistern. Dagegen sind viele Positionen von Helmut Schmidt wie sein Eintreten für die Nachrüstung, für die Verschärfung der Sicherheitsgesetze und die Berufsverbote im Nachhinein sehr kritisch zu bewerten. Heute wird das meist ausgeblendet, und er wird als einer der klügsten und integersten deutschen Politiker gefeiert, der an seiner eigenen Partei gescheitert ist. Tatsächlich ist er an sich selber gescheitert: Es gelang ihm nicht, die Leute mitzureißen und für sein Anliegen, Deutschland nach der ersten großen Wachstumskrise neu auszurichten, verständliche Ziele zu formulieren.

Eine gänzlich andere Haltung zu Visionen hatte der Philosoph Ernst Bloch. Er war – anders als Helmut Schmidt – überzeugt davon, dass wir Zukunftsbilder von einer gerechten Gesellschaft brauchen.[53] Er nannte dies im Unterschied zu unerreichbaren Illusionen eine „konkrete Utopie“. Solche Zielvorstellungen können Menschen anstecken und mobilisieren. Sie werden nach Bloch gebraucht – denn ohne Ziele wird niemand die Menschen für eine neue Politik gewinnen können.

Ich denke: Bloch hatte recht. Spätestens dann, wenn eine Veränderung unserer Gesellschaft von uns Engagement und vielleicht sogar Einschränkungen verlangt, muss die Politik mehr als gute Gründe anbieten, damit die Menschen bereit sind, mitzuziehen. Es sind die Charismatiker, die die Welt verändern – und nicht die Buchhalter. Es sind spannende, konkrete und kontroverse Utopien, die die Menschen entflammen und mitnehmen. Leider aber sagt uns diese Erkenntnis nichts über die Qualität des Charismatikers oder einer Utopie. Millionen Menschen haben sich für Ideen, Religionen und den Kommunismus engagiert und sind dafür gestorben. Und oft war das Ergebnis nicht eine bessere Welt, sondern Diktatur. Auch Hitler und Goebbels waren mit Sicherheit Charismatiker – aber eben von der übelsten Sorte.

Wir sehen also: Visionäres Denken hatte stets zwei Seiten. Die Doppeldeutigkeit des Begriffes „Utopie“ ist übrigens schon in dem Wort angelegt. Das Online-Lexikon Wikipedia übersetzt Utopie mit dem Synonym „Vision“ oder auch „Konzept“. Demnach sind Utopien *mögliche* Zukunftsbilder – eben Visionen. Schaut man sich aber den Ursprung des Wortes Utopia an, dann kommt man zu einer anderen Interpretation. Denn das griechische Wort Utopia (οὐτοπία) heißt wörtlich übersetzt der Nicht-Ort. Gemeint ist damit eine Traumvorstellung, die in der Realität nicht vorhanden ist – also „utopisch“ bleibt. Wenn man das ernst nimmt, dann sind Utopien Illusionen. Es bleibt als Handlungsoption nur der Pragmatismus, die schrittweise Bekämpfung von Mängeln, um diese abzustellen und um Verbesserungen umzusetzen. Aber reicht das aus, um die Welt zu verändern?

Um diese Frage zu beantworten, unternehme ich nun einen kleinen Exkurs in die Geschichte der politischen Ideen:

53 Bloch 1918/1985: *Der Geist der Utopie.*

Von der Politeia zur Insel Utopia

Am Anfang der Utopien der europäischen Geschichte stand die Abhandlung „πολιτεία“ („Der Staat“) von Platon.[54] Schon vor zweieinhalbtausend Jahren schrieb der Philosoph und Sokratesschüler Platon diese älteste bekannte Vision einer idealen, gerechten Gesellschaft. Platons idealer Staat soll von weisen Philosophen regiert werden, die keinen Besitz haben dürfen. Sie werden schon als Kinder dafür ausgewählt und ausgebildet. Aber schon dieser Urtyp einer Utopie enthält all die Probleme, die auch spätere Schilderungen von idealen Gesellschaften immer wieder aufwerfen. Am besten ist das wohl von dem Philosophen Karl Popper analysiert – oder besser gesagt – „entlarvt“ worden.[55] Denn Platons Utopie war eine Absage an die damalige Demokratie in Athen. Der platonische „Staat“ entpuppt sich als eine Dreiklassengesellschaft: Die herrschende Schicht sind die Philosophen, die den Staat regieren. Danach kommen die Wächter. Sie sind diejenigen, die die Gesetze umsetzen – Krieger, Polizisten und Beamte zugleich. Die dritte Klasse besteht aus den Bauern und Handwerkern. Die Kinder werden schon früh von den Eltern getrennt. Die Philosophen entscheiden dann, welche Kinder zu Philosophen oder Wächtern ausgebildet werden sollen. Die Übrigen werden Bauern oder Handwerker. Platons Ideen enthalten auch fortschrittliche Elemente. So werden in seinem Staat die Frauen und Männer gleich behandelt. Aber die platonische Gerechtigkeit erfordert ein starres Zwangssystem. Popper wirft Platon denn auch Verrat an seinem Lehrmeister Sokrates vor und bezeichnet ihn als „Vorläufer des modernen Totalitarismus“ und als „Feind des Individualismus“.

Das heutige Wort „Utopie“ als Bezeichnung einer Zukunftsvision entstammt dem Titel des Romans *Utopia* von Thomas Morus.[56] Das Buch erschien erstmals 1516 in den Niederlanden und hat seitdem zahlreiche Menschen beeinflusst. In dem Roman berichtet ein Seemann von der Insel Utopia. Dort soll in einer Art von Demokratie Gerechtigkeit und Wohlstand für alle existieren. Doch ein genauerer Blick zeigt uns, dass auch Utopia aus heutiger Sicht nicht jedem als Traumland erscheinen dürfte. Die Gesellschaft Utopias gleicht nämlich einer Art Kloster.

54 Platon ca. 370 v. Chr./2000: πολιτεία.

55 Popper 1945/1992: *Die offene Gesellschaft und ihre Feinde.*

56 Morus 1516/1986: *Utopia.*

Familien bestehen aus 10 bis 16 Erwachsenen, die nach Bedarf umverteilt werden, und dazu je zwei Sklaven. 30 Familien leben zusammen unter einem gewählten Oberhaupt. Alle essen gemeinsam in Gemeinschaftsküchen. Niemand darf etwas besitzen. Revolutionär war damals auch, dass alle Kinder zur Schule gehen und einen Beruf lernen sollten und es ein kostenloses öffentliches Gesundheitswesen gibt. Alle Menschen tragen die gleiche einfache Kleidung. Jeder arbeitet sechs Stunden am Tag im Handwerk und wird für zwei Jahre zum Ackerbau abkommandiert. Verbrecher werden versklavt – als Verbrechen gelten neben Diebstahl und Gewalt auch Ehebruch und das Verlassen des Wohnortes ohne Genehmigung! Auch Spiele, Jagd, Make-up und Astrologie sind verboten. Vorehelicher Sex wird mit lebenslangem Zölibat bestraft. Ansonsten herrscht Religionsfreiheit. Scheidung ist erlaubt, Priester dürfen heiraten, und es gibt sogar weibliche Priester.

Es gibt sogar Zweifel, ob diese satirische Schrift überhaupt als positive Vision gedacht war, wie sie üblicherweise interpretiert wird. Vielleicht sollte sie die Leser, die natürlich aus der Oberschicht kamen, schockieren und abschrecken? In jedem Fall entfaltete sie eine erstaunliche Anziehungskraft. Der mexikanische Bischof Vasco de Quiroga hat sogar ab 1536 in der Provinz Michoacan mit den ansässigen Indios eine Gesellschaft nach dem Vorbild von Utopia aufgebaut. Ziel seines Gesellschaftsmodells war es, die vor den Spaniern geflohenen, zerstreut auf dem Lande in elenden Verhältnissen lebenden Indios in seinen Kommunen zu sammeln. Damit wollte er sie leichter kontrollieren können, und sie sollten christliche Werte und Lebensstil kennenlernen. Dazu muss man wissen, dass die Indios in Mexiko zu dieser Zeit außerhalb von Michoacan wie Freiwild gejagt wurden und dann auf den Plantagen der Spanier als Sklaven arbeiten mussten. Bischof Quiroga lehnte dies ab, wie man aus seinen Briefen an den spanischen König weiß. Er soll deshalb bei den Indios hoch anerkannt gewesen sein und wird in Michoacan noch heute als lokaler Heiliger verehrt. Insbesondere die Einführung einer Berufsausbildung für alle Jugendlichen soll dazu geführt haben, dass diese Gegend heute noch die besten Handwerker in Mexiko hervorbringt.

Man kann daraus lernen: Ob die Philosophenherrschaft von Platon oder die Klostergesellschaft von Thomas Morus als erstrebenswerte Vision oder als abschreckende Horrorvorstellung angesehen werden, hängt auch vom Standpunkt ab. Für einen Sklaven auf den spanischen Plantagen oder vielleicht auch einen Leibeigenen auf deutschen Rittergütern, wo noch im 19. Jahrhundert Hunger und 14-Stunden-Tage die Regel waren, mag es eine paradiesische Vorstellung gewesen sein, für sechs Stunden Arbeit am Tag Kleidung, eine warme Wohnung und regelmäßig genügend zu essen zu bekommen. Jeder Mensch dagegen, der selbstbestimmt leben möchte, würde aus einem solchen zwangslagerähnlichen Kloster so schnell wie möglich zu fliehen versuchen. Und demokratisch war die Gesellschaft des Bischofs Quiroga mit Sicherheit nicht.

Mittlerweile sind unzählige Zukunftsvisionen geschrieben und auch verfilmt worden. Nicht alle schildern Idealzustände. Man unterscheidet deshalb solche Utopien, die eine positive Vision darstellen, und diejenigen, die eine negative Entwicklung beschreiben. Im ersten Fall spricht man auch von einer Eutopie (griechisch εὐτοπία = glücklicher Ort). Eutopien wollen die Menschen für ein Gesellschaftsmodell oder bestimmte Einrichtungen begeistern. Insofern waren „der Staat" und *Utopia* die ersten Eutopien. Das Gegenteil stellt die Dystopie (griechisch für schlechter Ort) dar; wir haben sie mit „Waterworld" schon kennengelernt. Das sind Utopien, die vor künftigen Gefahren oder vor der Weiterentwicklung gegenwärtiger Trends warnen wollen.

Hip oder Horror?

Eine der bekanntesten neueren Eutopien, das 1975 erschienene Buch *Ökotopia*, stammt von dem Journalisten und Filmwissenschaftler Ernest Callenbach.[57] *Ökotopia* ist quasi die Öko-Variante einer Utopie. Callenbach schildert darin den Besuch des US-Journalisten William Weston in dem fiktiven Hippie-Staat Ökotopia im Jahr 1999. Dieser fiktive Staat entstand Ende der 1970er-Jahre durch die Sezession der US-Staaten Oregon, Washington und Nordkalifornien. Das Buch ist auch deshalb interessant, weil es deutlich macht, dass auch moderne Utopien nicht frei von den Problemen sind, die wir schon in Bezug auf Platon und Morus diskutiert haben.

In Ökotopia wurden die Autos abgeschafft – also verboten. Die Landwirtschaft wurde verstaatlicht. Viele alte Städte wurden abgeris-

57 Callenbach 1978: *Ökotopia.*

sen und neue Städte entlang von Bahnlinien gebaut. Der Einzelhandel wurde per Gesetz zusammengeschlossen – also wohl auch verstaatlicht. Von den russischen Erfahrungen mit solchen Maßnahmen schien Callenbach noch nichts gehört zu haben.

Die Arbeitszeit in Ökotopia beträgt nur 20 Stunden pro Woche. Allerdings muss man sich in Ökotopia an kollektiven öffentlichen Arbeiten beteiligen, sonst gilt man als Einzelgänger. Und wer ein Haus – natürlich aus Holz – bauen will, muss angemessen lange in einem Waldarbeiterlager arbeiten, um das Holz zu produzieren. Das klingt freiwillig, erweckt aber auch deutliche Assoziationen an einen Arbeitsdienst. In einer Rückblende wird berichtet, dass die Regierung nach der Sezession Zehntausende von Arbeitslosen beim Bau des Bahnnetzes, der Abwasser- und Recycling-Anlagen sowie beim Abriss von Tankstellen einsetzte, um die Arbeitslosigkeit zu bekämpfen.

Das Kaufangebot in den Geschäften scheint sehr begrenzt. Für alle Grundnahrungsmittel wurden Preiskontrollen eingeführt. Es gibt Grundbedarfsläden, die Waren günstig verkaufen, die in automatisierten Fabriken standardisiert nach den genauen Vorschriften der Regierung hergestellt werden. Sie sind angeblich sehr billig – wobei unklar bleibt, ob die Läden subventioniert werden, denn bei einer 20-Stunden-Woche müssten die Lohnkosten ja relativ hoch liegen. Das Angebot ist jedoch beschränkt. So werden beispielsweise nur schwarze und weiße Socken angeboten, weil die meisten Leute ihre bunten Socken lieber selbst stricken. Handtücher werden nur noch weiß verkauft – damit man sie selbst einfärbt – das fördert die Kreativität. Sowieso ist die ökonomische Seite von Ökotopia etwas rätselhaft. So gibt es keine Einkommens-, Mehrwert- und Vermögenssteuern, sondern nur Unternehmenssteuern und hohe Zölle. Und dennoch leistet sich Ökotopia ein bedingungsloses Grundeinkommen. Das klingt alles ein bisschen nach „wünsch dir was".

Um die Aggressionen abzubauen, gibt es Kriegsspiele mit Speeren als Waffen, bei denen jährlich etwa 50 Männer getötet werden. Diese Kriegsspiele ziehen viele Zuschauer an – das ersetzt wohl American Football in den USA oder unser Fußballspiel in Europa. Derartige Kriegsspiele gibt es nur für Männer, weil Frauen nicht solche Probleme mit ihren Aggressionen haben. Interessant ist auch, dass in Ökotopia eher Gefängnisstrafen als Geldstrafen verhängt werden, weil das gerechter ist. Die Strafen sind noch härter als im Rest der USA – so bekommt man für einen Straßenraub fünf Jahre ohne Bewährung. Allerdings sind die Gefängnisse vorbildlich und auf Resozialisierung ausgerichtet – es handelt sich um offene, dezentrale Arbeitslager ohne Mauern.

Zum Glücklichsein trägt in Ökotopia auch der allgemein verbreitete Drogengenuss bei. Man fragt sich natürlich, was passiert, wenn jemandem das Programm der seit 20 Jahren regierenden Survivalist Party nicht gefällt. Einen Eindruck davon bekommt der Journalist Weston: Er wird vom ökotopianischen Geheimdienst besucht und unter Druck gesetzt, weil er Kontakt mit der Opposition aufgenommen hat. Bei Ökotopia sollte es sich offensichtlich um eine Eutopie handeln, die dann auch noch durch eine nette Liebesaffäre mit der schamanenhaften Waldarbeiterin Marissa attraktiver gemacht wurde. Aber ob jeder Bewohner dieses Land wirklich als „glücklichen Ort" empfinden würde, wage ich zu bezweifeln. Und was würde passieren, wenn die Menschen demokratisch beschließen würden, wieder Autos einzuführen und den Drogengenuss zu verbieten? Ist es wirklich ein Zeichen für demokratische Zustände, wenn eine Partei 20 Jahre ununterbrochen regiert?

Spannend ist jedenfalls der Vergleich mit den beiden berühmten Dystopien: *1984* von George Orwell[58] und *Schöne neue Welt* von Aldous Huxley[59]. *1984* schildert einen totalitären Zukunftsstaat unter dem Regime des „großen Bruders", in dem selbst die Gedanken der Kontrolle durch den Staat unterliegen und alle Menschen über Kameras permanent überwacht werden. Der Held Winston, der versucht, sich ein Minimum an Privatleben zu erhalten, wird schließlich durch physische und psychische Folter einer Gehirnwäsche unterzogen, bis er seine Geliebte verrät und seine Gedanken widerruft – um danach exekutiert zu werden. Das Buch ist geprägt durch die Erfahrungen mit dem Terror Stalins in der Sowjetunion und dem Hitlerreich – sowie der tiefen Enttäuschung des Sozialisten Orwell über diese Entwicklungen.

Völlig anders wirkt die *Schöne neue Welt*. Geschildert wird eine perfekte Welt ohne Hunger und Leiden, in der alle Menschen glücklich sind. Wie bei Platon handelt es sich um eine Klassengesellschaft, die hier aber vom Autor als abschreckendes Beispiel geschildert wird. In dieser Gesellschaft werden die Kinder mittels künstlicher Fortpflan-

58 Orwell 1949: *Nineteen Eighty-Four.*

59 Huxley 1932/2007: *Schöne neue Welt.*

zung in Zuchtstationen ausgebrütet und dann dort erzogen. Durch die künstliche Zucht wird auch die Intelligenz beeinflusst. Auf diese Weise entstehen fünf unterschiedliche Kasten von Alpha-, Beta- bis zu Epsilon-Menschen. Durch die Erziehung werden die Menschen so konditioniert, dass sie sich mit ihrer Kaste identifizieren und glücklich sind. Dazu trägt dann auch die Droge Soma bei, die darüber hinaus zum Geschlechtsverkehr animiert. Die Menschen bleiben lebenslang gesund, aktiv und fit und versterben im Alter von 60 bis 70 Jahren glücklich im Soma-Schlaf. In Bezug auf Kriminalität oder abweichendes Verhalten ist die schöne neue Welt nicht nur humaner als die Welt des großen Bruders, sondern auch wesentlich liberaler als Ökotopia. Oppositionelle, die sich nicht an die Spielregeln halten, werden lediglich verbannt. Es gibt sogar Reservate, wo Menschen noch unter „primitiven" Verhältnissen leben, auf „natürliche" Art Kinder bekommen und alt werden können.

Anders als in *1984* werden die Menschen nicht durch Terror und Gewalt zur Konformität gezwungen, sondern leben freiwillig in ihrem oberflächlichen Glück mit Drogen und Sex ohne Tiefsinn. Manchem mag diese Welt fast erträglicher erscheinen als die wahrscheinlich „ideal" gemeinte Eutopie in der Klostergesellschaft von Morus.

Im Vergleich von Utopia, Ökotopia und der schönen neuen Welt verschwimmen erstaunlicherweise die Unterschiede zwischen Eutopien und Dystopien. So manche Vision vom Paradies hat aus heutiger Sicht eine eher albtraumhafte Anmutung. Eindeutig sind nur solche Zukunftsszenarien, die Missstände und Fehlentwicklungen von heute in die Zukunft fortschreiben und davor warnen. Die Mahnungen in „Waterworld" und *1984* sind einfach und klar. Wenn es aber um komplexe Probleme geht, deren Lösungen schon im „Hier und Jetzt" hoch umstritten sind, dann tun sich auch die Zukunftsvisionen schwer damit.

Die Futurologie

In Abgrenzung zu philosophischen Wunsch- oder Schreckensbildern (Utopien) hat Friedrich Engels in seinem Buch *Die Entwicklung des Sozialismus von der Utopie zur Wissenschaft* versucht, eine Prognose der gesellschaftlichen Entwicklung wissenschaftlich zu begründen.[60] Vielleicht hat kein Zukunftsszenario so viele Menschen mobilisiert wie dieser „wissenschaftliche Sozialismus". Und keines hat die Gefahren solcher Prognosen so deutlich gemacht: Denn wenn die Wirklichkeit sich anders entwickelt, als die wissenschaftliche Utopie es darstellt, dann versucht der utopische Staat – in diesem Fall der Kommunismus –, die Wirklichkeit der Theorie anzupassen. Damit ist der Keim des Totalitarismus gepflanzt.

Ossip Flechtheim gilt als Vater der Futurologie. Mit der Futurologie wurde der erneute Versuch unternommen, aus Zukunftsszenarien wissenschaftliche Prognosen zu machen. Flechtheim versuchte aber, dem Dilemma aller Utopien zu entgehen, indem er die Zukunft als einen offenen Prozess beschrieb.[61] In seinem Buch *Ist die Zukunft noch zu retten* unterscheidet er etwa drei denkbare Zukunftsszenarien mit insgesamt sieben Varianten:

Das erste Szenario nennt er „Rückfall in die Barbarei". Es gibt dabei drei Varianten:

1a) Selbstzerstörung der Menschheit durch totalen Krieg oder Zerstörung der Lebensgrundlagen;
1b) Rückfall in eine Art Steinzeit, nachdem nur wenige Millionen Menschen den Dritten Weltkrieg überlebt haben;
1c) finsteres Zeitalter mit Zerfall der Zivilisation und der Staaten: Zurück bleiben Warlords und Banden, die um die restlichen Ressourcen Kriege führen. Als historisches Beispiel für diese Variante sieht Flechtheim den Zusammenbruch des Römischen Reiches. Zu dieser Variante könnte ebenso Waterworld gerechnet werden.

Das zweite Szenario hat ebenfalls drei Varianten:

2a) Der totale Staat: Die Gesellschaft wird durch einen alles überwachenden Staat mehr oder weniger perfekt organisiert. Dieser Zukunftstyp umfasst mehrere Untervarianten, von der brutalen Orwell-Welt bis hin zur mehr manipulativen Huxley-Variante.
2b) Neo-Cäsarismus: Diesen Typ kennzeichnet Flechtheim als die Herrschaft einer Politbürokratie im Stil des alten Roms.

60 Engels 1893/1972: *Die Entwicklung des Sozialismus von der Utopie zur Wissenschaft.*

61 Flechtheim 1987: *Ist die Zukunft noch zu retten?*

2c) Weltkapitalismus: Die reichen Nationen beherrschen und unterdrücken auf Dauer die armen. Diese Variante betrachtet Flechtheim als die geradlinige Fortsetzung unserer Welt von heute.

Das dritte Szenario entspricht schließlich dem Ideal, das alle Eutopien suchen: eine Gesellschaft ohne Rüstungswettlauf, Umweltzerstörung und Ausbeutung, in der sich demokratische, gewaltfreie und rational-funktionale Lösungen und Methoden durchgesetzt haben – oder schlicht: Wie könnte ein Ökotopia tatsächlich aussehen, ohne dass es für die einen ein Kloster, die anderen ein Arbeitslager und für die Dritten ein langweiliges Paradies ist? Denn immer mit den Engeln zu jubilieren, dürfte auch nicht jedem gefallen. Und immer nur glücklich zu sein, ohne jede Herausforderung, könnte so manchen langweilen.

Vermutlich gibt es darauf keine Antwort, die alle Menschen akzeptieren würden. Und da auch die Philosophen vom alten Athen bis heute sich nicht einigen konnten, maße ich mir nicht an, eine Definition des Glücks und ein Modell für die ideale Gesellschaft zu finden, das alle Wünsche befriedigt. Aber eine Konsequenz können wir aus unserer Utopie-Analyse ziehen: Wenn – wie längst bekannt ist – Menschen nun einmal sehr unterschiedliche Vorlieben haben und wir diese auch nicht durch Erziehung alle gleichschalten wollen und können, dann müssen wir der Vielfalt Rechnung tragen und den unterschiedlichen Wünschen und Träumen gerecht werden. Und da der Organismus der menschlichen Gesellschaft sehr komplex ist, sollten wir uns vor einfachen Lösungen lieber hüten.

Realotopia

Andererseits haben wir festgestellt, dass die Menschen sich gerne Ziele setzen und durch Utopien von der gerechten Gesellschaft begeistern lassen. Wir brauchen also Utopien – aber mit viel Flexibilität und Offenheit. Deshalb sollten bei jeder Konzeption einer guten Gesellschaft Freiheit und Demokratie eine zentrale Rolle spielen. Karl Popper hat dafür den Begriff der „offenen Gesellschaft“ geprägt.[62] Wir haben bereits in Kapitel 1 gesehen, dass auch andere Autoren diesen Weg zwi-

62 Popper 1945.

schen Offenheit und dem Streben nach Gerechtigkeit schon beschritten haben.

Weiterhin kommt es darauf an, praktikable Lösungen zu finden – gesucht ist also nicht U-topia – der Nicht-Ort – sondern ein Realotopia, eine real erreichbare Vision. Und die findet man sicher nicht als Philosoph am Schreibtisch. Der beste Weg scheint mir daher zu sein, bereits existierende Lösungen aus bestehenden Gesellschaften von Schweden bis Neuseeland und von der Schweiz bis nach Japan zusammenzutragen. Wenn man dann diese Beispiele als Bauelemente betrachtet, dann bleiben immer noch unendlich viele Möglichkeiten, geeignete Bausteine auszuwählen und zu einem Gesellschaftsmodell zusammenzusetzen. Die Menschen müssen die Freiheit haben, ihre Variante nach ihren Vorlieben zu wählen und ggf. über mehrere Alternativen abzustimmen. Vielleicht entstehen so zukünftig unterschiedliche lokale Gesellschaften, die die Menschen in ihrer Kommune oder Region demokratisch gestalten. Dann sollten die Menschen auch die Freiheit haben, wenn es ihnen in ihrer Kommune Oberbayern nicht gefällt, in die Nachbarkommune Franken umzuziehen, weil die Menschen dort eine Utopie verwirklichen, die ihren eigenen Vorlieben besser entspricht.

Aus diesen Gründen ähnelt dieses Buch einer Wanderung durch ein Mosaik von Philosophien und Realitäten. Es sucht Visionen und praktikable Lösungen zugleich. Im Laufe dieses Buches werden solche Bausteine nach und nach mögliche Muster – Mosaike – bilden und Bilder erkennen lassen. Ohnehin sind real existierende Beispiele – neudeutsch „Best-Practice-Modelle“ – besser zu verstehen und glaubwürdiger als abstrakte Konstruktionen oder fantasievolle Träume von idealen Gesellschaften. Aber bevor ich dazu komme, will ich mich einem weiteren Fallstrick zuwenden, an dem so manche politische Idee gescheitert ist: Die Komplexität der menschlichen Gesellschaft und unsere leider nur begrenzte Fähigkeit, Rückkopplungen zu durchschauen.

KAPITEL 5

WIESO DIE ZEBRAS STREIFEN HABEN

Über Kybernetik, Komplexität und Gemeingüter

Für das Politikerteam endete die Teilnahme an der Ecopolicyade katastrophal – nach drei Spielrunden (Spieljahren) brach die Revolution aus. Drei Abgeordnete hatten außer Konkurrenz beim Landesentscheid von Schülermannschaften teilgenommen, der im Kieler Landtag ausgetragen wurde. Gespielt wurde das Computerspiel Ecopolicy, das 2000 erschienen ist und bei dem es darum geht, ein Land optimal zu regieren. Während bei den Politikern das Volk aufbegehrte und die Regierung stürzte, erreichten alle Schülerteams nach den üblichen zehn Runden „gute", teilweise sogar „paradiesische Zustände".

Ecopolicy ist ein Computerspiel des 2003 verstorbenen Professors Frederic Vester, der durch seine Arbeiten über Kybernetik und vernetztes Denken bekannt wurde.[63] In Ecopolicy spielt jedes Team eine Regierung in einem fiktiven Land, die die Aufgabe hat, durch kluge Entscheidungen nachhaltigen Wohlstand für ihr Volk zu erreichen. Ein Industrieland zu regieren ist bei Ecopolicy etwas einfacher, ein Entwicklungsland zu regieren eine echte Herausforderung. Das Besondere an dem Spiel ist die Rückkopplung der verwendeten zehn Parameter untereinander. So kann eine einseitige Forcierung des Wirtschaftswachstums dazu führen, dass die Umweltbelastung und das Bevölkerungswachstum ansteigen, die Lebensqualität sinkt und so die Handlungsspielräume für die Politik zurückgehen. Dabei zeigt sich immer wieder: Gerade die Rückkopplungen werden ohne ein spezielles Training der Spieler in ihrer Wirkung völlig falsch eingeschätzt.

Kybernetik ist die Lehre von der Kunst, ein System zu regeln. Damit sich ein System selbst stabil halten kann, braucht es Rückkopplungen. Klassisches Beispiel ist ein Heizungssystem, das durch Thermostate die Temperatur im Haus konstant hält. Wenn meine Tochter – eine ausgesprochene Frostbeule – bei uns zu Besuch ist, dreht sie erst einmal den Heizkörper in unserer Essnische voll auf, weil meine Frau und ich

63 Vester 1999: *Die Kunst, vernetzt zu denken.*

es als umweltbewusste Sparer etwas kühler lieben. Leider hängt neben dem Esstisch jedoch unser Haupttemperaturfühler. Dieser bekommt nun das Signal, dass es sehr warm ist, und regelt die Vorlauftemperatur herunter – mit dem Ergebnis, dass die Temperatur im ganzen Haus absinkt. Daraus kann man lernen: Wer unkoordiniert Heizungen ein- oder ausschaltet, bringt meist nur das System durcheinander und provoziert unerwartete Effekte. Im Vergleich zu einer Heizung ist die Kybernetik eines Gesellschaftssystems allerdings ungleich komplexer und braucht eine Vielzahl von Rückkopplungsmechanismen. Und genau dies wollte Professor Vester uns mit seinem Spiel lehren.

Ecopolicy darf natürlich nicht mit der realen Welt verwechselt werden. Das unerwartete Ergebnis des Schüler-Politiker-Wettbewerbs macht aber deutlich, vor welchen Problemen die Politik steht und wie gefährlich eindimensionales Denken sein kann. Deswegen soll dieses Kapitel sich mit einigen verblüffenden Regelungsproblemen und dabei auftretenden Paradoxa beschäftigen – also mit Phänomenen, die dem gesunden Menschenverstand widersprechen und uns allen – Naturwissenschaftlern und Mathematikern genauso wie der Politik und den Medien – oftmals eine Analyse der Gesellschaft wie auch anderer Probleme erschweren.

Paradoxa

Was ist ein Paradox oder Paradoxon? Das Wort kommt aus dem Altgriechischen. „Para" heißt „gegen", und „doxa" heißt „Ansicht". Ein Paradoxon ist also etwas, was anders aussieht, als man denkt. Die Ansicht täuscht. Paradox ist also ein Phänomen, das absurd scheint, aber trotzdem real ist.

Ein Beispiel, das mich seit Langem fasziniert hat, ist das Zebra-Paradoxon: Warum sind die Pferde in Afrika gestreift? Auf allen anderen Kontinenten haben die Pferde eine einfarbige oder gescheckte Tarnfarbe – die je nach Umgebung zwischen unterschiedlichen Braun- und Grautönen schwankt. Das Gleiche gilt für alle anderen Großsäuger, und zwar auch in Afrika – von den Elefanten bis zu den Gazellen. Kein Mensch käme auf die Idee, einem Tier eine solch auffällige Färbung zu verpassen – die dazu führt, dass Zebras leichter und schneller als andere Herdentiere von den kurzsichtigen Löwen identifiziert und deshalb auch öfter gefressen werden. In der Tat ein Paradox!

Der Evolutionsbiologe Josef Reichholf hat dafür eine recht plausible Lösung gefunden[64]: Das Pferd stammt – anders als alle anderen afrikanischen Großsäuger – nicht aus Afrika. Es ist erst vor etwa 100 000 Jahren aus Amerika über die asiatischen Steppen eingewandert. Und deshalb ist es – anders als alle anderen afrikanischen Herdentiere, nicht gegen die Krankheiten immun, die von der Tsetsefliege übertragen werden. Erstaunlicherweise findet man die entsprechenden Krankheitskeime aber im Blut aller anderen Tiere, jedoch nicht in dem der Zebras. Reichholf hat deshalb die erstaunliche Hypothese aufgestellt: Die Tsetsefliege kann die gestreiften Zebras mit ihren riesigen Facettenaugen nicht sehen. Da sie schlecht riechen kann und mit ihren Augen nur scharfkantige Silhouetten erkennt, die aber durch die Streifen des Zebras aufgelöst werden, findet sie die Zebras nicht. Für die Theorie spricht, dass der Lebensraum von gestreiften Pferden, also Zebras, identisch ist mit dem der Tsetsefliege. Nördlich des Verbreitungsgebietes dieser Fliege gibt es nur wilde Pferde oder Esel ohne Streifen. Südlich des Verbreitungsgebietes – also in Südafrika – lebten dagegen die heute ausgestorbenen Quaggas. Das waren Nachkommen von eingewanderten Zebras, die jedoch die Streifen weitgehend bis auf einen Rest am Hals wieder verloren hatten – so waren sie vermutlich besser vor den Augen der Löwen getarnt. Eine erstaunliche Regeltechnik der Natur. Damit findet das Paradoxon eine zunächst unglaubliche, dann aber doch einleuchtende Erklärung – man muss aber erst einmal darauf kommen.

Und was sagt uns das für die Politik?

Schauen wir uns dazu einige Paradoxa an, die nicht mit Zebras, sondern mit menschlichen Verhaltensweisen zu tun haben.

Das Lohnparadoxon: Der Glücksforscher Richard Layard – der bereits in Kapitel 1 zur Sprache kam – schildert folgenden Versuch[65]: Ein Psychologe an der Universität Rochester verteilte an zwei Gruppen von Studenten Rätsel. Eine Gruppe erhielt für die richtige Lösung ein Honorar, die andere nicht. Das Ergebnis war paradox im Wortsinn:

64 Reichholf 2008: *Das Rätsel der Menschwerdung.*

65 Layard 2005.

Die Gruppe, die nichts erhielt, tüftelte Tag und Nacht, bis sie die Lösung gefunden hatten. Die bezahlte Gruppe sah das nicht ein und arbeitete im Vergleich nur halb so viel.

Layard zieht daraus eine interessante politische Konsequenz: Er hält es für falsch, wenn Regierungen glauben, sie könnten die Effizienz des öffentlichen Dienstes steigern, indem sie eine leistungsbezogene Bezahlung einführen. Stattdessen sollten die Verantwortung der Beamten für ihre Aufgabe, die Bedeutung der einzelnen Stellen und die Weiterbildung stärker betont werden. Natürlich werden Beamte nicht umsonst arbeiten wollen – sie müssen ja, anders als die Studenten, von ihrem Job leben. Aber der Versuch macht deutlich, dass die Frage, welche Faktoren die Motivation von Beamten steuern und ob mehr Gehaltsunterschiede die Motivation letztlich vergrößern, einer genaueren Untersuchung bedarf.

Das Fahrradwegparadoxon: Mit einem ähnlichen Problem haben es Verkehrsplaner bei der Planung von Fahrradwegen zu tun. Untersuchungen haben ergeben, dass es für die Fahrradfahrer viel sicherer ist, wenn sie auf Fahrradstreifen fahren, die durch eine Linie auf der Fahrbahn abgetrennt sind. Trotzdem hat derjenige, der die Abschaffung der Fahrradwege zugunsten von Fahrradstreifen auf der Straße fordert, es regelmäßig mit aufgebrachten Gemeindevertretern und oft auch Eltern zu tun, die absolut überzeugt davon sind, dass ihre Kinder auf einem abgetrennten Fahrradweg sicherer fahren. Manchmal gelingt es, durch die Einladung von Experten die Mehrheitsmeinung zu kippen. Diese präsentieren dann konkrete Beispiele aus Städten wie Münster oder Freiburg. Immer wieder ergaben Statistiken, dass der Ersatz von innerstädtischen Fahrradwegen durch Fahrradstreifen die Unfallgefahr um bis zu 80 Prozent reduzieren kann! Der Grund für dieses überraschende Phänomen liegt darin, dass Fahrradunfälle praktisch nie auf der geraden Fahrbahn, sondern fast immer an der Kreuzung oder in Einfahrten passieren. Und die Autos sehen die Fahrradfahrer auf dem abgetrennten Fahrradstreifen nun mal viel besser, während sie sie auf dem Bürgersteig nicht wahrnehmen und sie deshalb beim Abbiegen oder an Ausfahrten oft erfassen.

Das Rohstoffparadoxon: Die meisten Menschen – auch Politiker, die ja auch Menschen sind – glauben, dass Rohstoffvorkommen für einen Staat Geld, Einkommen und damit Wohlstand bringen. Leider ist das häufig nicht der Fall. Viele wohlhabende Staaten der Welt wie Dänemark, Japan oder Südkorea haben fast keine Rohstoffe, während rohstoffreiche Staaten arm blieben. Der Ökonom Richard Auty prägte dafür den Begriff „Ressourcenfluch".[66] Wie kommt dieser zustande? Rohstoffreichtum führt oft dazu, dass die Löhne steigen, ohne dass die Produktivität der einheimischen Wirtschaft steigt. Mit dem Geld, das ins Land strömt, werden darum überwiegend Waren aus dem Ausland gekauft, weil die einheimische Wirtschaft nicht mehr konkurrenzfähig ist. Ergebnis ist dann die Bereicherung einer kleinen Schicht, die von den Rohstoffen profitiert, und Armut für den Rest. Oder – wie in den Golfstaaten – es wird für die zahlenmäßig kleine einheimische Bevölkerung ein Grundeinkommen eingeführt, und die Arbeit wird fast nur noch von billigen Fremdarbeitern ohne Bürger- und Aufenthaltsrechte gemacht. Nur wenige Rohstoffländer wie Norwegen haben es geschafft, dass der Wohlstand allen zugutekommt. Wichtig dafür war, dass weitgehend verhindert wurde, dass die Öl-Milliarden in den Konsum gehen oder außer Landes geschafft werden. Dies wurde erreicht, indem die Öl-Erlöse in staatlichen Fonds als Spardose angelegt wurden.

Die Gesellschaft als Organismus

Paradoxa gibt es in allen Bereichen: In der Philosophie, Mathematik, Physik und anderen Naturwissenschaften – aber auch in der Politik und in der Rhetorik. Man unterscheidet zwei Arten:

- Sich selbst widersprechende Aussagen wie zum Beispiel die Aussage: „Ich lüge". Solche reflexiblen Aussagen bilden Paradoxa, die nicht auflösbar sind. Denn wenn meine Aussage eine Lüge wäre, dann hätte ich ja die Wahrheit gesagt – also war meine Aussage doch keine Lüge usw.
- Phänomene oder Begriffe, die dem normalen Menschenverstand widersprechen, aber irgendwie erklärt werden können. Solche Paradoxa sind also auflösbar. Und um solche geht es bei den obigen Beispielen.

66 Auty 1993: *Sustaining Development in Mineral Economies.*

Bei den Paradoxa der zweiten Gruppe handelt es sich also gar nicht um eine besondere Art von Erscheinungen, sondern es handelt sich um eine Beschränkung unseres Denkens. In all den beschriebenen Beispielen funktioniert die Welt anders, als der „normale“ Mensch es sich spontan vorstellen würde. Damit sind Paradoxa ein Einfallstor für Populisten. Derjenige Politiker, der vernetzt denkt und versucht, einem komplexen Sachverhalt gerecht zu werden, kann leicht scheitern, wenn ein Populist eine einfache, anscheinend plausible, aber falsche Lösung propagiert. Kaum ein Politiker würde sich trauen zu sagen, dass wir das Geld lieber für Sozialarbeiter als für kleinere Klassen ausgeben sollten – denn viele Lehrer empfänden das als Provokation. Oder dass Gefängnisse die Welt nur unsicherer machen – obwohl einiges dafürspricht; denn schließlich ist Kriminalität in den Ländern am höchsten, die am meisten Bürger einsperren. Oder dass man alle Drogen legalisieren sollte, um der Drogenkriminalität das Wasser abzugraben – genau das empfehlen nämlich viele Experten und schlagen vor, Drogenabhängigkeit als normale Krankheit einzustufen. Dann würde ihrer Meinung nach die Zahl der Abhängigen deutlich abnehmen statt zunehmen, wie die meisten Menschen glauben. Aber jeder Politiker, der das öffentlich vertritt, riskiert, als Freund der Drogenmafia öffentlich an den Pranger gestellt zu werden.

Paradoxa sind also ein Problem unseres Gehirns – unserer mangelnden Fähigkeit, komplexe Sachverhalte mit Rückkopplungen richtig einzuschätzen. Das Scheitern der Politiker bei dem Spiel Ecopolicy macht deutlich, welche gravierenden Auswirkungen das haben kann. Denn in diesem Fall handelte es sich ja „nur“ um zehn Parameter – und die handelnden Personen waren keine unbedarften Laien, sondern hauptberufliche Politiker.

Wie sieht es dann aber bei komplexeren Systemen aus? Als ehemaliger Computer-Experte hat mich immer verblüfft, wie sehr Computer anfangen, sich in ihren Reaktionsweisen lebenden Organismen anzunähern, wenn die Programme immer umfangreicher werden. Kein Wunder! Programmsysteme mit vielen Millionen Zeilen Programmcode sind nicht mehr zu durchblicken. Fehler zu finden, wird dann oft eine Sache des „Gefühls“ von Experten. Manchmal sind Teile des Programms schon jahrzehntealt. Es wird immer nur neuer Code dazugeschrieben. Wer regelmäßig mit dem Programm „Word" Texte schreibt, kennt Macken, die seit Jahren in bestimmten Situationen auftreten. Jedes Programm enthält Tausende solcher „Bugs" – wie Programmierer das nennen. Sie werden aber fast nie gefunden. Und da sie die Fehler nicht finden konnten, begannen die Programmierer immer mehr damit, Routinen einzubauen, die nur noch dafür da sind, im Fehlerfall eine sinnvolle Reaktion oder Meldung des Programms zu veranlassen. Die meisten größeren Programmsysteme bestehen längst zu über 90 Prozent aus Fehlerbehandlungsroutinen. Ohne diese würden sie gar nicht mehr laufen. Deshalb entwickeln Programme oft überraschende, merkwürdige Verhaltensweisen.

Menschliche Gesellschaften sind noch um ein Vielfaches komplexer als die kompliziertesten Computer. Der oben erwähnte Evolutionsbiologe Reichholf hat sehr schön beschrieben, warum das so ist. Einfache Tiere und selbst Tierstaaten wie ein Ameisenhaufen folgen fest einprogrammierten Verhaltensmustern, an die die Ameisen ihr Leben lang gebunden sind. Menschen dagegen können lebenslang dazulernen. Die Konstruktion einer menschlichen Gesellschaft ist nicht nur hochgradig komplex, sie verändert sich auch noch ständig. Man stelle sich ein Computernetz vor, in dem die einzelnen PCs ununterbrochen ihre Programme ändern und häufig anfangen, sich auch noch gegenseitig zu ärgern und auszutricksen. Dann ahnt man, wie unsere Gesellschaft funktioniert. Sie ist nämlich kein Mechanismus, keine Maschine, die man einfach programmieren kann. Sie ist vielmehr ein lebendiger Organismus, der auf jedes Einwirken von außen unerwartete Reaktionen zeigen kann, der sich ständig verändert und jeden politischen Eingriff dadurch ad absurdum führen kann.

Eine Freundin erzählte mir dazu eine wunderschöne Geschichte. Sie arbeitete in einer Friseurkette in Süddeutschland. Dort gab es die Anweisung, die Angestellten müssten den Kunden nebenbei Pflegeprodukte verkaufen. Friseurinnen, denen das nicht gelang, bekamen schlechte Noten in der internen Bewertung. Da es aber kaum Kundinnen gab, die teure Produkte beim Friseur kauften, verbuchten die Friseurinnen ab und zu Einnahmen für Haarschnitte als Einnahmen für Kosmetika und schenkten die gar nicht verkauften Kosmetika Bekannten. So bekamen sie gute Noten. Die Firma dachte jedoch, der Nebenverkauf sei ein einträgliches gut gehendes Zusatzgeschäft. Einige Zeit später erfuhren die

Friseurinnen ihre Noten. Meine Freundin hatte eine Eins bekommen. Wie sich herausstellte, war eine verdeckte Prüferin als „Kundin" bei ihr gewesen und hatte sich sehr lustig unterhalten. Obwohl meine Freundin ihr gar keine Kosmetika angeboten hatte, hatte diese ihr – weil sie so nett geplaudert hatten – bei allen Fragen ein Plus gegeben.

Die Geschichte macht deutlich, warum so viele schlau ausgedachte Anreizsysteme in Firmen scheitern. Menschen sind eben keine Maschinen. Daran sind auch viele Utopien letztlich gescheitert – insbesondere das größte aller bisherigen sozialen Experimente, der Kommunismus. Wie schön war das doch gedacht! Mit feiner Analyse aller Probleme und detailliert ausgearbeiteten Fünfjahresplänen sollte alles gut werden; es sollte Essen, Wohnen, Arbeit, Bildung, Gesundheit für alle geben – wie auf der Insel Utopia. Aber offensichtlich war das System unterkomplex. Der Organismus der Gesellschaft reagierte anders, als sich die Konstrukteure der neuen Gesellschaft, von denen viele anfangs von den besten Absichten beseelt waren, gedacht hatten. Darauf wurde mit neuen Planzahlen und mit immer mehr Zwang reagiert. Der Mangel an Demokratie führte dazu, dass einmal gemachte Fehler nicht korrigiert wurden. Selbst als die schlimmsten Auswüchse des Stalinismus kritisiert und teilweise beseitigt wurden, war der Niedergang nicht mehr aufzuhalten. Am Ende funktionierten sogar alltägliche Dinge nicht mehr – bis dahin, dass niemand mehr die Häuser anstrich – vielleicht auch, weil es sowieso keine Farbe gab. So wurde die DDR zu einer buchstäblich „grauen" Welt.

Die Gemeingüter

In Kapitel 2 haben wir gelernt, dass geringere Einkommensunterschiede zu einem besseren Leben für alle führen können. Nun sehen wir aber anscheinend das Gegenteil: Eine zentral organisierte Gesellschaft nach dem Muster von Utopia, die für mehr Gleichheit sorgt, scheitert oft an der Komplexität und dem Widerstand der Individuen, die sich nicht so verhalten, wie sich eine Regierung das wünscht. Wo liegt also die Lösung?

Eine Antwort gibt uns vielleicht Elinor Ostrom, die im Jahre 2009 völlig überraschend den Nobelpreis für Wirtschaft bekam. Sie war nicht nur die erste Frau, die diesen Preis gewann, sie gewann ihn auch noch mit einem völlig neuen Thema: Der Verwaltung von Gemeingütern.[67] Worum geht es?

Wenn eine gesellschaftliche Aufgabe – wie zum Beispiel die Wasserversorgung eines Ortes – organisiert werden soll, dann gibt es meist zwei Alternativen: Entweder die Aufgabe wird vom Staat oder sie wird durch private Unternehmen übernommen. Beides hat Vor- und Nachteile: Staatliche Lösungen neigen zu Ineffizienz und führen oft zum Missbrauch von öffentlichen Ressourcen. Deswegen wurden in den vergangenen Jahrzehnten viele Aufgaben privatisiert. Aber auch das funktionierte nicht immer. Ein gutes Beispiel sind die britischen Eisenbahnen, die zum Teil wieder verstaatlicht werden mussten. Die Gründe dafür werde ich in Kapitel 10 diskutieren.

Elinor Ostrom sagt nun, dass wir neben staatlich und privat eine dritte Alternative haben: die Gemeinwirtschaft. Tatsächlich gibt es auch heute in unserer Gesellschaft unzählige Aufgaben, die weder privatwirtschaftlich noch staatlich erledigt werden. Beispiele dafür sind Hauseigentümergemeinschaften, in denen die Wohnungsbesitzer eines Wohnblocks die gemeinsamen Ressourcen wie Garten, Tiefgarage, Dach, Treppenhaus, Müllabfuhr usw. gemeinsam verwalten. Ein anderes Beispiel sind Kindertagesstätten: Hier kommen als Träger viele gemeinwirtschaftliche Formen vor: gemeinnützige Gesellschaften wie die Caritas, die Arbeiterwohlfahrt und das Rote Kreuz, Elternvereine oder auch Stiftungen. Das gemeinsame Merkmal, das sie von privaten Gesellschaften unterscheidet, besteht darin, dass sie keinen Gewinn machen dürfen und der Vorstand von den Mitgliedern gewählt wird – wobei oft sogar jeder Mitglied werden kann. Andere Beispiele sind die erstaunlich lebensfähigen Genossenschaftsbanken, die ihren Kunden gehören, oder auch Naturschutzverbände, die oft mit einer Mischung aus ehrenamtlichen und hauptberuflichen Mitarbeitern im Auftrag des Staates oder privater Stiftungen ohne Gewinnerzielung große Naturschutzgebiete verwalten.

Elinor Ostrom spricht dabei von sich selbst organisierenden Systemen. Solche Systeme haben gegenüber staatlich zentral gelenkten Systemen den Vorteil, dass sie autonom agieren können und so die Komplexität reduzieren. In der Natur ist das normal. Der Stoffwechsel einer Körperzelle wird nicht zentral durch das Gehirn gesteuert. Die

67 Ostrom 2011: Was mehr wird, wenn wir teilen. Helfrich 2010: Gemeingüter – Wohlstand durch Teilen. Helfrich u. a. 2012: Commons.

Zelle ist ein hochkomplexes Gebilde, das sich ernährt, bewegt, kommuniziert und vermehrt – weitgehend ohne äußere Steuerung. Allerdings bekommt sie von außen Signale, damit sie mit den vielen anderen Zellen in sinnvoller Weise kooperiert. Aber auch viele dieser Signale werden nicht zentral ausgesandt, sondern beruhen auf der Verständigung der Zellen untereinander. Das Gleiche gilt für eine Ameise. Auch sie ist ein selbst organisierendes System im Rahmen des Gesamtsystems des Ameisenhaufens. Sie funktioniert weitgehend autonom und muss nicht zentral gesteuert werden.

Die menschliche Gesellschaft ist aus Sicht von Elinor Ostrom ebenfalls solch ein komplexes Gebilde, das nicht nur aus egoistischen Privatpersonen oder Firmen, die nur ihren Vorteil verfolgen, besteht. Das einseitige Menschenbild, das die Apologeten des Kapitalismus und leider auch viele Ökonomen zugrunde legen, ist längst widerlegt. Gemeinschaftliches Handeln kommt nicht nur durch staatlichen Zwang und zentralstaatliche Organisation zustande. Vielmehr besteht die Gesellschaft aus unzähligen sich selbst organisierenden Systemen. Denn der Mensch ist nicht nur Individuum, er ist ebenso ein Gemeinschaftswesen. Es war gerade die Fähigkeit zur Kooperation und zur Kommunikation, die schon in der steinzeitlichen Urgesellschaft die Überlegenheit des Menschen gegenüber anderen Arten ausmachte. Es war nicht die schöpferische Arbeit und der Werkzeuggebrauch (homo faber), wie man im 19. Jahrhundert annahm, der den Menschen vom Tier unterscheidet. Und es war auch nicht die Maximierung des Nutzens (homo oeconomicus), wie viele Ökonomen immer noch glauben. Die Kooperation der Sippe war der entscheidende Evolutionsvorteil des Menschen. Mittlerweile wurde auch in spieltheoretischen Modellen in der Mathematik nachgewiesen, dass eine Strategie, die grundsätzlich auf Kooperation und Vertrauensbildung setzt (homo cooperativus[68]), jeder anderen Strategie auf längere Sicht überlegen ist. Dazu gehört allerdings auch, dass Regelverstöße durch Ausschluss bestraft, erneute Kooperationsangebote aber wiederum belohnt werden.

Eine besondere Form der Gemeinwirtschaft sind die Kommunen. Sie sind einerseits die unterste Ebene des Staates, aber zugleich eine demokratisch verfasste Form von Selbstorganisation. In vielen Staaten hat sich

68 Rost 2009: *Homo Oeconomicus.*

so ein komplexes System der regionalen Selbstorganisation herausgebildet: In Deutschland finden sich Dörfer, Städte, Gesamtgemeinden, Kreise und Länder, in anderen Staaten gibt es auch selbst verwaltete Bezirke oder Regionen wie die Läns in Schweden, die Ämter in Dänemark oder die Kantone in der Schweiz – zum Teil mit erstaunlichen Kompetenzen. Elinor Ostrom spricht von polyzentrischer Regierungsführung, wenn ein Staat wichtige Aufgaben nicht selber wahrnimmt und regelt, sondern dies eigenständigen dezentralen Organisationen überlässt. In Kapitel 6 werde ich konkrete Beispiele genauer betrachten und die erstaunlichen Auswirkungen einer solchen Organisation untersuchen.

Elinor Ostrom ist nicht der Meinung, dass es eine einzige ideale Lösung für die Organisation einer Gesellschaft geben muss. Unterschiedliche Gesellschaften kommen auf der Suche nach der optimalen Organisation und Aufgabenverteilung zu unterschiedlichen Ergebnissen. Denn diese sind ein Produkt ihrer historischen und kulturellen Entwicklung, ihrer geografischen Besonderheiten, der dadurch bedingten Ökonomie und anderer Faktoren.

An dieser Stelle bleibt also festzuhalten: Wer sich Gedanken über eine gute Politik macht, wer Konzepte für eine ideale Gesellschaft schmiedet, der muss sich der Kybernetik des Systems bewusst sein. Die menschliche Gesellschaft als lebender Organismus wird auf jeden Plan anders reagieren als gedacht. Das heißt nicht, dass wir bei der Regulierung von Gesellschaften nicht besser werden können. Aber der Weg dahin wird nicht einfach und bedarf guter Rückkopplungsmechanismen. Die heutigen Fortschritte in Hinblick auf mehr Gerechtigkeit und Demokratie sind im Verlauf von über 300 Jahren mit vielen Rückschlägen und grausamen Erfahrungen erkauft worden. Bis sich in Frankreich nach dem Sturm auf die Bastille 1789 diese Staatsform endgültig durchsetzte, dauerte es 100 Jahre mit mehreren Revolutionen und Konterrevolutionen und zwei totalitären Kaiserreichen. Daraus müssen wir lernen. Jedes „gute" System wird das Ergebnis von vielen kleinen und manchmal einigen großen Schritten sein. Die im Folgenden skizzierten Visionen sind deshalb kein eins zu eins umzusetzendes Modell. Sie sind vielmehr als Elemente einer guten Politik zu verstehen, die immer wieder auf ihre Auswirkungen überprüft werden muss.

Müssen Fehler belohnt werden?

Vielleicht brauchen wir dazu auch ein anderes Bild von der Politik. Heute wird von Politikern oft Unmögliches erwartet – mit der Folge, dass oft das Mögliche und Nötige nicht getan wird. Erwartet werden schnelles, entschlossenes Handeln, effiziente Strukturen und keine Fehler. Ein Politiker, der diesem Bild entspricht, wird sich aber nie die Zeit nehmen können, die Probleme gründlich zu analysieren. Und er wird alles vermeiden, was den Eindruck hinterlässt, er könnte einen Fehler machen oder gemacht haben. Beides ist kein Zeichen für kluge Politik. Denn die Probleme sind komplex – also bedürfen sie gründlicher Analysen. Und bei der Steuerung komplexer Systeme ist das Eingestehen und Korrigieren von Fehlern unerlässlich.

Erschwerend wirkt, dass die Folgen einer Maßnahme und die Reaktion der Gesellschaft darauf schwer vorauszusehen sind. Eine Maßnahme gegen Arbeitslosigkeit kann diese vergrößern, wie wir dies während der langen Jahre der Regierung Kohl und des Sozialministers Blüm immer wieder erlebt haben. Denn ich nehme einmal an, dass auch sie die Arbeitslosigkeit senken wollten. Die richtige oder optimale Lösung ist oft nicht im ersten Versuch zu finden. Niemand würde schließlich im ersten Anlauf darauf kommen, Pferde gestreift anzustreichen, damit sie in Afrika überleben können. Und wenn ein Politiker es doch tun würde, würden ihn vermutlich die meisten Menschen für verrückt halten.

Möglich ist auch, dass eine Maßnahme Erfolg hat, aber unerwünschte Nebeneffekte produziert. So gelang es mit der Agenda 2010 zwar, endlich die Arbeitslosigkeit zu reduzieren, aber der unerwünschte Billiglohnsektor breitete sich weiter aus. Da wäre eine rasche Korrektur erforderlich gewesen.

Wer handelt, macht Fehler. Es wird deshalb Zeit, dass Politiker nicht mehr daran gemessen werden, ob sie keine Fehler machen. Denn solche Politiker werden eher dazu neigen, durch Alibi-Handlungen Aktivität vorzutäuschen und dann lieber gar nichts zu tun, um Fehler zu vermeiden. Vielmehr brauchen wir Politiker, die in der Lage sind, Fehler selbstkritisch zu erkennen – auch wenn es unpopulär ist. Und die den Mut haben, dies öffentlich auszusprechen und ihre Politik zu korrigieren. Und das nicht nur einmal, sondern immer wieder. Das Eingestehen von

Fehlern darf dann nicht mehr bestraft, sondern muss belohnt werden.

Elinor Ostrom wendet sich auch gegen zu effiziente Strukturen. Ich kann mich noch gut an die Zeit der rot-grünen Landesregierung in Schleswig-Holstein unter Ministerpräsidentin Heide Simonis erinnern. Wir waren stets darum bemüht, Doppelstrukturen – sogenannte Redundanzen – abzubauen, um Geld in der Verwaltung zu sparen. Frau Ostrom hat aber festgestellt, dass in selbst organisierenden Systemen Redundanzen eine wichtige Funktion haben. Sie machen das System fehlertolerant. Wenn Fehler in der Politik unvermeidlich sind, dann kann der Abbau der Redundanzen dazu führen, dass das System instabil wird und beim kleinsten Fehler zusammenbricht, weil es nicht mehr in der Lage ist, Fehler zu überbrücken oder zu korrigieren.

Und damit beende ich den ersten Teil des Buches. Wir haben jetzt die Grundlagen, die wir für unsere Suche nach einer gerechten Politik benötigen, erworben: Wir wissen, was eine gute Gesellschaft ausmacht und wie man dies messen kann. Wir wissen, welche Rolle Gerechtigkeit für die Lösung gesellschaftlicher Probleme spielt und worauf dabei zu achten ist. Wir kennen die Aufgaben und die Instrumente, die wir brauchen, um ein neues Gleichgewicht auf unserem Planeten herzustellen. Und wir haben schließlich etwas über die Bedeutung und die Probleme von Visionen und Utopien und im Umgang mit Komplexität von menschlichen Gesellschaften erfahren. Der Weg nach Realotopia ist also keine gerade Fahrt bei schönem Wetter auf einer gut ausgebauten Autobahn. Die Suche nach guten Lösungen in einem hochkomplexen System führt uns vielmehr über einen dornigen Zickzackweg, den wir nur in einem permanenten Trial-and-Error-Prozess finden und durchwandern können.

Und damit sind wir für den zweiten Teil des Buches gerüstet: Denn dort begeben wir uns nun auf die Suche nach bereits erprobten Bausteinen in der real existierenden Welt von heute.

TEIL II

FUNDSTÜCKE IM STEINBRUCH

Bei einem Empfang in der isländischen Hauptstadt Reykjavík fragte ich den chinesischen Botschafter, ob er ernsthaft an die Zukunft des Sozialismus glaube. Er bejahte dies – ob aus Pflicht gegenüber seiner Regierung oder aus Überzeugung, blieb offen. Er betonte aber, dass China noch ein Entwicklungsland sei und deshalb noch weit vom Sozialismus entfernt wäre. Dann aber kam die Überraschung: Als ich wissen wollte, wie er sich den künftigen Sozialismus vorstelle, überlegte er kurz und antwortete dann: So ähnlich wie in Schweden.

Ist Schweden also tatsächlich ein sozialistisches Paradies? Wohl kaum! Zumindest wer die Schilderungen der düsteren Abgründe des südschwedischen Lebens in den Romanen von Henning Mankell gelesen hat, kommt sicher zu einer weniger euphorischen Einschätzung.

Und dennoch habe ich bei meinen Besuchen in Schweden immer wieder festgestellt, dass so manches aus deutscher Sicht vorbildlich zu sein scheint. Und das gilt nicht nur für Schweden. Auch in anderen Staaten und Gesellschaften finden sich Elemente – ich nenne sie hier Mosaiksteine –, die Besucher begeistern können: die Kinderbetreuung in Frankreich, das Bahnsystem in der Schweiz, der Naturschutz in Japan, die Minderheitenpolitik in Kanada oder auch die Mülltrennung in Deutschland. Überall gibt es Elemente einer konkreten Utopie. Und so entstand aus dem Gespräch in Reykjavík die Idee, solche Steine zu sammeln und zu einem Mosaik zusammenzufügen. Und genau das soll in diesem zweiten Teil des Buches geschehen.

KAPITEL 6

WIESO DIE SCHWEDEN GERNE STEUERN ZAHLEN

Über die Bedeutung der Kommune für die Bürger

Der Besuch in einem Altenheim in Aabenraa brachte uns ins Staunen. Die Leiterin erklärte, dass in Dänemark jeder alte Mensch Anspruch auf zwei Zimmer hat. Eine Pflegerin erzählte, dass sie mal in Deutschland gearbeitet habe. Der Stress für das Pflegepersonal sei grauenvoll gewesen. Sie habe nie Zeit gehabt, sich richtig um die Bewohner zu kümmern. In Dänemark sei das anders. Sie werde nie wieder in Deutschland arbeiten.

Dass Schweden und Dänen mehr Steuern und Abgaben zahlen als andere Völker, dürfte bekannt sein. Und dass sie damit allerlei soziale Wohltaten finanzieren, hat sich ebenfalls herumgesprochen.[69] Ich frage mich schon seit Langem, wieso dort so gut funktioniert, was andernorts unmöglich erscheint. Bei der Suche nach einer Antwort stieß ich dann auf zwei zentrale Fragen – man kann sie auch Paradoxa nennen – die enträtselt werden müssen:

Paradox 1: Wieso sind so hohe Steuern und Abgaben in einer Demokratie mehrheitsfähig?

Paradox 2: Wieso funktioniert angesichts so hoher Steuern die Wirtschaft noch? Wieso sind die Kapitalisten nicht längst ausgewandert, und wieso ist die Wirtschaft nicht längst pleite?

In diesem Kapitel will ich mich zunächst mit der ersten Frage beschäftigen. Es ist in der Tat ein Paradox: Im Jahre 2008 betrug der Anteil der staatlichen Einnahmen am Bruttoinlandsprodukt in Schweden 53 Prozent – das war die zweithöchste Abgabenquote weltweit hinter Dänemark, das sogar 55,7 Prozent erreichte. Während andere EU-Länder sich zunehmend verschuldeten, erwirtschaftete Schweden sogar einen Haushaltsüberschuss von rund 70 Milliarden Kronen (etwa 7 Mrd. Euro) und konnte Schulden abbezahlen. Im Klartext bedeutet das: Über die Hälfte aller im Lande produzierten Güter und Dienstleistungen wurden entweder über den

69 Jochem 2012: *Der „vorsorgende Sozialstaat" in der Praxis.*

Staat umverteilt oder gleich in öffentlichen Einrichtungen oder Betrieben erzeugt.

Damit das möglich ist, sind die Steuersätze entsprechend hoch. Die Spitzenbelastung einschließlich Sozialabgaben liegt bei über 70 Prozent. In anderen Ländern wäre es schon bei deutlich niedrigeren Steuern zur Abwahl der Regierung gekommen. Nicht so im Norden. Über viele Jahre lagen die Spitzensteuersätze sogar noch höher, und alle Parteien, die antraten, um daran etwas zu ändern, scheiterten. Die Ablösung der Sozialdemokraten durch liberale Regierungen in den letzten Jahren war in Schweden wie auch in Dänemark kurioserweise erst möglich, nachdem die liberalen Parteien den Wählern versprochen hatten, den Sozialstaat nicht anzutasten.

Was also ist das Geheimnis? Was ist die Besonderheit, die zu einer völlig anderen Haltung der skandinavischen Bürger gegenüber den Staatseinnahmen führt, als wir sie in Mitteleuropa oder gar in den angelsächsischen Staaten kennen?

Keine Steuern für Stockholm

An dieser Stelle muss ich eine Bemerkung einfügen, damit ich von Fachleuten nicht missverstanden werde. Natürlich gibt es nicht „das" typische skandinavische Modell. Jedes Land ist anders. Und jede Region ist anders. Wie überall auf der Welt wird das Bild umso differenzierter, je stärker die Lupe ist, mit der man es betrachtet. Åland ist nicht Finnland, Samland ist nicht Schweden, Oslo ist nicht Norwegen und so weiter. Im Folgenden beschränke ich mich deshalb auf Dänemark und Schweden, auch weil diese beiden Länder für den skandinavischen Sozialstaat typisch sind und nicht so sehr von Besonderheiten geprägt werden wie dem Ölreichtum in Norwegen oder den Fischgründen in Island.

Den ersten Hinweis auf die Lösung des Paradoxons bekam ich während eines Besuches bei der schwedischen Steuerbehörde in Stockholm. Es war eine kleine Randbemerkung des Referenten, die mich hellhörig machte. Auf einer Powerpoint-Folie hatte er dargestellt, dass alle Schweden eine Basissteuer – eine Art „Flat Tax" bezahlen müssen.

Wer mehr als 30 000 Euro verdient, muss auf das zusätzliche Einkommen neben der Basissteuer eine progressive Reichensteuer bezahlen.[70] Die Basissteuer jedoch – die etwa 90 Prozent der Einkommenssteuer-Einnahmen ausmacht – geht nicht etwa an die Regierung in Stockholm, sondern an die Kommune, in der der Schwede lebt. Oder anders ausgedrückt: Der Normalbürger in Schweden zahlt keine Steuern an den Zentralstaat, sondern an seine Kommune. Der Zentralstaat finanziert sich nur durch die Reichen, die Unternehmen, die Mehrwertsteuer und die Sozialabgaben.

Nun begann ich, mir das Kommunalsystem im Norden genauer anzuschauen. Dabei sind mir im Vergleich zu Deutschland folgende Besonderheiten aufgefallen:

- Die Kommunen haben viel mehr Aufgaben als bei uns
- Die Kommunen sind im Durchschnitt viel größer
- Die Kommunen verfügen über viel mehr Geld
- Die Kommunen besitzen eine eigene Steuerhoheit
- Die Höhe des Finanzausgleichs hängt nicht vom Steuersatz in einer Kommune ab wie in Deutschland

Diese Unterschiede möchte ich im Folgenden genauer anschauen.

Viel Geld und viel Autonomie

Es gibt eine einzige Zahl, die schlagartig verdeutlicht, welche zentrale Rolle die Kommunen in Dänemark haben: In Dänemark werden 65 Prozent oder etwa zwei Drittel aller Ausgaben des Staates einschließlich der Ausgaben der Sozialversicherungen von den Kommunen getätigt, in Schweden immerhin etwa die Hälfte.[71] In Deutschland dagegen beträgt der Anteil der Kommunen an den öffentlichen Ausgaben nur 15 Prozent! Zwei Drittel der Ausgaben erfolgen in Deutschland durch den Bund und 20 Prozent durch die Länder. Man kann es auch anders ausdrücken: In Deutschland kommt zuerst die Regierung in Berlin, dann weit dahinter kommen die Länder. Und am Schluss die armen Kommunen. In Dänemark ist das umgekehrt. Die Kommunen kommen zuerst.

70 Swedish Tax Agency 2010: *Taxes in Sweden.*

71 Dexia Credit Local 2006: *Die substaatlichen Haushalte in der Europäischen Union.* Dexia Credit Local 2010/2011: *Chiffres clés 2009 de l'Europe locale et regionale.*

Die Kommunen und Regionen im Norden sind aber nicht nur reicher, sie sind auch unabhängiger. Denn sie besitzen eine weitgehende Steuerhoheit – sie legen also die Höhe der kommunalen Einkommenssteuern selbst fest. So variiert in Schweden der Steuersatz für die Basissteuer zwischen 29 und 35 Prozent. Davon gehen etwa zwei Drittel an die Gemeinden und das restliche Drittel an die Läns – die so etwas wie die Landkreise in Deutschland darstellen.

Spannend ist die Überlegung, was in Deutschland passieren würde, wenn die Kommunen und Länder ihre Einkommenssteuersätze selbst festlegen könnten. Vermutlich wäre dann der Anteil der Kommunen und Länder an den Staatsausgaben doppelt bis dreimal so hoch, und die Kommunen hätten sich längst umfangreiche Aufgaben erkämpft. Insbesondere würde eine Steuerhoheit vor Ort dazu führen, dass viel mehr in die Bildung und die Sozialeinrichtungen investiert würde.

Die wichtigste Person im Staate Dänemark ist der Bürgermeister

Die Kommunen in Skandinavien haben aber nicht nur viel mehr Geld, sondern sie haben entsprechend auch viel mehr Aufgaben. Praktisch das gesamte Sozialsystem, das Gesundheitssystem, die Pflege, die Schulen und der öffentliche Verkehr werden überwiegend eigenständig durch die Kommunen gestaltet. Wichtig ist aber nicht nur der Aufgabenkatalog der Kommunen – der ja auch in Deutschland sehr umfangreich ist. Viel wichtiger sind die damit verbundenen Kompetenzen.[72]

In Deutschland dürfen die Kommunen zwar die Räumlichkeiten der Schulen mit den Hausmeistern bereitstellen, die Lehrer sind aber Angestellte der Länder, die auch über Strukturen und Lehrpläne bestimmen. Im Gesundheitswesen spielen die Kommunen in Deutschland fast keine Rolle. Im sozialen Bereich haben die Kommunen zwar riesige Ausgaben, können aber nur sehr begrenzt auf diese Ausgaben Einfluss nehmen, da sie von Bundes- und Landeszuschüssen abhängen und die Ausgaben auch noch durch Gesetze und Verordnungen weitgehend reglementiert sind.

72 Wegener/Arbeit 2006: *Regionalisierungstendenzen in europäischen Staaten.*

Ein weiterer interessanter Aspekt an Skandinavien ist die Rolle der Kommunen als Ansprechpartner für nahezu alle staatlichen Dienstleistungen. Wenn wir in Deutschland etwas vom „Staat“ brauchen, dann schlagen wir uns jedes Mal mit einer anderen Bundes-, Landes- oder Kommunalbehörde oder aber mit einer gesetzlichen Krankenkasse, Rentenkasse, Arbeitsagentur usw. herum. Im Norden ist das anders. Der Schwede oder Däne hat es viel einfacher – er geht fast immer in „sein“ Rathaus.

Insbesondere für Dänemark, wo zwei Drittel aller öffentlichen Ausgaben von den Kommunen getätigt werden, kann man deshalb sagen: Der eigentliche Staat sind die Kommunen. Die Zentralregierung in Kopenhagen ist nur für wenige Restaufgaben, für einheitliche Rahmenbedingungen, für überregionale Projekte, für die Außenpolitik und das Militär zuständig. Wenn der Däne nicht gerade zur Armee muss, dann hat der einzelne Bürger im täglichen Leben fast nur mit seiner Gemeinde zu tun. Diese Aufgaben- und Finanzverteilung drückt sich auch in den politischen Gewichten aus. Die wirklich Mächtigen im Staate Dänemark sind die Bürgermeister. Während in Deutschland die Gemeinderäte und Kreistage nur noch den Mangel verwalten und es kaum Spielräume für echte politische Entscheidungen gibt, gestalten die Gemeinderäte in Dänemark autonom das gesamte soziale Leben der Gesellschaft.

Werden die armen Kommunen abgehängt?

Als jemand, der über viele Jahre selbst kommunal- und landespolitisch aktiv war, hat mich die weitgehende Kommunalisierung im Norden fasziniert. Immer wieder habe ich mir die Frage gestellt, warum dieses Modell in Deutschland nicht nachgeahmt wird?

Einer der Gründe könnte darin liegen, dass eine radikale Dezentralisierung der Finanzen und der politischen Entscheidungen einen massiven Machtverlust für die Bundespolitik zur Folge hätte. Dagegen gibt es naturgemäß massive Widerstände – sowohl in der Regierung und in den Apparaten als auch bei den gut vernetzten Bundestagsabgeordneten.

Es gibt aber auch gewichtige Argumente gegen eine Dezentralisierung, mit denen man sich auseinandersetzen muss. Insbesondere im linken politischen Spektrum werden gegen die lokale Steuerhoheit stets zwei Befürchtungen vorgetragen:

1. Wenn die Kommunen oder auch die Länder über ihre Einnahmen selbst entscheiden können, könnte dies zu einem Dumping-Wettbewerb um die niedrigsten Steuern führen.
2. Lokale oder regionale Autonomie kann bewirken, dass die armen Kommunen noch ärmer und die reichen Kommunen noch reicher werden.

Diese Befürchtungen sind keineswegs abwegig. Wie wir später sehen werden, haben sie unter anderen Bedingungen, zum Beispiel in der Schweiz und in den USA, durchaus ihre Berechtigung. Für Skandinavien gilt das jedoch nicht.

Tatsächlich gibt es insbesondere in Schweden durchaus erhebliche Unterschiede bei den Steuersätzen.[73] Die niedrigsten kommunalen Steuern hatte 2010 der wohlhabende Malmöer Vorort Vellinge mit 28,89 Prozent, die höchsten zahlten die Bürger in der dünn besiedelten Gemeinde Ragunda mit 34,17 Prozent. Daraus könnte man schließen, dass die reichen Kommunen generell niedrigere Steuersätze haben und die ärmeren höhere. Das ist aber nicht der Fall. Es gibt auch wohlhabende Gemeinden mit sehr hohen Steuersätzen – während arme Gemeinden mit niedrigen Steuern seltener sind. Aber letztlich ist es eine politische Entscheidung der Bürger, wie viel Geld sie bereit sind, für

73 Statistiska centralbyrån 2011: *Regional Statistik.*

ihre kommunalen Einrichtungen auszugeben. Und da gibt es offensichtlich erhebliche Spielräume, die die Bürger auch nutzen.

Vergleicht man aber die skandinavischen Kommunen mit den deutschen, dann sind die Unterschiede frappant: Die deutschen Kommunen sind viel schlechter ausgestattet. Gerade die Städte mit großen sozialen Problemen haben in Deutschland kaum eine Möglichkeit, „gegenzusteuern", und geraten immer mehr in die Schuldenfalle. Oder andersherum betrachtet: Auch wenn die skandinavischen Kommunen durchaus ihre Spielräume nutzen und die Unterschiede beträchtlich sind – im Vergleich mit den deutschen Kommunen erheben auch die Kommunen mit den geringsten Steuersätzen immer noch viel mehr Steuern von ihren Bürgern als in Deutschland und leisten sich dafür ein viel besseres Sozialsystem. Von einem Steuerdumping kann in Skandinavien also keineswegs die Rede sein.

Im Gegenteil: Die Bereitschaft der Bürger, für kommunale Investitionen, für Schulen oder Krankenhäuser die kommunalen Steuern zu erhöhen, war immer sehr hoch. Das führte sogar dazu, dass die Regierung in Kopenhagen das Recht der Kommunen, die Steuern zu erhöhen, zeitweilig aussetzte, um den Konsolidierungskurs durchzusetzen. In Schweden lag der durchschnittliche kommunale Steuersatz 1960 noch bei 15 Prozent, verdoppelte sich dann bis 1980 auf 29 Prozent und ist seitdem nur noch moderat auf heute 31,56 Prozent gestiegen. Dazu kommt für hohe Einkommen noch die Reichensteuer. Insgesamt liegt der Spitzensteuersatz in Ragunda also bei 59,17 Prozent. Da aber in Schweden alle Einkommen sozialversicherungspflichtig sind und die Sozialversicherung in Höhe von 32,42 Prozent vorab vom Einkommen abgezogen wird, liegt die reale Belastung des Spitzeneinkommens bei 72,4 Prozent. Das dürfte heute die Weltspitze darstellen und erklärt, warum Schweden zu den Ländern mit der geringsten Ungleichheit bei den Einkommen gehört.

Wie wirkt sich nun aber die kommunale Steuerhoheit aus, wenn Kommunen eine sehr unterschiedliche Finanzkraft haben? Geht es dann den armen Kommunen nicht noch schlechter? In Deutschland wird zum Beispiel oft behauptet, dass Steuerautonomie sich nicht mit dem verfassungsmäßigen Gebot der gleichwertigen Lebensverhältnisse verträgt.

Diese Befürchtung lässt sich für Skandinavien nicht verifizieren. Der wesentliche Grund dafür liegt in der intelligenten Konstruktion des Finanzausgleichs zwischen den Kommunen und den Regionen. Anders als in Deutschland bemisst sich der Finanzausgleich nicht an den Steuereinnahmen der Kommunen. Stattdessen geht die Berechnung des Finanzausgleichs alleine von Strukturdaten aus. In die Kalkulation gehen also Faktoren wie das durchschnittliche Einkommen, die Zahl der Kinder, der alten Leute oder die Arbeitslosenquote ein. Bei der Steuerkraft wird von einem fiktiven einheitlichen Steuersatz für alle Gemeinden ausgegangen. In Schweden kommt dann noch ein geografischer Faktor hinzu, damit die dünn besiedelten Regionen jenseits des Polarkreises auch eine Chance haben.

Wenn eine Kommune die Steuern oder die Gebühren senkt, dann hat sie entsprechend weniger Geld, wenn sie die Steuern anhebt, hat sie mehr und kann das auch behalten und für die Bürger einsetzen.

Das klingt recht vernünftig. Denn die Bürger sind vermutlich nur dann bereit, die Steuern zu erhöhen, wenn sie sicher sind, dass die Mehreinnahmen in der Kommune bleiben. Der Länderfinanzausgleich und die kommunalen Finanzausgleichssysteme der Länder in Deutschland sind in dieser Hinsicht völlig kontraproduktiv. Denn wenn ein Land oder seine Gemeinden Mehreinnahmen generieren (was sowieso nur in geringem Umfang möglich ist), dann fließt dieses Geld in den großen Topf, und das Land darf nur einen kleinen Anteil davon selbst behalten. Als Schleswig-Holstein zum Beispiel in seiner Verzweiflung (und aus Sicht der Grünen auch aus ökologischen Gründen) eine drastische Erhöhung der Erdölabgabe für das in der Nordsee geförderte Öl beschloss, blieben von den Mehreinnahmen nicht einmal 4 Prozent in der Landeskasse. Der Rest wurde über den Länderfinanzausgleich auf die anderen Bundesländer umverteilt. Es wird kolportiert, dass reiche Länder wie Hessen oder Bayern ihre Steuerprüfer bewusst anweisen, bei wichtigen Firmen nicht so genau hinzuschauen. Sie betrachten es quasi als Standortvorteil, wenn die Steuerprüfung ein Auge zudrückt. Monika Heinold, die grüne Finanzministerin von Schleswig-Holstein, fordert auch aus diesem Grund eine Bundessteuerverwaltung.

Von Osaka bis San Francisco – Kommunen und Regionen im internationalen Vergleich

Als 2004 im Rahmen der OECD das internationale Föderalismus-Netzwerk gegründet wurde, wählten die Delegierten interessanterweise Steuerautonomie und Finanzausgleich zu ihren ersten Themen.[74] Die Ergebnisse eines internationalen Vergleichs erwiesen sich für viele als Überraschung: Steuerautonomie einzelner Regionen und starke Finanzkraftunterschiede hängen keineswegs automatisch zusammen. Es gibt Staaten mit hoher Autonomie, wo die Unterschiede vollständig ausgeglichen werden. Umgekehrt gibt es Staaten mit wenig Autonomie und extremen Unterschieden.

In der nebenstehenden Tabelle habe ich für einige Staaten die Selbstverwaltungsebenen aufgelistet.[75] Es werden nur die Ebenen dargestellt, die eine gewählte Volksvertretung haben. Reine Verwaltungsebenen wie Regierungsbezirke in Deutschland habe ich nicht aufgeführt.

Üblicherweise unterscheidet man zwischen föderalen Staaten (auch Bundesstaaten) wie den USA, Deutschland oder auch der Schweiz und Einheitsstaaten wie Frankreich oder Schweden. Bundesstaaten sind in Teilstaaten untergliedert, die eine eigene Gesetzgebungskompetenz und oft auch eine eigene Verfassung haben wie unsere Bundesländer. Unterhalb der Ebene der Staaten oder Teilstaaten gibt es jeweils ein oder mehrere regionale Ebenen. Die kleinste politische Einheit ist fast immer die Kommune (die Ausnahme bildet Großbritannien – siehe unten).

Politik-Lehrbücher gehen regelmäßig davon aus, dass Teilstaaten in einem föderalen Staat wie Deutschland, den USA oder der Schweiz grundsätzlich autonomer sind als Regionen oder Gemeinden ohne Gesetzgebungskompetenz. In Wirklichkeit ist diese Vorstellung irreführend. Es kommt nicht darauf an, ob das Schriftstück, das das lokale Parlament verabschiedet, als Gesetz, Satzung, Richtlinie, Verordnung oder wie auch immer bezeichnet wird. Viel wichtiger ist, wie viele Kompetenzen die jeweilige Volksvertretung hat.

So gilt die Schweiz bei vielen Autoren als der am meisten dezentralisierte Staat der Erde. Trotzdem liegt im OECD-Dezentralisierungsin-

74 Blöchinger 2008: *Steuerautonomie und Finanzausgleich.* Blöchinger 2010: *Fiscal Policy Across Levels of Government.*

75 Daten aus Wikipedia: siehe Anmerkung unter Quellenangaben.

Selbstverwaltungsebenen

Regionen mit Gesetzgebungskompetenz sind fett und unterstrichen

	Bezeichnung	**Ø – EW**	**Bezeichnung**	**Ø – EW**	**Bezeichnung**	**Ø – EW**
Dänemark			region	1100 T	kommune	56 T
Deutschland	**<u>Bundesland</u>**	5100 T	Kreis	320 T	Gemeinde/ Stadt	7 T
Frankreich	région	2500 T	département	650 T	commune	2 T
Großbritan-nien	**<u>country</u>*** England**	3800 T 51 000 T	county/unitary authority/district	413 T	borough***	154 T
Japan	to-do-fu-ken (Präfektur)	2700 T			Gemeinde/ Stadt/Bezirk	71 T
Kanada	**<u>province</u>******	3400 T	uneinheitlich je nach province		municipality	7 T
Schweden			län	450 T	kommun	32 T
Schweiz			**<u>Kanton</u>**	300 T	Gemeinde	3 T
USA	**<u>state</u>**	6100 T	county	100 T	municipality	4 T

* Wales, Scotland, Northern Ireland
**England hat kein Parlament
*** gibt es nur noch in Teilen Englands
****ohne die territories im dünn besiedelten Norden Kanadas, die direkt der Zentralregierung unterstehen

dex Dänemark noch vor der Schweiz an der Spitze. Denn in der Realität übertrifft die Autonomie der dänischen Kommunen sogar die der Schweizer Kantone.[76] In Großbritannien haben die Countys (Grafschaften – also vergleichbar deutschen Kreisen) sogar mehr Kompetenzen als der Teilstaat Wales, der lange Zeit noch nicht einmal ein gewähltes Parlament hatte.[77] Aus diesem Grund werde ich im Folgenden die reale Rolle der Kommunen und Regionen verschiedener Staaten vergleichen.

Geld ist Macht

Die wichtigste Kompetenz einer Kommune oder Region ist die Finanzhoheit. Sie wird nicht ohne Grund als das Königsrecht eines Parlamentes bezeichnet. Nimmt man den Umfang der Finanzmittel und das Steuerheberecht als Maßstab, dann hat jede kleine dänische Kommune viel mehr Kompetenzen als ein deutsches Bundesland (siehe Grafik[78]). Denn obwohl einige deutsche Bundesländer wie Nordrhein-Westfalen oder Bayern von der Einwohnerzahl her größer sind als die meisten EU-Staaten, haben sie fast keine Steuerrechte und daher kaum Einfluss auf ihre Einnahmen. Dagegen können die Kommunen in vielen Staaten – nicht nur in Skandinavien, sondern auch in England, in Japan, in den USA und natürlich die Kantone in der Schweiz weitgehend über die Höhe ihrer Einnahmen selbst bestimmen und haben so viel mehr Handlungsspielräume.

Die bessere Finanzausstattung geht natürlich einher mit einem Mehr an Aufgaben. Und das wiederum ist der Grund dafür, warum die Kommunen im Norden im internationalen Vergleich viel größer strukturiert sind. Während die durchschnittliche Gemeindegröße in Deutschland bei 6600 Einwohnern und in Frankreich sogar nur bei 2000 liegt, hat die durchschnittliche Gemeinde in Schweden über 30 000 und in Dänemark über 56 000 Einwohner. Die typische Gemeinde in Dänemark auf dem Lande umfasst einen oder mehrere Zentralorte und die gesamte umliegende Landschaft mit nicht selten mehr als zwei Dutzend Dörfern. Eine

76 Gisi 2012: *Föderalismus – eine Wachstumsbremse?*

77 ONS: *Administrative Geography.*

78 OECD 2012: *Fiscal Decentralized Database.* JLGBA 2012: *Local Public Finance System in Japan.*

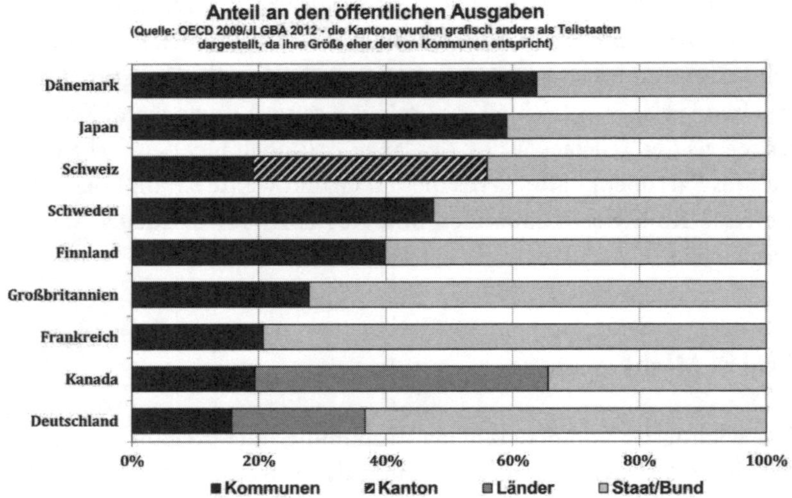

solche Gemeinde hat mehrere Grundschulen, mindestens ein Schulzentrum für die Sekundarschulen und ein Gesundheitszentrum, Pflegeeinrichtungen, eine Bibliothek und so weiter. Dagegen hat die Mehrheit der Gemeinden in Schleswig-Holstein weniger als 1000 Einwohner und deshalb meist nur eine ehrenamtliche Feuerwehr und manchmal ein Dorfgemeinschaftshaus. Wenn eine Gemeinde das gesamte soziale Leben der Gesellschaft organisiert, dann braucht sie eine gewisse Größe und Kompetenz – so erklärt sich, dass die Gemeinden in Dänemark fast die zwanzigfache Größe wie in Schleswig-Holstein haben.

Einige Aufgaben jedoch, die selbst die Leistungsfähigkeit dieser großen Kommunen überschreiten, wurden in Dänemark und Schweden auf die Regionen übertragen. Dazu gehören die Krankenhäuser und der öffentliche Verkehr. Von der Größe her entsprechen diese Regionen (in Schweden heißen sie „län") am ehesten unseren Kreisen – sind aber ebenfalls größer als diese und haben wie die Kommunen eine eigene Steuerhoheit.

Noch größer sind die Kommunen in Großbritannien und Japan. Im hoch verstädterten Japan, wo die Kommunen ähnlich wie in Skandinavien umfangreiche Aufgaben wahrnehmen, leben in einer Kommune im Schnitt 71 000 Menschen.[79] In Großbritannien gibt es in großen

79 MIC 2008: *Local Government Finance System.*

Teilen des Landes nur noch „unitary authorities". Diese kommunalen Einheitsverwaltungen haben die Größe von deutschen Kreisen und vereinen die Aufgaben von Kommunen und Regionen in einer Verwaltung. Auch in Großbritannien geht die Größe der Kommunen einher mit vergleichsweise starken Kompetenzen. Immerhin verfügen sie über 28 Prozent aller staatlichen Ausgaben – Bildung, Erziehung, Umwelt und Energie sowie viele andere Grundversorgungsleistungen sind kommunal. So war die Einführung der Gemeinschaftsschulen in den 1970er-Jahren ein Werk der Kommunen, das gegen den massiven Widerstand der konservativen Regierung unter Margaret Thatcher, die damals Bildungsministerin war, durchgesetzt wurde. County für County und Stadt für Stadt setzten die Eltern dieses Reformwerk von unten durch. Das geschah nicht auf einen Schlag. Es dauerte 20 Jahre, bis die letzte konservative Gemeinde 1979 das Schulsystem umgestellt hatte – aber es geschah eben auch viel wirksamer als in Deutschland, wo jede gründliche Reform bis heute gescheitert ist.

Einen Sonderfall bildet Kanada. Hier liegen die meisten Kompetenzen bei den Provinzen, die von der Größenordnung her unseren Bundesländern entsprechen. Das spiegelt sich, wie man in der Grafik sieht, auch in der Finanzverteilung wider. Das kanadische Bundesparlament in Ottawa ist nur für die Rahmengesetzgebung und natürlich für die Außenpolitik zuständig.

Die große Ausnahme war lange Zeit der Zentralstaat Frankreich. Hier wurden, beginnend mit der Französischen Revolution, die sozialen Reformen immer zentral von oben – oft durch Aufstände in Paris oder zumindest unter dem Eindruck einer Drohung damit – initiiert. Aber auch das hat sich geändert. Unter Mitterand (Präsident von 1981 bis 1995) hat in Frankreich eine grundlegende Dezentralisierung stattgefunden. In den Regionen, Départements und Kommunen gibt es gewählte Vertretungen und Verwaltungsspitzen, die längst in beträchtlichem Umfang eigene Kompetenzen gewonnen haben und über ihre Einnahmen und Ausgaben selbst bestimmen können. Deswegen täuscht auch die dargestellte Finanzverteilung in der obigen Grafik. Die Ausgaben der Präfekturen und Départements werden immer noch dem Zentralstaat zugerechnet, während die Ausgaben der Regionen und Läns in Skandinavien als „kommunal" eingestuft werden.

Und Deutschland? Nach der erwähnten OECD-Untersuchung stellen Deutschland und Österreich im internationalen Vergleich keine Regel-, sondern Extremfälle dar. In fast keinem OECD-Land haben die Kommunen und Länder so wenig Einfluss auf ihre Einnahmen. Man kann es auch anders ausdrücken: Nicht nur in Dänemark, sondern auch in vielen anderen Staaten bilden die Kommunen das Zentrum der Demokratie, in Deutschland sind sie ungeliebte Anhängsel des Zentralstaates. Es wird dringend Zeit, daran etwas zu ändern und auch in Deutschland die Demokratie vor Ort zu stärken.

Steuerdumping im Kanton Schwyz

„Tiefe Steuern vertreiben die Alteingesessenen im Kanton Schwyz" – mit dieser Schlagzeile alarmierte der Zürcher „Tagesanzeiger" im Sommer 2010 seine Leser.[80] Tatsächlich ist der Kanton Schwyz, nach dem die gesamte Schweiz benannt ist, eines der Steuerparadiese für Reiche in der Zentralschweiz, zu denen außerdem noch die Kantone Uri, Zug, Nidwalden und das italienischsprachige Tessin gerechnet werden. Anders als in Skandinavien tobt in der Schweiz tatsächlich der Wettbewerb im Steuerdumping. Einige kleine Gebirgskantone und das sonnige Tessin haben durch immer niedrigere Steuersätze für Firmen und für reiche Bürger immer mehr Reiche angelockt. Allerdings – so berichtet der Zeitungsartikel – hat das die Grundstücks- und die Lebenshaltungskosten immer mehr in die Höhe getrieben, sodass sich Normalverdiener das Leben dort nicht mehr leisten können und wegziehen.

Wenn man die Probleme einer weitgehenden Dezentralisierung der Staatsaufgaben analysieren möchte, dann liefert die Schweiz das exemplarische Gegenstück zu Dänemark. Deshalb kommt man nicht darum herum, sich mit der Schweiz zu beschäftigen, wenn man das skandinavische System lobt.

Die Besonderheit der Schweiz sind die Kantone. Die Kantone sind souveräne Teilstaaten mit eigener Gesetzgebungskompetenz und einer weitgehenden Autonomie. Allerdings haben die 26 Kantone durchschnittlich lediglich 300 000 Einwohner, fünf Kantone sogar unter

80 Schaffner 2010.

50 000 Einwohner.[81] Von der Größe her sind sie also eher den deutschen Kreisen vergleichbar. Man könnte daher die Schweiz aus deutscher Sicht als einen Staat bezeichnen, in dem die Landkreise verfassungsrechtlich autonome Einheiten sind, bei denen ein Großteil der staatlichen Kompetenzen und mehr als die Hälfte aller staatlichen Mittel angesiedelt sind.

Dieses System hat erhebliche Vorteile. Ähnlich wie in Dänemark haben Gemeinden und Kantone auch in der Schweiz eine hohe Akzeptanz bei der Bevölkerung. Die Menschen erleben die Demokratie direkter, und sie sind mit ihren örtlichen Politikern mehr verbunden als mit denen einer fernen Zentralregierung. Aber anders als in Dänemark entwickelten sich in der Schweiz in den vergangenen Jahrzehnten ein massiver Steuerwettbewerb und eine starke Ungleichverteilung der finanziellen Mittel. Dafür lassen sich drei Ursachen identifizieren:

1. Die Art der Finanzierung

Bei der Art der Finanzierung von Regionen und Kommunen kann man grob vier Modelle unterscheiden, die erhebliche Auswirkungen auf den Wettbewerb haben:

- In Deutschland erfolgt die Finanzierung der Länder und Kommunen überwiegend durch anteilige Beteiligung an gemeinsamen Steuern, durch bundesgesetzlich festgelegte Landessteuern und durch Zuweisungen. Im Ergebnis haben die Länder und Kommunen kaum Einfluss auf ihre Einnahmen.

  Die Hauptfinanzquellen der Kommunen sind die Gewerbesteuer und Anteile an der Einkommenssteuer. Die hohe Bedeutung der Gewerbesteuer ist für viele Kommunen ein großes Problem. Da es sich um eine Gewinnsteuer handelt, sind die Einnahmen extremen Schwankungen unterworfen. Oft hängen Kommunen auf Gedeih und Verderb von der Konjunktur einer einzigen Firma ab – mit dem Effekt, dass eine Gemeinde im Geld schwimmt, während die Nachbargemeinde sich kaum etwas leisten kann und in Schulden versinkt.

81 IDHEAP 2012: *gov.ch – Verzeichnis der offiziellen Internetseiten des öffentlichen Sektors der Schweiz.*

- In den angelsächsischen Staaten wie den USA und Großbritannien erfolgt die Finanzierung der Kommunen überwiegend durch Vermögenssteuern – insbesondere durch Steuern auf den Grundbesitz. Das gibt den Kommunen eine sichere Einnahmequelle. Aber auch hier sind die Unterschiede zwischen guten und schlechten Wohnlagen (und in den USA auch die zwischen armen und wohlhabenden Bundesstaaten) beträchtlich.
- In der Schweiz können die Kantone und Gemeinden eigene Steuern wie Einkommenssteuern, Verbrauchssteuern und Unternehmenssteuern beschließen. Ähnliches gilt für die US-Bundesstaaten. Da 20 Prozent der Bevölkerung 80 Prozent der Steuern zahlen, lohnt es sich für kleine Kantone oder Gemeinden, durch niedrige Steuern gezielt reiche Leute anzulocken. So schwankt die kommunale/kantonale Steuer für ein Einkommen von 180 000 Franken zwischen 8 Prozent in Zug und fast 20 Prozent in Neuenburg. Besonders extreme Beispiele für Steuerdumping sind einige kleine Kantone, die die Steuerprogression (so bezeichnet man es, wenn der Steuersatz bei höheren Einkommen steigt) abschafften, um Reiche zu begünstigen. In Obwalden wurde sogar eine negative Progression (besser Degression – das heißt, Reiche bezahlen prozentual weniger) beschlossen, die dann aber vom Verfassungsgericht als nicht leistungsgerecht verboten wurde.

  Noch stärker als die Einkommenssteuern gehen in der Schweiz die Unternehmenssteuern auseinander. Für kleine Aktiengesellschaften schwankt der Steuersatz in der Schweiz auf engem Raum zwischen 12,9 und 34,3 Prozent. Besonders heftig wird so um Firmenzentralen geworben, da diese nur wenige Beschäftigte haben und daher leicht verlagert werden können. Mittlerweile hat der Steuerwettbewerb ein solches Ausmaß angenommen, dass selbst konservative und liberale Politiker Alarm schlagen und eine Diskussion um eine grundlegende Reform des Steuersystems begonnen hat. Ähnliche Entwicklungen kann man auch in den USA beobachten. Bekannt sind zum Beispiel die Steueroasen-Staaten Delaware und Nevada.
- Die vierte Variante finden wir in Dänemark und Schweden. Hier finanzieren die Kommunen sich überwiegend durch eine kommu-

nale Einkommenssteuer, deren Prozentsatz die Kommunen selbst beschließen können. Außerdem erhalten sie Funktionszulagen durch den Staat. Unternehmenssteuern und progressive Reichensteuern dagegen gehen nicht an die Kommune, sondern an den Zentralstaat. Auf diese Weise ist ein Wettbewerb durch niedrige Steuern für Reiche oder Firmen nicht möglich. Die Kommunen sind auf die „Normalbürger“ als Steuerzahler angewiesen. Diese haben aber offensichtlich ein großes Interesse an guter kommunaler Infrastruktur wie Kindertagesstätten, Schulen und Gesundheitsversorgung und sind deshalb bereit, Gemeindevertreter zu wählen, die dafür die Steuern erhöhen.

2. Der Finanzausgleich

Gleiche Lebenschancen sind in der Praxis nur sicherzustellen, wenn es einen Finanzausgleich zwischen armen und reichen Kommunen und Regionen gibt. Deswegen haben fast alle entwickelten Staaten ein wirksames Finanzausgleichssystem. Einzige Ausnahme sind die USA, die keinen Finanzausgleich kennen. Das erklärt vermutlich die großen ökonomischen und sozialen Unterschiede zwischen den Bundesstaaten. So hat der reichste Staat Delaware ein mehr als doppelt so hohes Bruttoinlandsprodukt pro Kopf wie der ärmste Staat Mississippi (siehe Tabelle). Im Vergleich dazu ist der Unterschied zwischen Hessen und Mecklenburg-Vorpommern 20 Jahre nach der Wiedervereinigung bereits kleiner – dagegen ist das Gefälle in der EU insgesamt noch erheblich größer.

Wohlstandsgefälle
(US-Dollar pro Kopf nach Kaufkraft – ohne Stadtstaaten und Luxemburg)

	ärmstes Land	**BIP**	**reichstes Land**	**BIP**	**Verhältnis**
EU	Bulgarien	13 000	Niederlande	40 000	1 : 3,1
Deutschland	Mecklenburg-Vorpommern	27 000	Hessen	50 000	1 : 1,9
USA	Mississippi	29 000	Delaware	62 000	1 : 2,1

Anders als in Deutschland schlagen aber diese Unterschiede in den USA auch voll auf die Einnahmen der Staaten oder Kommunen durch. So ist es dort normal, dass reichere Gemeinden bessere Schulen haben und sich auch sonst eine bessere Infrastruktur leisten können.

In der Schweiz wurde in den letzten Jahrzehnten nach und nach ein Finanzausgleich eingeführt, aber mit geringer Wirkung. Auch nach dem Finanzausgleich betragen die Unterschiede zwischen den Schweizer Kantonen immer noch bis zu 23 Prozent, Steueroasen wie Zug oder Uri haben sogar nach dem Finanzausgleich trotz viel niedrigerer Steuern und sicherlich auch viel geringerer Sozialausgaben immer noch erheblich höhere Einnahmen.

Im Unterschied dazu haben nahezu alle anderen entwickelten Staaten – so unterschiedlich ihre Systeme sonst sein mögen – ein Finanzausgleichssystem, das die Unterschiede weitgehend nivelliert. In Schweden und in Australien werden sie sogar überkompensiert. Auch das hat einen guten Grund: Denn in der schwedischen Tundra sind ähnlich wie in der australischen Steppe gleiche Lebensbedingungen nur möglich, wenn diese benachteiligten Regionen besondere Unterstützung bekommen. Etwas Ähnliches findet sich übrigens auch in Deutschland. Bei uns wird die Landwirtschaft in den Hochgebirgslagen und auf den Nordseeinseln durch besondere Programme unterstützt, um die Chancen auszugleichen und sicherzustellen, dass die Landwirtschaft auf den steilen Almen und den vom Sturm umtosten Inseln nicht ganz eingestellt wird.

3. Die Grössenunterschiede der Kantone bzw. Kommunen

Unterschiede in der Besteuerung werden umso wirksamer, je kleiner die Steuergebiete mit unterschiedlichen Steuern sind. Deshalb hängt der Steuerwettbewerb in der Schweiz auch mit der kleinräumigen Struktur der Kantone zusammen. Auch die Größenunterschiede zwischen den Kantonen spielen eine wichtige Rolle. Im Kanton Zürich leben 1,3 Millionen Menschen – das ist mehr als das Achtzigfache vom Kanton Appenzell Innerrhoden mit 16 000 Einwohnern. Ein besonders gravierendes Beispiel für das Steuerdumping liefern die Kantone Zug und Schwyz, deren Grenzen nur 30 Kilometer von der Finanzmetropole

Zürich entfernt liegen. Es ist kein Wunder, dass reiche Zürcher sich einen Wohnsitz in diesen Steueroasen leisten und zum Arbeitsplatz in der Zürcher Innenstadt pendeln. Und je mehr Reiche nach Zug ziehen, desto stärker können die Steuern dort gesenkt werden.

Der Bürger und seine Kommune

Heute lese ich in meiner Ostholsteiner Zeitung, dass das Schwimmbad in der Nachbargemeinde Laboe wegen der hohen Defizite geschlossen werden soll. Viele Bürger wären aber bereit, für den Erhalt etwas zu zahlen. Das gilt sicher auch für die Bürger der Nachbargemeinden, die das Bad mitnutzen. Das bringt mich auf die Frage: Würde eine solche Debatte in Dänemark genauso verlaufen?

Tatsächlich hat das skandinavische Kommunalmodell erhebliche Auswirkungen auf das Verhältnis der Bürger zum Staat und zur Politik. Denn für die Bürger in Schweden oder Dänemark spielt die Zentralregierung nur eine untergeordnete Rolle. Schließlich zahlen sie ihre Einkommenssteuern gänzlich oder überwiegend an ihre Kommunen. Sie sehen und erleben tagtäglich, wofür ihr Geld ausgegeben wird. Wenn eine Gemeinde eine neue Schule (oder ein Schwimmbad) bauen will, dann kann der Bürgermeister zum Beispiel vorschlagen, dass die Kommunalsteuer um zwei Punkte erhöht wird. Wenn die Schule bezahlt ist, kann die Steuer dann wieder gesenkt werden.

Das skandinavische Kommunalsystem hat nicht nur Auswirkungen auf die Bereitschaft der Bürger, Steuern zu bezahlen. Es wirkt sich auch darauf aus, wie und wofür das Geld ausgegeben wird.[82] Ein Kommunalpolitiker wird daran gemessen, wie gut die kommunalen Einrichtungen sind. Er oder sie wird also immer geneigt sein, das Geld für gute Kindertagesstätten, Schulen oder Arztzentren auszugeben.[83] Anders sieht es aus, wenn über die Sozialausgaben nicht in der Gemeinde, sondern im Bundestag entschieden wird. Ein Bundestagsabgeordneter in Deutschland denkt natürlich anders. Er kann sich nicht mit guten Kindertagesstätten vor Ort brüsten. Deswegen wird er immer dazu

82 Hentschel 2006: *Bürger, Kommune und Staat.*

83 OECD 2007: *Social Expenditure Database.*

neigen, das Geld in Transfersysteme zu stecken. Es werden also nicht die Kitas gefördert, sondern die Familien bekommen Geld pro Kind als sogenannte Transferleistung.

FAMILIENFÖRDERUNG IM VERGLEICH

Anteil der Familienförderung am Bruttosozialprodukt

	Transfer-leistungen	Einrichtungen/ Dienstleistungen	Gesamt
Dänemark	1,6 %	**2,3 %**	3,9 %
Frankreich	2,2 %	1,6 %	3,8 %
Schweden	1,6 %	**1,9 %**	3,5 %
Deutschland	**2,3 %**	0,8 %	3,0 %

(Quelle: OECD 2007 – Social Expenditure Database für 2003, Chart 4.1)

Ein weiteres gutes Beispiel ist die Pflege alter Menschen. Dänemark hat keine Pflegeversicherung. Während in Deutschland Pflegebedürftige Geld bekommen, um sich ihre Pflege selbst zu kaufen, haben die skandinavischen Kommunen ambulante und stationäre Pflegeeinrichtungen aufgebaut, die die Menschen nach Bedarf versorgen. Das hat Vorteile. Denn die deutschen Transfersysteme funktionieren keineswegs so effizient und marktwirtschaftlich, wie marktfromme Wissenschaftler uns das glauben machen wollen. Im Gegenteil: Zentral verwaltete Systeme sind intransparent und oft auch ineffizient und teuer. Dagegen steht die Effizienz und Qualität einer kommunalen Einrichtung unter der direkten Beobachtung der Bürgerinnen und Bürger der Gemeinde. Wenn etwas nicht funktioniert, dann sind der Bürgermeister beziehungsweise die Mehrheitsfraktionen im Gemeinderat direkt gefordert, für Abhilfe zu sorgen.

Positive Beispiele für eine erfolgreiche kommunale Selbstverwaltung gibt es auch in Deutschland. So hat eine Reihe von Landkreisen im Rahmen der sogenannten Option die Arbeitsverwaltung von der Bundesanstalt für Arbeit übernommen. Die Erfolge können sich sehen lassen. Denn eine dezentrale Arbeitsverwaltung kann flexibler mit den Akteuren vor Ort kooperieren und Lösungen finden, die den örtlichen Bedingungen besser gerecht werden. Eine örtliche Arbeitsverwaltung ist nicht mehr an Weisungen aus dem fernen Nürnberg gebunden, sondern kann gegebenenfalls auf dem kurzen Dienstweg mit dem Landrat

Entscheidungen abstimmen und treffen. Bei Missständen steht sofort die örtliche Politik in der Kritik und wird schnell auf Probleme reagieren, die im fernen Nürnberg kaum jemanden interessieren würden. Es liegt einfach auf der Hand, dass eine solche Struktur in der Regel effizienter und sogar kostengünstiger arbeitet.

Kommunen setzen oft auch andere Prioritäten als der Zentralstaat. Wenn Steuern und Steuersätze vor Ort festgelegt werden, dann können die Kommunen viel eher Menge und Qualität ihrer öffentlichen Dienstleistungen bestimmen – von der Bildung bis hin zum öffentlichen Verkehr und von der Gesundheit bis hin zur Polizei. In Deutschland dagegen hat die Armut der Länder und Kommunen zu einem komplexen System von Kofinanzierungen geführt. So manche Straße wird nur deswegen gebaut, weil der Bund und die EU 75 Prozent dazubezahlen. Die Länder erfinden regelmäßig Programme, um Geld aus solchen Töpfen abzuschöpfen. Gemeinden, die frei und autonom über ihre Finanzen entscheiden könnten, würden möglicherweise ganz andere Schwerpunkte setzen.

Steuerautonomie hat auch finanz- und wirtschaftspolitische Vorteile: Wir wissen aus mehreren, vor allem international vergleichenden Studien, dass höhere Steuerautonomie mit einer stabilitätsorientierteren Finanzpolitik einhergeht. Sie führt zu geringeren Defiziten und fördert die regionale Entwicklung. In Schweden haben ein Viertel aller Beschäftigten ihren Arbeitsplatz bei den Kommunen – vor allem in den Sektoren Bildung, Kinderbetreuung, Gesundheitswesen und Pflege. Darunter sind weit überproportional viele Frauen. Auf diese Weise wirkt die Kommunalverfassung in Krisen auch beschäftigungsstabilisierend und führt zu mehr Gleichberechtigung von Frau und Mann.

Der Traum von der Kommune – Überlegungen für einen Staatsaufbau von unten

Es spricht also vieles dafür, den Staat dezentraler aufzubauen und Entscheidungen und Finanzmittel nach unten zu verlagern. Die unterschiedlichen Erfahrungen zeigen: Es geht nicht um das Ob, sondern um das Wie. Ziel muss es sein, einen Wettbewerb um gute Ideen und kreative Lösungen zu fördern. Dagegen muss ein Wettbewerb um das Abwerben von Firmen oder reichen Steuerzahlern durch Steuerdumping vermieden werden.

Am konsequentesten erscheint mir das schwedische Modell: Die Finanzierung der Kommunen erfolgt durch eine Basiseinkommenssteuer für alle Einkommen bis zum Durchschnittsverdienst. Den Steuersatz können die Kommunen frei festsetzen. Die zweitbeste Lösung wären kommunale Steuern auf Grundbesitz, wie sie in den angelsächsischen Staaten zu finden sind. Die Besteuerung überdurchschnittlich hoher Einkommen (Reichensteuer), die Unternehmens- und auch die Verbrauchssteuern sollten dagegen bundeseinheitlich geregelt werden, da sie sonst zur Steuerkonkurrenz einladen.

Eine Stärkung der Kommunen muss auch mit einer Reform des Finanzausgleichs zwischen den Ländern und zwischen den Gemeinden verbunden werden. Länder und Kommunen, die Mehreinnahmen beschließen, sollten diese behalten dürfen. Wer die Steuern senkt, muss damit auskommen, ohne dass dies zu höheren Zuschüssen führt. Dazu sollte der Finanzausgleich nur noch auf standardisierten Strukturdaten wie dem Bruttoinlandsprodukt, dem Durchschnittseinkommen, der Arbeitslosigkeit, der Zahl der Kinder und der Rentner basieren. Besondere Strukturprobleme wie Insellagen, Hochgebirge und Ähnliches könnten gesondert berücksichtigt werden.

Auf diese Weise könnte es auch in Deutschland gelingen, viel mehr Entscheidungen vor Ort zu fällen. Die Politik würde näher an die Menschen heranrücken. Die Bereitschaft der Menschen, vor Ort Steuern zu zahlen, wäre wesentlich größer, weil die Menschen direkt erleben können, was mit dem Geld gemacht wird. Ein solches Kommunalsystem könnte dazu führen, die Probleme beim Ausbau der sozialen Infrastruktur in den kommenden Jahren zu lösen. Und es könnte dazu beitragen, den demografischen Wandel besser zu bewältigen.

Eine Verlagerung von Kompetenzen und Geldern nach unten erfordert natürlich auch eine Reform des Föderalismus. Damit bestünde die Chance, die weitgehend gescheiterte Reform des Föderalismus von 2006 fortzusetzen und zum Erfolg zu führen. Dabei sollte eine Verlagerung von Kompetenzen nach unten unbedingt mit einer sauberen Trennung der Ebenen verbunden sein, damit die Wähler besser als heute wissen, wer wofür verantwortlich ist.

Eine Finanzautonomie der Länder könnte auch ihre Abhängigkeit von Zuweisungen durch den Bund beseitigen. Mehr noch: Der Bund könnte bei den Zuweisungen einsparen, und die Länder und Kommunen würden die Steuern so erhöhen, dass sie ihre Aufgaben damit aus eigener Kraft bewältigen können.

Das alles ist nicht einfach – aber gerade in einer Zeit der Globalisierung brauchen wir eine Stärkung der lokalen Strukturen. Es ist traurig, wenn die Kommunen in Deutschland finanziell so ausgeblutet sind, dass Kommunalpolitiker sich fragen, was sie eigentlich noch entscheiden können, wenn sowieso kein Geld da ist. Mit Sicherheit hat die sinkende Wahlbeteiligung auch damit zu tun, dass die Bürger denken, es gäbe eh nichts zu entscheiden.

Das könnte anders werden: Finanziell starke Kommunen und die Regionen als Heimat, als Bezugspunkt der Menschen, als ein gestaltbarer Bereich, das könnte den Menschen in einer unübersichtlichen Welt mehr Identität und Gestaltungsmöglichkeiten geben und die Demokratie stärken. Ich bin deshalb überzeugt davon, dass eine Gesellschaft, in der die Kommunen eine zentrale Rolle spielen, auch ein Stück Sozialutopie verwirklichen kann, für die sich die Menschen begeistern lassen.

KAPITEL 7

ZEIT FÜR MEHR GERECHTIGKEIT

AUF DER SUCHE NACH EINEM FAIREN STEUERSYSTEM

Im Sommer 2008, bevor sich die große Finanzmarktkrise in der Realwirtschaft bemerkbar machte, sank die Arbeitslosigkeit im Königreich Dänemark auf 1,8 Prozent. Das war der tiefste Stand seit über 30 Jahren. Für ein Land, das seine Bürger höher besteuert als jedes andere auf der Welt, ist das ein beachtlicher Wert. Und damit komme ich zu dem, was ich im vorigen Kapitel das zweite skandinavische Paradox genannt habe:

Wieso funktioniert angesichts der höchsten Steuerlast der Welt die dänische Wirtschaft noch? Es mag ja sein, dass die Bürger den Sozialstaat toll finden und zufrieden sind. Aber folgt man den Lehren der klassischen Wirtschaftswissenschaft, dann hätten die dänischen Firmen ihre Produktionsanlagen längst in Niedrigsteuerländer verlagern müssen. Wieso also demonstrieren die Arbeitslosen heute ausgerechnet in den Niedrigsteuerländern Irland und Griechenland und nicht in Dänemark und Schweden? Im Folgenden will ich versuchen, diesem Rätsel auf die Spur zu kommen.

Lehren aus der Weltwirtschaftskrise 1929

Als vor fünf Jahren der Immobilienmarkt in den USA zusammenbrach und die Bank Lehman Brothers in Konkurs ging, erschütterte das nicht nur die Gewissheiten von betroffenen Bürgern und kompetenten Journalisten. Auch die großen Wirtschaftsexperten an den Universitäten, in den Rating-Agenturen und Banken waren ratlos. Viele Jahre lang hatten diese Fachleute die Liberalisierung der Märkte gepredigt. Über Jahrzehnte verkündeten sie das neoliberale Credo „Steuern senken für mehr Wachstum". Die wenigen abweichenden Kritiker wie der Nobelpreisträger Joseph Stiglitz[84] oder der Wirtschaftsweise Peter Bofinger[85]

84 Stiglitz 2010: *Im freien Fall.* Stiglitz war Wirtschaftsberater von US-Präsident Clinton und später Chefökonom der Weltbank.

85 Bofinger 2009: *Ist der Markt noch zu retten?*

wurden als Exoten, wenn nicht gar als Dinosaurier einer längst vergangenen Zeit abgetan. Aber nun hatten diese Kritiker, die vor den Risiken der unkontrollierten Märkte gewarnt hatten, plötzlich recht.

Mittlerweile hat die Finanzmarktkrise Hunderte Millionen von Menschen ins Elend gestürzt. Die Schulden der Staaten explodierten. Der wachsende Abstand zwischen Arm und Reich beginnt, das Vertrauen in die Demokratie zu gefährden. Von den Occupy-Wall-Street-Aktionen in Washington bis hin zu den verzweifelten Rentnern in Athen wachsen die Proteste. Immer lauter wird die Forderung nach einem grundlegenden Politikwechsel hin zu mehr Gerechtigkeit. Aber wie?

Dazu lohnt sich ein Blick in die Geschichte. Tatsächlich ist das, was wir heute erleben, keineswegs neu. Der Erfurter Wirtschaftshistoriker Helge Peukert hat in seinem Buch über die Finanzmarktkrise auf beeindruckende Weise dokumentiert, wie sehr die heutige Krise der Weltwirtschaftskrise von 1929 ähnelt und wie aktuell die Diskussionen und Konsequenzen von damals sich heute darstellen.[86] Die Gründe, warum die Weltwirtschaftskrise 1929 in Deutschland und einer Reihe weiterer Staaten zur Diktatur führte, sind bekannt: Der Anstieg der Arbeitslosigkeit auf über 30 Prozent radikalisierte die Wähler. Die Regierungen unter Reichskanzler Brüning und seinen Nachfolgern verschärften die Krise durch ihre Sparpolitik. Und schließlich führten die Angst vor dem Kommunismus und die ablehnende Haltung zur Demokratie im deutschen Bürgertum dazu, dass Hindenburg Hitler zum Reichskanzler machte.

Weniger bekannt ist in Deutschland, dass die USA von der Wirtschaftskrise fast noch stärker getroffen worden waren. Dort stieg die Arbeitslosigkeit bis 1933 auf 35 Prozent. Millionen von Bauern verloren ihre Höfe, weil die Nahrungsmittelpreise sanken und sie die Kreditzinsen nicht mehr bezahlen konnten. Auch in den USA gab es eine starke nationalsozialistische Bewegung. Immerhin ein Drittel der US-Bürger hatte damals deutsche Vorfahren, und viele sympathisierten in den 1930er-Jahren mit Hitler. Philip Roth schildert in bedrückender Weise in seinem Roman *The Plot against America*, was hätte passieren können, wenn der berühmte Flieger und Hitler-Fan Charles Lindbergh 1940 gegen Roosevelt angetreten und die Präsidentschaftswahl gewonnen hätte.[87]

86 Peukert 2010: *Die große Finanzmarkt- und Staatsschuldenkrise.*

87 Roth 2005: *The Plot against America.*

Veränderung ökonomischer Kenndaten zwischen 1929 und 1932

	USA	GB	Frankreich	Deutschland
Industrieproduktion	-46 %	-23 %	-24 %	-41 %
Großhandelspreise	-32 %	-33 %	-34 %	-29 %
Außenhandel	-70 %	-60 %	-54 %	-61 %
Arbeitslosigkeit	+607 %	+129 %	+214 %	+232 %

Quelle: en.wikipedia.org, Stichwort: „Great Depression", gelesen am 18.11.2011.

Eine solche Entwicklung wurde durch den berühmten „New Deal" von Präsident Roosevelt verhindert. Der New Deal war ein Investitionsprogramm, ein Arbeitsmarktprogramm und ein Sozialprogramm, das erstmals in den USA eine Arbeitslosen- und Rentenversicherung einführte und Amerika zu einem völlig neuen Land machte. Das Land der Trapper und Siedler wurde so zu einem modernen Industriestaat.

Nun zurück in die Gegenwart: Als 2008 Lehman Brothers zusammenbrach, besannen sich Experten und Politiker zumindest teilweise wieder auf die Lehren von 1929. Anstatt in der Krise zu sparen und sie so zu verschärfen, wurde diesmal auf einem Treffen der G20-Staaten ein weltweit koordiniertes Investitionsprogramm beschlossen. Aber was sollte man finanzieren? Die Militärs hofften auf neue Panzer und Kriegsschiffe, die Verkehrspolitiker auf neue Autobahnen. Viele Experten jedoch wie der britische Ökonom und Regierungsberater Nicholas Stern[88] forderten, dass man mit dem Konjunkturprogramm nicht in die Vergangenheit, sondern in die Zukunft investieren solle. Sie schlugen vor, die Mittel vorrangig für die ökologische und soziale Modernisierung der Gesellschaft – also für grüne Investitionen – einzusetzen. Der Journalist Thomas L. Friedman schuf dafür in seiner Kolumne in der *New York Times* in Anspielung auf den „New Deal" von Roosevelt den Begriff „Green New Deal"[89], der bald von vielen aufgegriffen wurde. Einige Staaten haben das sogar teilweise umgesetzt. Insbesondere ist hier Südkorea zu loben, das über 80 Prozent des Konjunkturprogrammes in die ökologische Erneuerung des Landes investierte.[90]

88 Stern 2009: *The Global Deal.*

89 Friedman 2007a: *A Warning from the Garden.* Friedman 2007b: *The Power of Green.*

90 Heinrich-Böll-Stiftung 2009: *Auf dem Weg zu einem Green New Deal.*

Die vergessenen Erfahrungen

Die Bereitschaft, aus der Vergangenheit zu lernen, war jedoch beschränkt. Mittlerweile ist die EU infolge der Griechenlandkrise zu einer strikten Sparpolitik zurückgekehrt. Trotz der Mahnungen vieler Ökonomen sowie des EU-Parlamentes hat der Europäische Rat, die Versammlung der EU-Regierungschefs, unter der Regie von Kanzlerin Merkel durch seine Austeritätspolitik Europa in die Rezession getrieben.

Andere Erfahrungen der Krise von 1929 sind nahezu ganz vergessen worden. So wurde 1944 eine grundlegende Regulierung der Banken, Finanzmärkte und Devisensysteme vereinbart: Mit großem Erfolg! Über viele Jahrzehnte war danach das Finanzsystem stabil. Erst in den 1970er-Jahren begann der neoliberale Mainstream in Wissenschaft und Politik, die Erfahrungen schlicht auszublenden und die Märkte wieder zu liberalisieren. Die aktuellen Versuche, im Rahmen der EU wieder zu einer wirksamen Regulierung des Finanzsektors zu kommen, werden leider bislang abwechselnd von Großbritannien, Deutschland und einigen weiteren EU-Staaten ausgebremst.[91]

Die dritte Erfahrung der Krise von 1929 betrifft die Finanzierung der Konjunkturprogramme. Dafür gab es zwei Modelle. Hitler finanzierte seine riesigen Aufrüstungsprogramme durch die Aufnahme gigantischer Schuldenberge – alles in der Hoffnung, sich das Geld nach dem geplanten Krieg von den Besiegten zurückzuholen. Roosevelt dagegen finanzierte den New Deal nicht nur durch Schulden, sondern vor allem durch drastische Steuererhöhungen. Symbolisch steht dafür die Anhebung des Spitzensteuersatzes in den USA – der vor der Weltwirtschaftskrise noch bei 25 Prozent gelegen hatte – auf 79 Prozent![92] Später im Krieg erreichte er dann den heute fast unglaublichen Satz von 94 Prozent. Natürlich sagt der Spitzensteuersatz allein noch wenig aus, da er nur wenige betrifft. Es war vor allem ein Zeichen an die einfachen Bürger. Roosevelt machte all denen, die in der Krise litten und dann noch höhere Steuern bezahlen sollten, damit deutlich, dass es gerecht zuging und dass die Spitzenverdiener in besonderer Weise daran beteiligt wurden.

91 Elf EU-Staaten haben immerhin beschlossen, die Finanztransaktionssteuer einzuführen, um den Hochfrequenzhandel zu bremsen. Mittlerweile laufen die Banken und ihre Freunde Sturm dagegen.

92 The Tax Foundation 2011: *Federal Individual Income Tax Rates History.*

Spitzensteuersätze bei der Bundeseinkommenssteuer in den USA
(dazu kommen bis zu 10% regionale und lokale EK-Steuern)

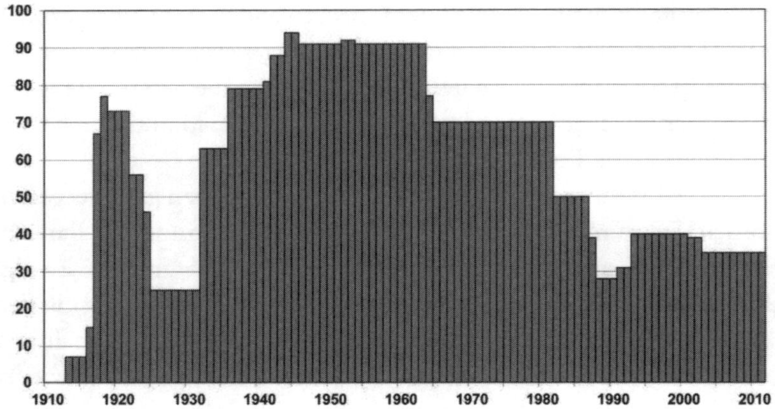

Quelle: Eigene Grafik - Daten von The Tax Foundation

Der Schock durch die Krise von 1929 und den Zweiten Weltkrieg saß so tief, dass dies die Nachkriegsgesellschaften über mehr als drei Jahrzehnte prägte. Die strengen Regeln für die Bankenaufsicht und die Finanzmärkte blieben bis in die 1970er-Jahre unverändert erhalten. Auch die rigorosen Steuersätze, die die Kriegsfinanzierung ermöglicht hatten, wurden nach dem Krieg kaum zurückgeführt. Bis 1963 blieb der Spitzensteuersatz in den USA auf über 90 Prozent und wurde dann von Präsident Johnson auf 70 Prozent gesenkt. Dort blieb er bis in die 1980er-Jahre.

Im Mutterland des Kapitalismus – in Großbritannien – lag der Spitzensteuersatz im Krieg teilweise über 100 Prozent – unter anderem wegen einer Zusatzsteuer auf Einkommen, die das Vorkriegseinkommen übertrafen (niemand sollte sich am Krieg bereichern).[93] Danach erreichte er noch einmal ab 1974 das Nachkriegs-Maximum mit 83 Prozent. Auch wenn diese extreme Besteuerung nur für sehr hohe Einkommen galt und Abschreibungsmöglichkeiten in der Realität zu niedrigeren Belastungen führten, zeugen diese Zahlen von einem Zeitgeist, der heute kaum noch vorstellbar ist.

In Deutschland fand infolge des Zweiten Weltkrieges geradezu eine

93 HM Revenue & Customs: *A brief history of income tax.*

soziale Revolution statt. Durch die Währungsreform wurden 1948 alle Geldvermögen um den Faktor eins zu zehn entwertet. Alle anderen Vermögen – also vor allem der Grundbesitz und die nicht zerstörten Immobilien – wurden mit einer Vermögensabgabe von 50 Prozent belastet, die im Laufe von 30 Jahren abgezahlt werden musste. Durch diesen „Lastenausgleich" sollte eine Kompensation dafür geschaffen werden, dass ein beträchtlicher Teil der Bevölkerung durch Flucht und durch die Bombardierungen sein Vermögen verloren hatte. Im Ergebnis wurden so große Teile der im Krieg aufgehäuften Staatsschulden getilgt beziehungsweise entwertet. Der Spitzensteuersatz startete in der Bundesrepublik 1948 mit dem heute nicht vorstellbaren Satz von 95 Prozent, sank dann ab 1953 schrittweise und blieb bis zur deutschen Einheit auf 56 Prozent.[94]

Das Trauma der Weltwirtschaftskrise und des Zweiten Weltkrieges hatte also erhebliche Auswirkungen: Von 1945 bis Anfang der 1980er-Jahre erlebten die industrialisierten Staaten (also der „Westen" einschließlich Japan) eine Welle der Demokratisierung, die mit einer Abnahme der Ungleichheit und mit einem soliden Wirtschaftswachstum verbunden war. Dazu trug bei, dass die Westalliierten diesmal auf Reparationen verzichteten und die USA mit dem Marshall-Plan hohe Investitionsraten ermöglichten. Der Grund für diese großzügige Finanzhilfe beim Wideraufbau waren nicht nur die negativen Erfahrungen nach dem Ersten Weltkrieg. Die USA wollten so auch verhindern, dass ein verelendetes Westeuropa nach und nach kommunistisch wurde. Auf jeden Fall war diese Politik erfolgreich. Die Entschuldung des Staates, die Umverteilung der Vermögen und die hohen Investitionsraten waren dann die drei Säulen, die das „Wirtschaftswunder" von 1950 bis 1965 ermöglichten. Es führte in Deutschland zu ähnlichen Wachstumsraten, wie sie heute China erreicht.

Die große Rolle rückwärts

Die große Wende kam Anfang der 1980er-Jahre nach der ersten Ölkrise. Als die Wachstumsraten sanken, wuchs die Arbeitslosigkeit, während Staatsverschuldung und Inflation zunahmen. Nun gewannen die

94 Hauser 1997: *Antwort auf die schriftliche Frage 26 des Abgeordneten Dr. Martin Pfaff (SPD).*

neoliberalen Ökonomen die Oberhand. Sie glaubten – heute müsste man besser sagen: sie träumten davon –, dass niedrige Steuern wieder zu hohen Wachstumsraten führen würden. Die Vorreiterin spielte die konservative Ministerpräsidentin Margaret Thatcher in Großbritannien. Sie senkte den Basissteuersatz von 33 auf 25 Prozent und die Spitzenbelastung von 83 schrittweise auf 40 Prozent.

In den USA kam die Wende mit Präsident Ronald Reagan. Nachdem die Krise durch eine rigide Antiinflationspolitik der Zentralbank verschärft worden war, hatte Reagan es geschafft, mit dem Versprechen radikaler Steuersenkungen die Wahlen zu gewinnen. Er reduzierte den Spitzensteuersatz zunächst auf 50 Prozent. 1988 machte er dann die USA mit dem Grenzsteuersatz von 28 Prozent zum Niedrigsteuerland. Die Folge davon war, dass in Großbritannien, den USA und anderen Staaten die Schere zwischen Reich und Arm wieder deutlich aufging.[95]

In Deutschland und Japan verlief diese Entwicklung um Jahre versetzt. Beide Länder hatten durch den Wiederaufbau nach dem Krieg eine modernere Industriestruktur und hohe Exportüberschüsse, sodass die geringeren Wachstumsraten noch kompensiert werden konnten. In Deutschland führte die auf Pump finanzierte deutsche Einheit ab 1990 sogar noch zu einer Sonderkonjunktur. Erst als diese ab 1995 versiegte, kam es zu einem drastischen, vorher nicht gekannten Anstieg der Ar-

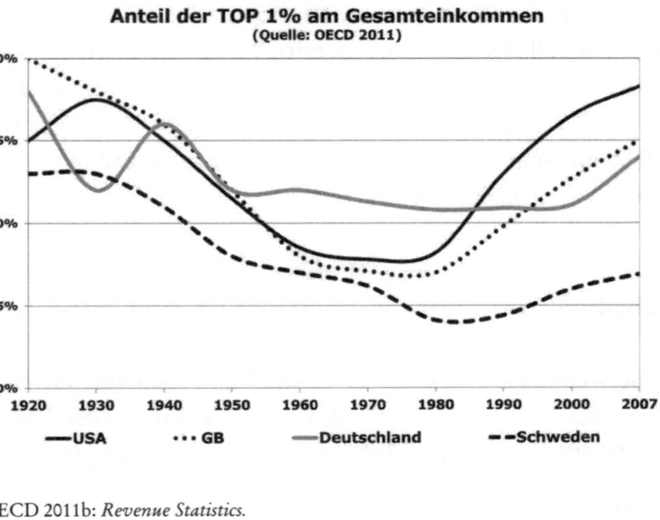

95 OECD 2011b: *Revenue Statistics.*

beitslosigkeit. Nun ging auch hier die Schere zwischen Arm und Reich wieder auseinander.[96] Es war dann eine Ironie der Geschichte, dass ausgerechnet die rot-grüne Regierung in Deutschland den Spitzensteuersatz auf 42 Prozent senkte und schließlich die Hartz-Reformen vornahm. Letztere konnten zwar die Arbeitslosigkeit in den folgenden fünf Jahren fast halbieren, den Trend zu mehr Ungleichheit konnten sie aber nicht aufhalten.

Eine Folge dieser Maßnahmen war, dass sich die Einkommen seit etwa 1980 in fast allen entwickelten Ländern wieder auseinanderentwickeln – besonders stark jedoch in den USA und Großbritannien.[97] Die Grafik zeigt, dass der Anteil der Einkommen des reichsten Prozents der Bevölkerung in den USA 1929 den Höchststand von 18 Prozent des Bruttonationaleinkommens erreichte. Er sank dann bis 1979 kontinuierlich auf 8 Prozent. Seitdem stieg er erneut an und erreichte im Jahr 2007 wieder den gleichen Stand wie 1929.

Gallische Dörfer?

Angesichts dieser Entwicklung stellt sich die Frage, ob dies eine zwangsläufige Folge der Globalisierung war. Oder gab es Alternativen?

Die Antwort lautet: Es gibt Alternativen! Zwei gallische Dörfer beweisen, dass es auch anders geht: die beiden skandinavischen Länder Schweden und Dänemark. Dabei schien Anfang der 1990er-Jahre das skandinavische System am Ende zu sein. Das nachlassende Wachstum trieb in Schweden die Arbeitslosigkeit auf fast 15 Prozent. Die Staatsschulden erreichten in beiden Staaten mit über 80 Prozent des Bruttoinlandsproduktes (BIP) ein Niveau, wie es Europa und die USA jetzt nach der Finanzmarktkrise erreicht haben.

Doch das prognostizierte Ende des Sozialstaats im Norden trat nicht ein. 1993 beschloss die neue Mitte-links-Regierung in Dänemark unter dem sozialdemokratischen Ministerpräsidenten Poul Nyrup Rasmussen nach nur fünf Monaten Amtszeit eine ökologische Steuerreform![98] Die Wirtschaft lief Sturm dagegen. Die jährlich wachsenden Ökosteu-

96 Schäfer 2011: *No Representation without Taxation.*

97 Davies u. a. 2007: The World Distribution of Household Wealth.

98 Hentschel 1998: *Wonderful Denmark.*

ern – etwa die Versechsfachung der Kohlendioxidsteuer – waren ihr ein Dorn im Auge.

Parallel dazu wurde eine ganze Reihe von Maßnahmen gegen die Arbeitslosigkeit und für Beschäftigung ergriffen – die zunächst in der Öffentlichkeit kaum wahrgenommen wurden. Die Lohnnebenkosten für Normalverdiener wurden drastisch verringert, indem Teile des Sozialsystems durch Verbrauchssteuern finanziert wurden. Jedoch wurden die Steuern und Abgaben insgesamt kaum gesenkt, obwohl das die meisten Ökonomen vehement forderten. Die Staatsquote[99] blieb bei über 50 Prozent. Das Arbeitslosengeld wurde zwar von 90 auf 80 Prozent vom vorherigen Verdienst reduziert, lag aber immer noch viel höher als in Deutschland (aktuell maximal 57 Prozent) oder anderen Staaten.

Die Erfolge der Reform übertrafen alle Erwartungen. Ab 1997 kippte auch die Berichterstattung in der internationalen Wirtschaftspresse, die die Reformen bis dahin zerrissen hatte. Nun wurde im *Handelsblatt*, der *Zeit* und der *FAZ* vom Jobwunder in Dänemark gesprochen. Denn die Ergebnisse waren bemerkenswert: Im Laufe der ersten sieben Jahre nach der Reform sank die Arbeitslosigkeit von fast 13 auf unter

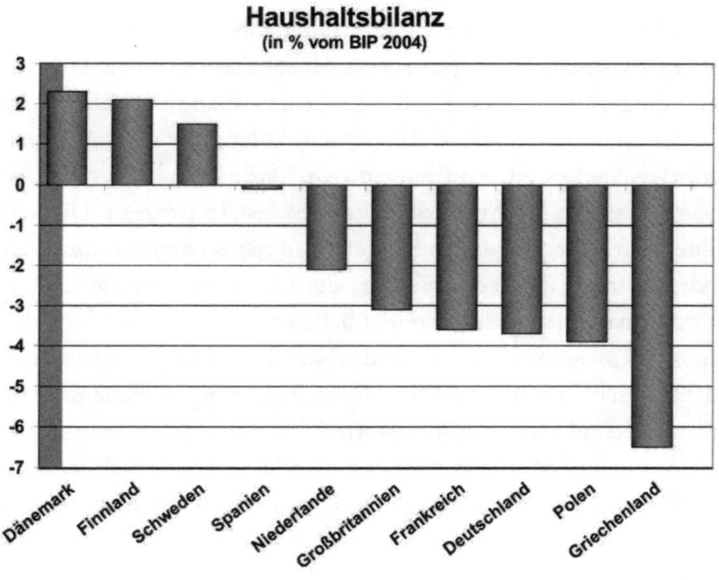

99 Staatsquote = Verhältnis der Staatsausgaben zum Bruttoinlandsprodukt.

5 Prozent, die Wachstumsraten lagen mit 2,5 bis 3 Prozent regelmäßig oberhalb derer der anderen EU-Staaten. Die OECD pries plötzlich Dänemark als Vorbild. Gleichzeitig sank die Neuverschuldung, und ab 1997 gab es sogar regelmäßig Überschüsse im Staatshaushalt. So gelang es Dänemark – und in ähnlicher Weise auch Schweden –, die Staatsschulden bis zum Beginn der Finanzmarktkrise auf 28 Prozent des Bruttoinlandsproduktes – also auf fast ein Drittel des Standes von 1993 – abzubauen.

Und was vielleicht noch erstaunlicher war: Die Außenwirtschaft boomte. Hatte Dänemark in den 1980er-Jahren noch ein gigantisches Außenhandelsdefizit von bis zu 5 Prozent des Bruttoinlandproduktes, so wurden nun Überschüsse erwirtschaftet. Das Land schien gegen die Globalisierung immun zu sein. Beim Global Competitiveness Index[100], einem Maß für die Wettbewerbsfähigkeit, das vom World Economic Forum jedes Jahr berechnet wird, lagen alle skandinavischen Staaten im letzten Jahrzehnt immer unter den ersten zehn. Das ist besonders bemerkenswert, wenn man weiß, dass die Schweizer Ökonomen ihnen für ihre hohen Steuern jedes Mal die schlechtesten Noten verpassen, die in die Bewertung eingehen.

Natürlich sollte man nicht verschweigen, dass bei allen Erfolgen auch in Dänemark und Schweden die Ungleichheit seit den 1980er-Jahren wieder zugenommen hat – zwar nicht vergleichbar mit Deutschland, Großbritannien oder gar den USA, aber eben doch bemerkbar. Der Grund dafür war die Senkung der Unternehmenssteuern und die stärkere Belastung durch Einkommens- und Verbrauchssteuern. Ob dies eine Folge des neoliberalen Zeitgeistes war, der auch dort Wirkungen gezeigt hatte, oder ob ein Alleingang gegen den Druck der Märkte doch Zugeständnisse verlangt, wird kontrovers diskutiert. Auf jeden Fall wäre es sicher für die Skandinavier einfacher, wenn andere Staaten sich parallel in die gleiche Richtung bewegen würden.

Eine plausible Erklärung für den Erfolg der Skandinavier wurde von den Ökonomen der neoklassischen Schule übrigens nie gefunden. Manche verweisen auf die Erdgasvorkommen Dänemarks, die aber nie mehr als ein Prozent des Bruttoinlandsproduktes ausmachten. Andere lobten die hohe Flexibilität des Arbeitsmarktes und wiesen darauf hin, dass in beiden skandinavischen Ländern in den 1990er-Jahren auch er-

100 Schwab 2011: *The Global Competitiveness Report.*

hebliche Einschnitte bei den Sozialleistungen vorgenommen wurden. Aber als Erklärung taugt das nicht, denn auch nach den Reformen blieb das Sozialsystem viel großzügiger als in Deutschland – geschweige denn den USA oder Großbritannien –, und die Staatsquote lag weiterhin um etwa 20 Prozent höher als in Mitteleuropa.[101]

Umso mehr lohnt es sich daher, die Besonderheiten der Steuersysteme dieser beiden Staaten genauer anzuschauen und zu prüfen, was übertragbar ist und was nicht. Drei Punkte stechen dabei ins Auge:

1. **Einkommenssteuern finanzieren die Kommunen:** Bei unseren nördlichen Nachbarn geht der überwiegende Teil der Einkommenssteuern nicht an den Zentralstaat, sondern an die Kommune, in der die Bürger leben. Dieses Konzept erscheint geradezu vorbildlich und nachahmenswert. Insbesondere fördert es die Bereitschaft der Bürger, Steuern für „ihre Kommune" zu zahlen, wie wir schon in Kapitel 6 gesehen haben.
2. **Hohe Verbrauchssteuern:** Bekannt ist die hohe Mehrwertsteuer von 25 Prozent in beiden Staaten. Dazu kommen die wohl weltweit höchsten Ökosteuern. Die hohen Verbrauchssteuern sind insbesondere in Dänemark historisch gewachsen und nicht einfach auf Deutschland übertragbar. Trotzdem macht es Sinn, sich auch an diesem Punkt einiges abzuschauen, denn sie sind in Skandinavien eine wesentliche Finanzierungsquelle für das Sozialsystem und verringern die Arbeitskosten im internationalen Vergleich. Da sie nicht auf die exportierten Produkte, wohl aber auf alle Importe erhoben werden, sind die Verbrauchssteuern ein wichtiger Grund dafür, dass die Skandinavier als Hochsteuerländer auf dem Weltmarkt weiterhin konkurrenzfähig sind. Dies werde ich im Folgenden genauer untersuchen.
3. **Bürgerversicherung:** Dänemark und Schweden haben einheitliche Systeme für Gesundheit, Renten und Arbeitslosengelder, an denen alle Bürger entsprechend ihrem Einkommen beteiligt sind. Auf diese Weise werden die Soziallasten viel gerechter verteilt als in Deutschland. Mit der Finanzierung des Sozialsystems, der Bedeutung der Sozialabgaben für die Gesamtverteilung der Steuern und Abgaben und die Konsequenzen für das deutsche Sozialsystem werde ich mich in Kapitel 8 beschäftigen.

101 Eurostat 2012: *Statistiken, Datenbank.*

Überlegungen für ein gerechtes Steuersystem

Die Debatte hat begonnen. Immer mehr Menschen sind der Meinung, dass es in einer Demokratie nicht akzeptabel ist, wenn die Reichen immer reicher und die Armen immer ärmer werden. Klar geworden ist auch, dass eine weitere Verschuldung keine Lösung sein kann. Denn jede Neuverschuldung von heute ist die wachsende Ungerechtigkeit von morgen. In Deutschland wurde die Schuldenbremse sogar in die Verfassung aufgenommen. Ab 2015 darf sich die Bundesregierung und ab 2020 dürfen sich auch die Länder nicht mehr neu verschulden.

Aber auch, wenn die Schuldenbremse ein richtiger Schritt ist[102], ändert sich damit noch nicht die Realität. Die Schulden sind immer noch da. Kontraproduktiv wird die Schuldenbremse, wenn nun die Neuverschuldung dadurch gestoppt werden soll, dass die öffentlichen Ausgaben immer mehr zusammengestrichen werden. Denn dann würgt das nicht nur die Konjunktur ab, sondern es verringert auch die Gemeingüter der Gesellschaft. Wer also mehr Gerechtigkeit will, der muss über höhere Steuern reden. Dafür hat die Krise gute neue Argumente geliefert:

Die lange Zeit verbreitete Auffassung, dass Niedrigsteuerländer im Wettbewerb überlegen sind, trifft offensichtlich nicht zu. Das Hochsteuerland Dänemark hat die Finanzmarktkrise der letzten Jahre wesentlich besser überstanden als das Niedrigsteuerland Irland. Besonders nachteilig wirkte sich für Irland aus, dass es die guten Jahre nicht genutzt hatte, in die Infrastruktur – die Gemeingüter – zu investieren. Die Hauptstadt Dublin ist geradezu berühmt für den schlechten öffentlichen Nahverkehr ohne U-Bahn und mit nur zwei Straßenbahnlinien, die nicht einmal miteinander verbunden sind. Fahrtzeiten aus den Suburbs ins Zentrum von über zwei Stunden sind in der Rushhour normal.

Auch die neoliberale These, dass hohe Steuern und ein gutes Sozialsystem dem Wirtschaftskreislauf Geld entziehen, ist nicht mehr haltbar. Das Gegenteil ist der Fall: Das vom Staat eingenommene Geld fließt wieder in die Wirtschaft zurück und stabilisiert in der Krise die

102 Diese Aussage ist bei Globalisierungskritikern – z. B. bei der Organisation Attac – sehr umstritten. Viele sehen die Schuldenbremse als Grund für Einsparungen in Sozialprogrammen, während ich sie eher als Druckmittel sehe, Politik ehrlich zu machen und endlich die Einnahmen den Ausgaben anzupassen.

Konjunktur.[103] Auch gute Sozialsysteme dürfen nicht nur als Ausgabenfaktor, sondern können auch als wichtige Wirtschaftszweige gesehen werden.[104] In Schleswig-Holstein zum Beispiel ist die Gesundheitswirtschaft bereits der Wirtschaftszweig Nummer eins und stellt über 15 Prozent aller Arbeitsplätze.

Tatsächlich sind es eher die Reichen, die ihr Geld dem Wirtschaftskreislauf entziehen. Ihr durch niedrige Steuern wachsendes Einkommen und Vermögen wird meist nicht konsumiert und auch selten in produktive Unternehmen neu investiert. Stattdessen kaufen sie Immobilien und Wertpapiere. Das erhöht spekulativ den Wert der Anlageobjekte – löst aber keine zusätzliche Wirtschaftsleistung aus. Wenn die Häuser oder Aktien teurer werden, haben die Besitzer zwar mehr Vermögen auf dem Papier. Aber es sind immer noch die gleichen Häuser oder Firmen – weder neue materielle Werte noch Beschäftigung sind entstanden. Noch gefährlicher wird es, wenn die Hoffnung auf steigende Verkaufspreise trotz sinkender Renditen zu immer weiteren Investitionen führt. Auf diese Weise entstehen Blasen wie die der Dotcom-Ökonomie in den 1990er-Jahren oder Immobilienblasen, wie sie ursächlich für die große Finanzmarktkrise 2008 waren.

Daraus lassen sich zwei Schlüsse ziehen:

1. Es ist durchaus sinnvoll, in der Krise die Steuern zu erhöhen, um durch Ausgaben die Konjunktur zu stärken.
2. Für die Konkurrenzfähigkeit einer Wirtschaft kommt es nicht auf die absolute Höhe der Steuern an. Vielmehr geht es darum, einen intelligenten Mix an Steuern zu gestalten, um die Konkurrenzfähigkeit zu wahren und um ein gutes Sozialsystem, eine leistungsfähige Infrastruktur und eine hohe Lebensqualität sicherzustellen.

Steuern auf Reichtum

Seit der deutschen Einheit 1990 sind die Schulden der öffentlichen Haushalte auf über 2 Billionen Euro (das Vierfache) explodiert. Gleichzeitig weist die Statistik der Deutschen Bundesbank aus, dass sich der private Reichtum netto von 4,5 auf fast 10 Billionen mehr als

103 Bofinger 2009.

104 Dauderstädt 2012: *Wachstum durch Ausbau sozialer Dienstleistungen.*

verdoppelt hat. Die privaten Vermögen sind also dreimal so schnell gewachsen wie die Schulden des Staates. Aber nicht alle Vermögen. Die reichsten 10 Prozent besitzen bereits zwei Drittel, während die Hälfte der Bevölkerung lediglich über 1,7 Prozent verfügt.[105] Selbst während der Krise sind die Vermögen der Millionäre weiter gewachsen, die der Multimillionäre mit mehr als 10 Millionen Euro sogar jährlich um fast 10 Prozent.

Eine solche Entwicklung ist für eine demokratische Gesellschaft auf Dauer nicht akzeptabel. Deshalb brauchen wir Vermögenssteuern, die geeignet sind, um eine zunehmende Konzentration der Vermögen zu verhindern. Es ist einer der großen vergessenen Skandale, dass die Vermögenssteuer auf Sach- und Geldvermögen in Deutschland nach dem Urteil des Bundesverfassungsgerichtes von 1995 nicht mehr erhoben wird, also faktisch abgeschafft wurde. Geblieben sind nur die Erbschaftssteuer, die Grundsteuer und die Grunderwerbssteuer. Seitdem hat die Konzentration von Reichtum in Deutschland mehr zugenommen als in den meisten anderen OECD-Staaten.

Dabei hatte das Verfassungsgericht die Vermögenssteuer keineswegs für verfassungswidrig erklärt.[106] Gegen die Verfassung verstieß nur die ungerechte Bevorteilung von Grundbesitz gegenüber Geldvermögen. Geldvermögen wurde nämlich zum Nennwert besteuert, während bei Grundbesitz der Einheitswert zählte, oft nur 5 bis 15 Prozent des Verkehrswertes einer Immobilie. Anstatt aber nun die Einheitswerte für Immobilien zu aktualisieren, zog die Regierung die Steuer einfach nicht mehr ein. Dass sich weder die damalige schwarz-gelbe noch die spätere rot-grüne Regierung trauten, dieses Urteil umzusetzen, ist eine Peinlichkeit für die gesamte politische Klasse dieser Republik.

Mit dieser Maßnahme steht Deutschland auch international sehr isoliert da.[107] In den angelsächsischen Staaten liefern die Vermögenssteuern einen wesentlichen Teil der Einnahmen der Kommunen. In den USA, Großbritannien und Japan kommen über 10 Prozent aller Steuereinnahmen aus Vermögenssteuern – das sind 3 bis 4 Prozent des Bruttoinlandsproduktes. In Deutschland liegt die Vergleichszahl bei nur 0,9 Prozent. Allein schon deswegen ist die Befürchtung, das Kapi-

105 DIW 2011: *A Wealth Tax on the Rich to Bring down Public Debt?*

106 Verheyen 1999: *Vermögenssteuer, Vermögensabgabe und neues Stiftungsrecht.*

107 OECD 2011b.

tal würde wegen einer Vermögenssteuer das Land verlassen, unsinnig. Denn im Ausland muss man überall viel mehr bezahlen.

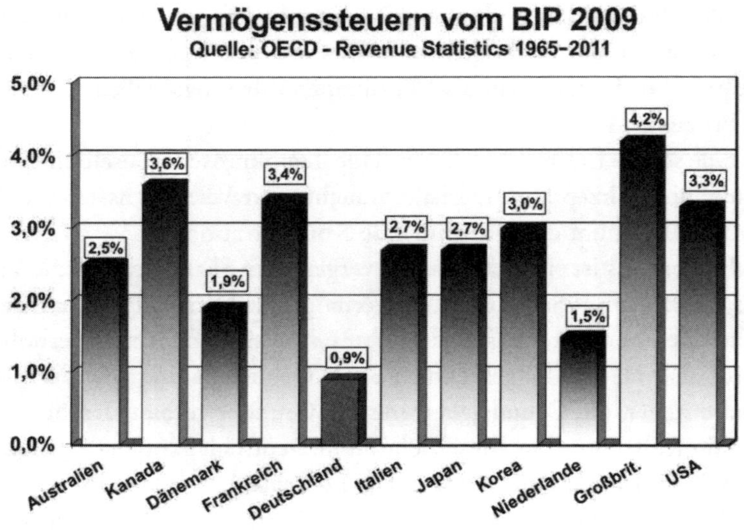

Auch das oft genannte Argument, die Erhebung einer Vermögenssteuer sei so teuer, dass davon ein großer Teil der Einnahmen aufgefressen würde, erweist sich bei genauerem Hinsehen als Zweckpropaganda. Das Bundesfinanzministerium bezifferte die Erhebungskosten 1996 mit 4 Prozent der damaligen Einnahmen von 5 Mrd. Euro. Eine Neubewertung der Immobilien würde zwar einmalig teurer sein, könnte aber mit einer einmaligen Vermögensabgabe (siehe unten) verbunden werden. Ohnehin würden sich nach einer Neubewertung die Einnahmen mehr als verdoppeln, sodass der Anteil der Bewertungskosten entsprechend sinkt.

Die einfache Wahrheit ist diese: Würde man in Deutschland eine Vermögenssteuer einführen, wie sie in Großbritannien üblich ist, dann könnte diese weit über 50 Milliarden Euro jährlich erbringen. Eine solche Steuer würde mit einem Schlag die Neuverschuldung beenden.

Zurück nach Mesopotamien

Die Boston Consulting Group (BCG) ist die weltweit führende Unternehmensberatung – mit Sicherheit keine geheime Abteilung des Weltkommunismus. Angesichts der fortdauernden Schuldenkrise hat nun ausgerechnet die BCG unter dem überraschenden Titel „Back to Mesopotamia" einen radikalen Vorschlag vorgelegt[108]: Weltweit soll in allen Industriestaaten eine Vermögensabgabe von 33 Prozent erhoben werden, um die Staaten zu entschulden und die Wirtschaft wieder flottzumachen.

Mit dem seltsamen Titel ihres Vorschlags erinnern die Berater daran, dass schon im Altertum in vielen Staaten die Verschuldung und die Schuldsklaverei regelmäßig aus dem Ruder liefen. Zu hohe Schulden – und das gilt sowohl für Schulden des Staates wie auch die von Firmen und Privatpersonen – lähmen schließlich das gesamte Leben einer Gesellschaft. Im alten Mesopotamien wurde das Problem so gelöst: Immer dann, wenn ein neuer Herrscher an die Macht kam, wurden per Gesetz alle Schulden gestrichen. Später wurde alle sieben Jahre ein Sabbatjahr eingeführt, in dem „tabula rasa" gemacht wurde (also die Privatschulden gestrichen wurden), und alle 49 Jahre ein Jubeljahr – dann wurden die Äcker an die ursprünglichen Besitzer zurückgegeben und die Schuldsklaven freigelassen.[109]

Im letzten Jahrhundert wurde das nicht viel anders gehandhabt. Zweimal hatten sich exorbitante Schulden aufgebaut. Und zweimal wurden diese nach den beiden Weltkriegen mittels Währungsreformen, Inflationen und Lastenausgleich weitgehend gestrichen. Nur so konnten die Kriegsschulden beglichen und das wirtschaftliche Leben wieder flottgemacht werden. Wenn wir jetzt nicht wieder einen Weltkrieg anfangen wollen, müssen wir das Problem anders lösen. Eine einmalige Vermögensabgabe nach dem Modell des Lastenausgleichs von 1952 könnte ein Weg sein.

Eine solche Abgabe hat gegenüber einer Vermögenssteuer drei große Vorteile: Sie wirkt sofort. Sie kann vom Bundestag ohne Zustimmung der Länder schnell beschlossen werden. Und sie kann rückwirkend beschlossen werden. Damit ist Steuerflucht unmöglich.

108 BCG 2011: *Back to Mesopotamia.*

109 Graebner 2012: *Schulden. Die ersten 5000 Jahre.*

Eine erste Initiative für einen neuen Lastenausgleich wurde schon 1992 durch eine Reihe von hochrangigen Politikern aller Parteien mit dem Bundespräsidenten Richard von Weizsäcker an der Spitze gestartet. Sie wollten so die deutsche Einheit finanzieren.[110] Kanzler Kohl würgte jedoch die Debatte mit dem Versprechen von blühenden Landschaften ab. Und die deutsche Einheit wurde auf Pump und durch die Zweckentfremdung der Sozialversicherungen finanziert.

Oft wird behauptet, eine solche Abgabe sei verfassungswidrig. Das Bundesverfassungsgericht habe in seinem Urteil von 1995 den sogenannten Halbteilungsgrundsatz aufgestellt. Dieser verbiete, dass der Staat mehr als die Hälfte des Einkommens als Steuer erhebt. Auch diese Aussage trifft nicht zu. Tatsächlich hat das Gericht sogar explizit bestätigt, dass der Lastenausgleich verfassungskonform gewesen ist, und lediglich eine gute Begründung für die Sondersteuer verlangt. Heute könnte eine solche Abgabe damit begründet werden, dass die Schuldenbremse – immerhin ebenfalls ein Verfassungsgrundsatz – angesichts der Krise anders nicht umgesetzt werden kann.

Diskutiert werden unterschiedliche Modelle: Sie reichen von einer Abgabe nur für Millionäre bis hin zu Freibeträgen ab 100000 Euro. Die diskutierten Abgabesätze reichen von 10 Prozent (Appell für eine Vermögensabgabe), 20 Prozent (Gewerkschaft ver.di), 30 Prozent (Boston Consulting Group) bis hin zu einer progressiven Abgabe mit einem Spitzenabgabesatz von 80 Prozent für Multimillionäre mit über 300 Millionen Vermögen (Attac). Die Vorschläge für den Zeitraum, in dem die Abgabe bezahlt werden muss, schwanken je nach Höhe zwischen zwei und 20 Jahren.

Im Ergebnis könnte zum Beispiel eine Millionärssteuer von durchschnittlich 30 Prozent die Schulden des Staates auf einen Schlag um rund eine Billion Euro reduzieren.[111] Sicher viel Geld! Aber wenn man weiß, dass die Schulden seit der deutschen Einheit um 1,7 Billionen Euro gestiegen sind, während der private Reichtum sich auf mehr als 10 Billionen verdoppelt hat, dann ist das keine utopische Zahl, sondern klingt eher wie ein gerechter Beitrag der Vermögenden.

Im Übrigen sind Vermögenssteuern und Vermögensabgabe kein Gegensatz. Strategisch wäre es sogar sinnvoll, zunächst mit einer ein-

110 Auhagen 1994: *Ohne Lastenausgleich keine reformpolitische Wende!*

111 Hentschel 2009: *Wege aus der Schuldenfalle.*

maligen Vermögensabgabe zu beginnen, die dann über einen begrenzten Zeitraum abgezahlt werden muss. Parallel dazu könnte dann eine Vermögenssteuer eingeführt werden. Die Vermögenserfassung wäre dann ja schon erfolgt. Das wäre dann ein dauerhafter Beitrag dafür, dass die Schere zwischen Arm und Reich nicht weiter aufgeht.

Kernstück des Steuersystems – die gerechte Belastung der Löhne und Einkommen

Vermögenssteuern spielen für die Herstellung von Gerechtigkeit eine wichtige Rolle. Den größten Teil der Staatseinnahmen liefern aber stets die Steuern und Sozialabgaben, die auf Löhne und Einkommen erhoben werden. Diese sind in fast allen Staaten progressiv gestaltet. Für die Steuergerechtigkeit und Einkommensumverteilung stehen sie daher an zentraler Stelle.

Nicht so in Deutschland: Hierzulande kann ein Arbeitnehmer mit mittlerem Einkommen durch Sozialabgaben und Steuern auf Abzüge von über 50 Prozent kommen – weit mehr als der Spitzensteuersatz für Millionäre, die dazu noch zahlreiche Abschreibungsmöglichkeiten haben (siehe Grafik).[112] Dieser widersinnige Effekt entstand durch die

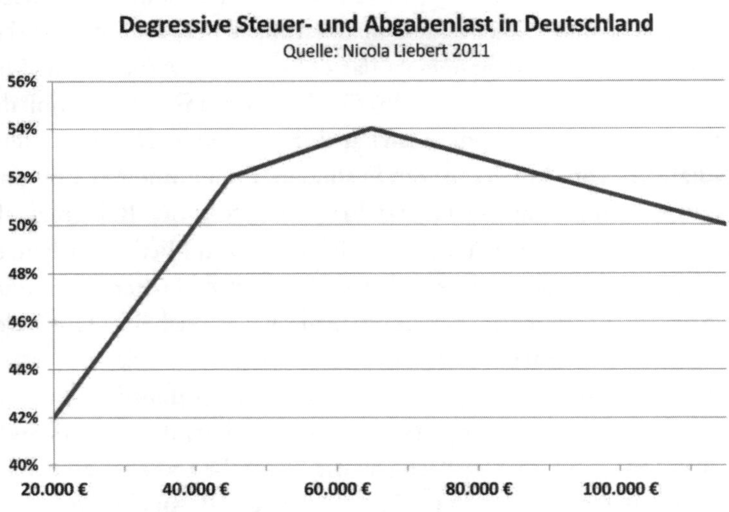

112 Liebert 2011: *Steuergerechtigkeit in der Globalisierung.*

fortschreitende Steuerprogression, das mehrmalige Absenken des Spitzensteuersatzes und durch die Deckelung der Sozialbeiträge. Das ist eine absurde Entwicklung, die mit Gerechtigkeit nichts mehr zu tun hat.

Die Absenkung der Spitzensteuersätze in Deutschland lag auch darin begründet, dass in Deutschland kleine Betriebe als sogenannte Personengesellschaften wie Privatpersonen versteuert werden. Deswegen wurde der Spitzensteuersatz auf Einkommen – und damit auch für kleine Betriebe – so weit abgesenkt, dass diese nicht höher besteuert werden als große Konzerne. Will man also sehr hohe private Einkommen jenseits von 10 000 Euro im Monat merklich höher belasten, dann müssten kleine Betriebe genauso behandelt werden wie ein großer Konzern. In Schweden gilt das sogar für Ein-Mann- und Ein-Frau-Betriebe. Der Besitzer muss sich selbst ein angemessenes Gehalt zahlen, auf das er Einkommenssteuer bezahlt. Auf den Gewinn, der im Betrieb bleibt, werden dagegen Unternehmenssteuern erhoben.

Wie hoch sollten und könnten denn nun die Abgaben auf private Einkommen angehoben werden? Die reale Spitzenbelastung für sehr hohe Einkommen von um die 70 Prozent durch Steuern und Sozialabgaben in Dänemark oder Schweden macht deutlich, was auch heute noch möglich und selbst für ein kleines Land durchsetzbar ist. Dagegen liegt die Belastung für normale Arbeiter und Angestellte gerade in Dänemark nach den Reformen sogar spürbar niedriger als in Deutschland. Durch die Finanzierung eines Teils der Sozialausgaben über Verbrauchssteuern hat der dänische Arbeiter am Monatsende bis zu 25 Prozent mehr Geld in der Tasche, obwohl der Arbeitgeber geringere Lohnkosten hat als hierzulande. Das erleichterte die Schaffung von Arbeitsplätzen besonders in den unteren Einkommensgruppen und war ein Grund für den Erfolg der Reformen. In Deutschland führt dagegen die hohe Belastung von Niedrigverdienern mit Sozialabgaben dazu, dass Arbeitsplätze mit einfachen Qualifikationen abgebaut werden oder durch pauschal versicherte 450-Euro-Verträge ersetzt werden.

Letztlich muss die Gesellschaft sich in einem „öffentlichen demokratischen Diskurs", wie ihn Amartya Sen fordert, darauf verständigen, welchen Grad an Ungleichheit die Menschen akzeptieren bzw. nicht mehr akzeptieren wollen. Das könnte zum Beispiel so aussehen, dass in der Verfassung festgeschrieben wird, für Deutschland einen Gini-Index von 20 Prozent bei den Einkommen anzustreben – was eine deutliche Verbesserung darstellen würde (siehe die Tabelle zur Einkommensverteilung im Anhang). Es gäbe dann keine festen Steuersätze mehr. Stattdessen würden diese jährlich so angepasst werden, dass die gewünschte Einkommensverteilung erreicht wird.

Um aber zu vermeiden, dass eine jährliche politisch zugespitzte Steuerdebatte im Parlament dazu führt, dass die nötigen Anpassungen verschoben werden, sollte eine unabhängige Kommission dafür zuständig sein, den Steuersatz zu justieren. Diese Kommission könnte aus Arbeitnehmern, Arbeitgebern und Wissenschaftlern zusammengesetzt werden. Eine solche Kommission gibt es zum Beispiel in Großbritannien für die jährliche Anpassung des Mindesteinkommens. Damit wurden gute Erfahrungen gemacht.

Wie man die Bermudas ausschalten kann

Eine höhere Besteuerung der Spitzeneinkommen erfordert es auch, die Steuerflucht wirksam zu bekämpfen. Ist das aber durchsetzbar? Ja!

Ausgerechnet die USA haben hierzu vorbildliche Regelungen getroffen und diese international durchgesetzt[113]. Jeder Mensch mit amerikanischem Pass ist weltweit gegenüber den USA steuerpflichtig. Um das real durchzusetzen, wurde beschlossen, dass ab 2013 alle Banken – auch die der Schweiz oder anderer Steueroasen – den US-Finanzbehörden die Kontodaten für alle US-Bürger liefern. Banken, die sich nicht daran halten, dürfen nicht mehr in den USA tätig sein, und US-Banken dürfen keine Geschäfte mehr mit diesen tätigen. Wer dann noch der privaten Einkommenssteuer entfliehen will, muss seine Staatsbürgerschaft abgeben und dauerhaft ins Ausland ziehen, was erfahrungsgemäß außer russophilen Schauspielern wie Gérard Depardieu fast niemand tut.

Es ist geradezu peinlich, dass es den Staaten der EU nicht gelingt, vergleichbare Regelungen durchzusetzen, und sie sich immer wieder auf pauschalierte Regelungen einlassen, die nichts weiter als eine Belohnung für Steuerflüchtlinge darstellen. Ausgerechnet die Muster-

113 Es handelt sich um das Foreign Account Tax Compliance Act (FATCA) – Gesetz zur Durchsetzung der Besteuerung von US-Personen.

EU-Staaten Luxemburg und Österreich gerieren sich mit der Geheimhaltung der Kontodaten als EU-interne Steueroasen. Würden die USA und die EU gemeinsam handeln, dann könnten sie mit Sicherheit die Steueroasen austrocknen, das Risiko der Entdeckung für Steuerflüchtlinge deutlich hochschrauben und so einen hohen Prozentsatz der fälligen Steuern vereinnahmen.

Ähnliches gilt auch für die Unternehmenssteuern: Seit 30 Jahren erleben wir diesbezüglich einen Dumping-Wettbewerb, dem sich nicht einmal die steuerfreudigen Dänen entziehen konnten. In Deutschland sank der nominale Steuersatz für Unternehmen seit 2000 von 51 Prozent auf rund 30 Prozent (einschließlich dem Soli). Spitzenreiter – oder sollte man lieber sagen: Tieftaucher – sind in der EU Irland mit 12,5 Prozent sowie Zypern und Bulgarien mit sogar nur 10 Prozent.

Entscheidend für die Höhe der Steuern sind aber nicht nur die Steuersätze, sondern auch, was wo überhaupt versteuert wird. Internationale Konzerne beschäftigen ganze Steuerabteilungen, um den Löwenanteil ihrer Gewinne in Steueroasen auszuweisen. Dietmar Neuerer schreibt im *Handelsblatt*, dass der Internethändler Amazon auf seinen Gewinn nur noch ein Prozent Steuern zahlt.[114] Auch der Steuerexperte Professor Jarass berichtet, dass Firmen wie der Möbelkonzern IKEA in ihren deutschen Filialen Milliardengewinne machen, aber fast keine Steuern zahlen. Denn die Filialen müssen Lizenzgebühren und Zinsen an die Konzernmutter überweisen, die ihre Gewinne wiederum über mehrere Umwege wie Irland und die Niederlande auf die Bermudas oder schlicht in eine Stiftung in Liechtenstein transferiert. Das Ergebnis ist eine brutale Wettbewerbsverzerrung zulasten von einheimischen Möbelgeschäften, die ihre Gewinne hier voll versteuern müssen.

Professor Jarass schlägt deshalb vor, dass nicht nur die Gewinne, sondern alle Kapitalerträge – also auch die Zinsen, Lizenzgebühren, Patentgebühren und andere Einnahmen dort zu versteuern sind, wo die Geschäfte bzw. die Produktion stattfinden. Sie könnten dann nicht mehr als Unkosten abgesetzt werden.[115]

Noch weiter geht das Konzept „Unitary Taxation", das zuletzt vom Tax Justice Network (TJN) wieder in die Debatte gebracht wurde.[116]

114 Neuerer 2013: *Rezepte gegen die Steuertricks der Multis.*

115 Jarass/Obermair 2012: *Steuermaßnahmen zur nachhaltigen Staatsfinanzierung.*

116 Sol Picciotto 2012: *Towards Unitary Taxation of Transnational Corporations.*

Dieses Konzept sieht vor, dass der Gesamtgewinn eines internationalen Konzerns zusammengerechnet wird. Dann wird dieser Gewinn gemäß einer Formel auf Basis von vier Kriterien (Investitionen, Mitarbeiteranzahl und Lohnsumme, Verkaufszahlen) auf die Länder, in denen der Konzern tätig ist, aufgeteilt (daher auch die Bezeichnung „formulary apportionment"). Auf diese Weise kann jedes Land den Konzern entsprechend seinen Aktivitäten in dem jeweiligen Land besteuern, völlig unabhängig davon, in welchem Land der Konzern seine Gewinne ausweist. Damit das möglich ist, muss jeder Konzern seine weltweiten Gewinne in einer einheitlichen Bilanz ausweisen. Diese soll dann auch seine Standorte mit Investitionen, Mitarbeitern, Lohnsummen und seine Verkaufserlöse, gegliedert nach den Staaten, in denen er tätig ist, aufführen.

Die Unitary Taxation würde, zumindest was die Unternehmenssteuern betrifft, den Steueroasen mit einem Schlag das Wasser abgraben. Spannend an dem Vorschlag ist auch: Die EU könnte problemlos beschließen, dass alle Firmen, die in Europa tätig sind oder sein wollen, eine solche Bilanz vorlegen müssen. Wenn solche Bilanzen erst einmal erstellt werden, dann kann jedes Land der Erde diese zur Besteuerung benutzen – es bedarf nicht einmal internationaler Abkommen. Und jedes Land ist weiterhin frei in der Gestaltung seiner Steuern und kann eine unterschiedliche Formel anwenden. Nur geht das dann nicht mehr auf Kosten eines anderen Landes.

Neu ist das Konzept auch nicht. In den USA, wo ja bekanntlich die einzelnen Staaten steuerlich weitgehend autonom sind, wird diese Methode intern schon seit 100 Jahren angewandt. Auch in der EU und der OECD wurde das Konzept wiederholt diskutiert[117] – aber leider haben sich die Lobbyisten der internationalen Konzerne und der Steueroasen in der EU bislang erfolgreich dagegen wehren können. Es wird Zeit, dass auch Deutschland sich für eine solche faire Besteuerung von Firmen einsetzt, damit diese in Zukunft dort ihre Steuern bezahlen, wo sie tätig sind, ihre Gewinne erwirtschaften und die Infrastruktur benutzen.

117 In der EU-Kommission wird seit über 10 Jahren an einem Konzept für den EU-internen Einsatz des Unitary-Tax-Modells gearbeitet. Das Projekt läuft unter dem Stichwort „Gemeinsame konsolidierte Körperschaftssteuer-Bemessungsgrundlage" (GKKB).

70 000 Euro für einen Golf?

Wer die Preise für Neuwagen in Dänemark liest, kann einen Schock bekommen: Für eine sportliche Variante des VW Golf kann man schnell 70 000 Euro berappen. Zwar bekommt man eine Benzin sparende Variante schon für die Hälfte – aber mit dem doppelten Preis wie in Deutschland muss man allemal rechnen. Schuld ist die Anmeldesteuer (registreringsafgift) für Neuwagen von bis zu 180 Prozent – je nach Kraftstoffverbrauch.

Verbrauchssteuern spielen in Dänemark seit den 1960er-Jahren eine zunehmende Rolle. Bekannt ist die hohe Mehrwertsteuer von 25 Prozent auf fast alle Güter und Dienstleistungen. Im Rahmen der großen Steuerreform von 1993 wurde dann ein ausgeklügeltes System von Verbrauchssteuern und Ökosteuern eingeführt, das in den Folgejahren weiterentwickelt und ausgebaut wurde. Kern der dänischen Reform war die Einführung von Ökosteuern auf Wasser, Elektrizität, Kohle, Kraftfahrzeuge, Abfall, Abwasser und Plastiktüten. Die Ökosteuern trafen zunächst kaum die Betriebe, wenn diese entsprechende Investitionen nachweisen konnten. Mittlerweile werden aber auch die Betriebe stärker einbezogen. Dazu kam Ende der 1990er-Jahre die Besteuerung von Flugreisen.

Der Clou der Reform war jedoch, dass die Verbrauchssteuern überwiegend so konstruiert sind, dass sie quasi Importsteuern sind. Denn Heizöl, Erdgas und Autos werden überwiegend beziehungsweise gänzlich importiert. Auch die Mehrwertsteuer hat gegenüber Einkommens- und Vermögenssteuern den großen Vorteil, dass die Exporte steuerfrei sind, die Importe jedoch voll belastet werden. Diese Steuern entlasten faktisch die Exporte und belasten die Importe. Sie sind also globalisierungsfest!

In Deutschland stießen Vorschläge, die Verbrauchssteuern anzuheben, oft auf heftige Kritik vonseiten der Gewerkschaften und linken Organisationen, da sie sozial ungerecht seien. Wenn sie jedoch wie in Dänemark und Schweden zur Finanzierung des Sozialsystems eingesetzt werden und vor allem den unteren Einkommensgruppen zugutekommen, ist die Kritik nicht gerechtfertigt. Denn dadurch wurde die Belastung der Löhne durch Abgaben und Steuern verringert. So war es möglich, neue Arbeitsplätze zu schaffen und auch noch die internationale Konkurrenzfähigkeit zu verbessern.

Die Grafik lässt gut erkennen, in welch großem Umfang die Belastung des Faktors Arbeit durch Einkommenssteuern und Sozialabgaben reduziert wurde. In Deutschland wurden 2011 immerhin 62 Prozent aller Staatseinnahmen durch Abzüge von Löhnen und Einkommen eingenommen. In Dänemark lagen diese vor der Reform schon bei niedrigen 39 Prozent und nach der Reform nur noch bei 25 Prozent der Staatseinnahmen. Die Belastung der Löhne durch Steuern und Sozialabgaben war also schon vor der Reform niedriger und wurde dann nochmals um ein Drittel reduziert.

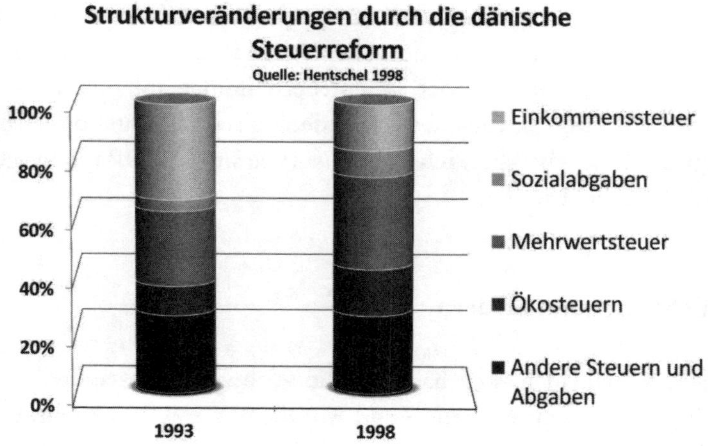

Was das ausmacht, zeigen auch Schätzungen aus den USA. Dort wurde bislang die Einführung einer Mehrwertsteuer durch die Bundesstaaten verhindert, da die Konsumbesteuerung traditionell Sache der Einzelstaaten und Kommunen ist. Die US-Handelsorganisation AMTAC beschwert sich massiv darüber, dass die meisten Länder der Welt über Verbrauchssteuern ihre Sozialsysteme mitfinanzieren. Auf diese Weise sind die Sozialkosten in den Exportpreisen nicht enthalten, werden dafür aber bei den Importen aufgeschlagen. AMTAC schätzt, dass die Firmen der USA durch das Fehlen einer Mehrwertsteuer auf Bundesebene Nachteile in der Höhe von einer halben Billion Dollar jährlich haben und dass dies eine wesentliche Ursache für das Handelsbilanzdefizit der USA ist.[118]

Am Schluss dieses Abschnitts noch eine Anmerkung zum Thema Ökosteuern: Mit dem Lob des dänischen Modells wollte ich nicht aussagen, dass Ökosteuern immer die beste Alternative sind. So hat sich die Einspeisevergütung für erneuerbare Energien (also ein Preisgarantiesystem) als viel wirksamer erwiesen als Ökosteuern oder sogenannte Quotenmodelle. Der Grund liegt darin, dass die Einspeisegarantie zur Investitionssicherheit auch für kleine Investoren geführt hat und dass so die verschiedenen erneuerbaren Energien differenziert gefördert werden konnten. Dagegen war die Wirkung von Ökosteuern bei der Stromerzeugung gering, und Quotenmodelle haben nur den großen Oligopolen genützt, während das Einspeisegesetz Kleininvestoren ermutigte. Es kommt also bei der Auswahl zwischen Instrumenten wie Preisgarantien, Quoten oder Ökosteuern immer auf den Einzelfall und die Wirkung an. Eine abstrakte ideologische Diskussion darüber, ob etwas marktwirtschaftlich richtig ist (wie sie die FDP immer gerne führt), hilft nicht weiter.

Fazit: Steuern mit Steuern

In dem folgenden Kasten habe ich die wichtigsten Bestandteile eines intelligenten und fairen Steuer- und Abgabensystems dargestellt. Dabei ergeben sich aus den vorangegangenen Überlegungen folgende Aspekte:

a) Der internationale Vergleich ergibt, dass eine Staatsquote von etwa 50 Prozent machbar und sinnvoll ist, um ein gutes Sozialsystem und eine gute Infrastruktur zu finanzieren.
b) Eine solche Quote ist jedoch nur dann erreichbar, wenn die Steuern nicht zu einem Nachteil für den Außenhandel werden. Dazu kann eine anteilige Finanzierung der Sozialleistungen über Verbrauchssteuern beitragen.
c) Letzteres kann auch zu einer erheblichen Senkung der Lohnnebenkosten führen. Gerade im Bereich der niedrig bezahlten Dienstleistungen können so viel leichter neue Arbeitsplätze entstehen und die Nettoeinkommen verbessert werden.

118 AMTAC 2012: *Border Adjusted Taxation.*

Struktur eines fairen Steuersystems

	Was und wozu	Wie
Steuern, Abgaben und Gebühren auf Verbrauch	**Mehrwertsteuer:** Basissteuer zur Finanzierung des Staates und des Sozialsystems ohne Verteuerung der Arbeit und der Exporte unter Einbeziehung der Importe – eine hohe MwSt. macht das System globalisierungsfest.	auf inländischen Verbrauch, möglichst gestaffelt nach sozialen Gesichtspunkten und außenhandelsneutral.
	Ökosteuern und andere Verbrauchssteuern und Abgaben: Reduzierung des Ressourcenverbrauchs und von Schäden, Ausgleich von ökologischen oder gesundheitlichen Folgekosten.	schrittweise über einen längeren Zeitraum steigend; auf den inländischen Verbrauch – auch für Importe.
	Gebühren (Rundfunk, Energie, Wasser, Abwasser, Müll, Dienstleistungen usw.): möglichst verbrauchsgerechte Finanzierung der Infrastruktur und der Dienstleistungen.	Gebührensätze sollen eine gezielte Lenkungswirkung entfalten; eine soziale Komponente ist oft möglich und sinnvoll (z. B. Sozialtarif im ÖPNV, Staffelung bei Kitas).
Steuern auf Vermögen	**Vermögenssteuern und Abgaben** (auch Erbschaftssteuer, Grundsteuer und Grunderwerbssteuer): Umverteilung der Vermögen – soll die Konzentration des Reichtums in immer weniger Händen verhindern.	erfasst die hohen Vermögen der wohlhabendsten 1 bis maximal 10 Prozent der Bevölkerung – auch Auslandsvermögen. Soll durch eine Indizierung so justiert werden, dass die soziale Schere wieder geschlossen wird.

Steuern und Abgaben auf Einkommen und Gewinne	**Private Einkommenssteuer:** Grundfinanzierung der Kommunen und des Staates, Nivellierung der Einkommen.	progressiv steigend auf alle Einkommen, auch Auslandseinkommen. Die Progression soll über eine Indizierung so justiert werden, dass die Schere wieder geschlossen wird.
	Sozialabgaben: Basisfinanzierung des Sozialsystems, Umverteilung der Soziallasten.	möglichst linear auf alle Einkommen, ggf. sogar progressiv, Leistungen sollen eine Basisabsicherung für alle Bürger beinhalten.
	Betriebliche Gewinnsteuer: Heranziehung betrieblicher Gewinne zur Finanzierung des Staates – insbesondere der Infrastruktur.	gewinnbezogen – einheitliche internationale Bilanzierung von Konzernen, Standortaufteilung der Gewinne einschließlich aller Erträge wie Zinsen und Lizenzgebühren.
	sonstige betriebliche Steuern: Beteiligung der Betriebe an den Infrastrukturkosten.	möglichst wertschöpfungsbezogen.

d) Die internationalen Erfahrungen lehren weiterhin, dass kommunale Steuern eine viel größere Akzeptanz bei den Menschen haben als Steuern an den Zentralstaat. Deshalb sollten die Kommunen einen hohen Anteil an den Staatsausgaben haben und über eine eigene Steuerhoheit – möglichst bei den Einkommenssteuern – verfügen. Allerdings erfordert das ein wirksames Ausgleichssystem, damit überall die gleichen Lebenschancen gewährleistet werden.

e) Die Umverteilungswirkung von Vermögenssteuer, Einkommenssteuer und Sozialabgaben sollte insgesamt so groß sein, dass die Schere zwischen Reich und Arm nicht weiter aufgeht beziehungsweise wieder geschlossen wird. Dazu schlage ich vor, dass sich die Gesellschaft auf einen festen Gini-Index-Wert für die Einkommens- und Vermögensverteilung verständigt. Dementsprechend sollten dann die Steuersätze durch eine Kommission regelmäßig nachjustiert werden.

f) Steuern und Abgaben sind nicht nur eine Einnahmequelle, sondern auch ein Lenkungsinstrument. Eine Lenkungswirkung haben sowohl Ökosteuern, Alkohol- und Tabaksteuern, verbrauchsbezogene Gebühren und Abgaben wie auch die Lohnnebenkosten und Unternehmenssteuern. Da bei jeder Abgabe die Gefahr unerwünschter Ausweichreaktionen besteht, sollte stets pragmatisch entschieden werden, welcher Weg einfach und wirksam ist. Das erfordert stets ein Monitoring und gegebenenfalls eine Nachsteuerung. Das ist keine Frage der Ideologie, sondern der Effizienz.

Darüber hinaus ist es wünschenswert, dass endlich internationale Verträge ausgehandelt werden, die Steuerdumping und Steuerflucht verhindern und eine angemessene Besteuerung der hohen Einkommen und Vermögen sowie der Firmengewinne durchsetzen. Dazu würde es völlig ausreichen, wenn die EU sich einig wäre und entsprechende Beschlüsse fassen würde. Der Schlüssel dafür wäre ein gemeinsames Vorgehen von Frankreich und Deutschland. Dazu muss Deutschland innerhalb der EU endlich vom Bremsklotz zum Motor werden.

KAPITEL 8

DAS BLÜMSCHE CREDO

Überlegungen zum Sozialstaat

Wer einen Blinddarmdurchbruch oder einen Herzinfarkt erleidet, will ins Krankenhaus und optimal behandelt werden – koste es, was es wolle. Wer pflegebedürftig oder behindert ist, wird ein Vermögen ausgeben, um trotz seiner Handicaps ein angenehmes Leben zu führen. Wenn es um Leben und Gesundheit geht, spielen marktwirtschaftliche Erwägungen oft keine Rolle mehr. Viele Patienten können auch gar nicht beurteilen, ob sie von ihren Ärzten richtig und gut, zu viel oder zu wenig behandelt werden. Kurz: Die Ökonomie des Gesundheitswesens folgt völlig eigenen und sehr ungewöhnlichen Gesetzen. Es gibt also triftige Gründe, warum das Gesundheitswesen nur begrenzt nach Marktprinzipien funktionieren kann.

Aufgrund dieser Besonderheit des Gesundheitswesens kommt es dazu, dass Ressourcen oft geradezu irrational eingesetzt werden. So gibt es in Japan achtmal so viele der teuren MRT-Geräte (Magnet-Resonanz-Tomografen) wie in Australien. Beide Länder haben aber fast die gleiche Lebenserwartung. Ein anderes Beispiel: Die USA haben das mit Abstand teuerste Gesundheitssystem der Welt. Und trotzdem werden in keinem wohlhabenden Land so viele arme Patienten aus Geldmangel nicht behandelt.

Fakt ist: Würde man das Gesundheitssystem rein marktwirtschaftlich privat organisieren, dann könnte sich ein großer Teil der Bevölkerung notwendige Behandlungen nicht leisten. Außerdem würde das meiste Geld von alten Menschen ausgegeben werden, während junge Familien angesichts der finanziellen Zwänge kaum Geld für die Vorsorge zurücklegen würden. Nicht nur in vielen armen Ländern und Schwellenländern, sondern auch in den USA kann man diesen Zustand heute noch beobachten.

Es ist also kein Wunder, dass das Gesundheitssystem in allen entwickelten Staaten der Welt hochgradig reguliert ist. Alle OECD-Staaten mit Ausnahme der USA, Mexikos und der Türkei stellen sicher, dass ein Grundleistungskatalog für fast 100 Prozent der Menschen garantiert ist.[119] „Das sorgfältige und verantwortungsvolle Management der Erhaltung der Gesundheit der Bevölkerung ist die wichtigste Aufgabe einer guten Regierung“, schrieb Gro Harlem Brundtland, die damalige Generaldirektorin der Weltgesundheitsorganisation (WHO) im Vorwort des Jahresberichtes 2000.[120] Sie hat recht! Eine gute Gesundheitsversorgung und Pflege ist nun mal von zentraler Bedeutung für die Lebensqualität – und deswegen einer der wichtigsten Faktoren für das in Kapitel 1 diskutierte Konzept der Verwirklichungschancen von Sen und Nussbaum.

Was ist ein gutes Gesundheitssystem?

Der Kieler Professor Fritz Beske verblüffte 2005 mit einer Studie: Nach einem von ihm entwickelten Versorgungsindex hätte Deutschland das beste Gesundheitssystem der Welt.[121] Andere Studien kommen allerdings zu völlig anderen Ergebnissen. Bei kaum einer öffentlichen Aufgabe gehen die Ansichten so auseinander wie bei diesem Thema.

Wie also soll die Qualität eines Gesundheitssystems bewertet werden? Zunächst einige Beispiele für die Problematik der unterschiedlichen Kriterien.

Ginge es nach der Zahl der Ärzte, dann hätte Kuba das beste System. Denn die sozialistische Karibikinsel hat nach Auskunft der WHO[122] die meisten Ärzte der Welt. Mit statistisch 6,4 Ärzten auf 1000 Einwohner sind es fast doppelt so viele wie in Deutschland. An zweiter Stelle folgt Weißrussland mit 4,9. Vielleicht hat Professor Beske deshalb Kuba und Weißrussland nicht berücksichtigt. Ginge es dagegen nach dem ausgegebenen Geld, dann führten die USA. Dort werden 17,6 Prozent – also mehr als jeder sechste Dollar – für das Gesundheitssystem ausgegeben.[123] Danach folgt mit großem Abstand Frankreich mit 11,4 Prozent.

Ginge es nach der Lebenserwartung, dann wäre Japan die Nummer eins. Dort leben die Menschen statistisch 83 Jahre, obwohl Japan einer der OECD-Staaten mit den wenigsten Ärzten ist – nämlich nur zwei auf

119 OECD 2009: *Gesundheit auf einen Blick 2009.*

120 WHO: *World Health Report 2000; eigene Übersetzung.*

121 Beske 2005: *Leistungskatalog des Gesundheitswesens im internationalen Vergleich.*

122 WHO 2010: *Finanzierung der Gesundheitssysteme.*

123 Deloitte 2011: *Survey of Health Care Consumers Global Report.*

1000 Einwohner. Allerdings sind das alles Supermänner oder -frauen, denn jeder Arzt behandelt in Japan statistisch mehr als dreimal so viele Patienten wie in Deutschland.[124] Dafür gibt es in Japan doppelt so viele Apotheker wie hierzulande. Vielleicht lassen sich die Japaner in der Regel erst einmal beim Apotheker beraten und besuchen den Arzt nur in ernsteren Fällen? Oder leben und ernähren sich Japaner einfach gesünder? Auf jeden Fall werden die Japaner so im Durchschnitt fünf Jahre älter als die US-Amerikaner und sogar 15 Jahre älter als die Weißrussen, obwohl Letztere von doppelt so vielen Ärzten umsorgt werden.

Ein gutes Gesundheitssystem umfasst jedoch noch viel mehr. Zum Beispiel preiswerte Medikamente, wie sie in der Schweiz staatlich durchgesetzt werden; sichere Autos und Straßen – denn schließlich ist der Tod auf der Straße eine der häufigsten Todesursachen junger Menschen; gute Arbeitsschutzbestimmungen für die Betriebe oder eine schnelle und gute ambulante Versorgung durch Notärzte, auch auf dem flachen Land. Ebenso gehören dazu gute Pflegeangebote, die den Menschen ihre Autonomie erhalten und ihnen – so sie es wünschen – so lange wie möglich erlauben, in ihren Wohnungen zu bleiben. Auch das ist ein wichtiger Teil Lebensqualität. Weiterhin kann eine gute Palliativversorgung (Betreuung sterbenskranker Menschen) für die Betroffenen viel zum Wohlbefinden oder zur Minderung ihres Leidens beitragen, selbst wenn das Leben dadurch nicht mehr verlängert und der Gesundheitszustand nicht mehr verbessert wird. So etwas ist statistisch schwer zu fassen. Und eine gute psychologische Betreuung ist oft genauso wichtig wie eine Operation. Denn der Heilprozess hängt oft wesentlich von der Einstellung des Patienten ab. Viele Krankheiten haben eben auch eine psychische Dimension, das gilt nicht nur für Magengeschwüre.

Eine wichtige Einrichtung ist auch eine gute Gesundheitsvorsorge in den Schulen und Kindertagesstätten. So etwas gibt es nicht nur in Skandinavien. Auch in den USA arbeiten an fast allen Schulen fest angestellte „school nurses“, die die Kinder untersuchen, impfen und akute Fälle auch behandeln. In Deutschland kommt Gesundheitsvorsorge in den Schulen kaum vor. Vorbildlich waren die USA auch schon seit Langem beim Kampf gegen Alkohol und Tabak sowie beim Schulsport. Dagegen sind die Ernährungsgewohnheiten in den USA

124 OECD 2009.

bekanntlich katastrophal, sodass jeder dritte Amerikaner als fettleibig gilt. Das sind dreimal so viele wie in Deutschland und sogar zehnmal so viele wie in Japan.

Aufgrund der bisherigen Betrachtungen kann man also festhalten, dass die Qualität eines Gesundheitswesens von sehr vielen Faktoren abhängt und durch objektive Daten wie die Zahl von Ärzten, Geräten oder Krankenhausbetten nur schwer fassbar ist.

Unterschiedliche Ansprüche

Die Gemeinde Torsby in Mittelschweden hat für 12 000 Einwohner zwei Ärztehäuser und eine kleine Klinik. Zur Geburt müssen die Frauen in die Geburtsstation des Kreiskrankenhauses in der Kreisstadt Karlstad. Das klingt nicht schlecht. Wenn man aber erfährt, dass Torsby fast doppelt so groß ist wie das Saarland und die Fahrt in die bis zu 200 Kilometer entfernte Geburtsklinik im langen schwedischen Winter drei Stunden dauern kann, dann versteht man, dass die Auflösung der Geburtsstation mangels Nachfrage fast einen kleinen Aufstand hervorgerufen hat.

Torsby ist ein typisches Beispiel dafür, dass auch die subjektiven und regionalen Anforderungen an ein gutes Gesundheitswesen sehr vielfältig und unterschiedlich sein können – und auch von Klima und Geografie abhängen.

So ist es kein Wunder, dass man auch auf die Frage, wie gesund sich die Menschen selber fühlen, sehr unterschiedliche Bewertungen erhält. In diesem Fall liegen Neuseeland und Kanada an der Spitze. Dort sind nach eigener Aussage 90 beziehungsweise 89 Prozent der Menschen bei guter Gesundheit. Im langlebigen Japan allerdings behauptet das nur jeder Dritte von sich. Wie kann das nun wieder sein? Vermutlich spielt hierbei ein ähnlicher Effekt eine Rolle, wie wir ihn schon bei der Glücksforschung festgestellt haben. Antworten auf solche Fragen sind subjektiv und abhängig von Sprache und Kultur. So wie es für Lateinamerikaner selbstverständlich ist, „feliz“ (glücklich) zu sein, so geht es englischsprachigen Weltbürgern stets „fine“ – alles andere wäre ein persönliches Versagen. Das finden dagegen die bescheidenen Japaner übertrieben und stufen ihren Zustand eher als „mittel“ ein, selbst wenn es ihnen prima geht – man soll schließlich das Schicksal nicht versuchen.

Die WHO-Rangordnung

Man sieht also: Ein Gesundheitssystem ist ein komplexes und schwer zu beurteilendes Gebilde. Am plausibelsten erscheinen mir angesichts dieser Problematik die Kriterien der Weltgesundheitsorganisation WHO, die weitgehend von der objektiven Ausstattung wie auch der subjektiven Bewertung abstrahieren. Die folgenden Parameter stammen aus dem Bericht der WHO von 2000:

1. Der Gesundheitszustand und die Lebenserwartung der Bevölkerung.
2. Die Kundenfreundlichkeit der Gesundheitsdienste („responsiveness“).
3. Die faire Finanzierung, sodass sich jeder Behandlung und Medikamente leisten kann.
4. Die gerechte Verteilung und Erreichbarkeit der Dienstleistungen.
5. Die Höhe der Ausgaben für Gesundheit.

WHO-Rangordnung der Gesundheitssysteme
(ausgewählte Länder)

Rang	Land	Rang	Land
1	Frankreich	20	Schweiz
2	Italien	23	Schweden
6	Singapur	25	Deutschland
7	Spanien	34	Dänemark
8	Oman	37	USA
9	Österreich	39	Kuba
10	Japan	50	Polen
17	Niederlande	144	China
18	Großbritannien	191	Sierra Leone

Aufgrund dieser Parameter ergab sich dann die nebenstehende Tabelle, in der alle Staaten nach der Qualität ihres Gesundheitssystems sortiert wurden. Selbst wenn auch diese Tabelle im Detail durchaus umstritten ist, so ermöglicht die Einstufung uns doch einige interessante Erkenntnisse:

So liegen die USA trotz ihrer hohen Ausgaben und der hohen Qualität bei der WHO nur auf Platz 37, weil die Finanzierung ungerecht und ein erheblicher Teil der Bevölkerung nicht versichert ist. Kuba fällt trotz der vielen Ärzte ebenfalls zurück, weil das staatliche System bürokratisch und wenig kundenfreundlich sei. Auch die skandinavischen Länder mit staatlichen, kommunal gemanagten Systemen schaffen es nicht in die Spitzengruppe. Dänemark liegt trotz eines ausgesprochen kundenfreundlichen Systems mit kommunalen Gesundheitsstationen nur auf Rang 34, da in Dänemark die Lebenserwartung mit 78 Jahren nur auf dem Niveau der USA liegt, also um zwei bis vier Jahre niedriger als in den meisten anderen europäischen Staaten. In Schweden dagegen leben die Menschen lange, doch führt die hohe Zentralisierung des Systems in dünner besiedelten Gegenden zu langen Wegen und weniger persönlichem Kontakt zum Arzt. Man denke nur daran, welche Probleme bei uns schon in ländlichen Regionen wie in Dithmarschen an der Nordseeküste existieren, obwohl die Bevölkerungsdichte noch 30-mal so hoch wie in dem oben genannten Torsby ist. Aber in den Städten wollen die Menschen zu einem Arzt ihrer Wahl gehen können und nicht in einer anonymen Klinikstation behandelt werden.

Ausgerechnet Italien!

Offensichtlich gibt es also beim Gesundheitssystem nicht das Idealmodell, sondern es kommt auf die richtige Mischung an. Eine gerechte Finanzierung, die für alle Bürger eine gleiche Versorgung sicherstellt, eine hohe Qualität und eine kundenfreundliche Organisation. Schauen wir uns die beiden Länder Frankreich und Italien an, die nach den Kriterien der WHO am besten abgeschnitten haben, dann können wir bei aller Komplexität einige Gemeinsamkeiten feststellen:

1. Beide Länder haben ein Versicherungssystem, das für alle Bürger grundsätzlich gleich ist.[125] Bei einer solchen Bürgerversicherung, wie sie auch bei uns seit Längerem diskutiert wird, zahlen alle Menschen entsprechend ihrem Einkommen ein. Eine Privilegierung von Beamten, Selbstständigen und Reichen wie in Deutschland gibt es nicht.
2. In beiden Ländern findet eine Mischfinanzierung statt – einerseits aus obligatorischen Krankenversicherungsbeiträgen und andererseits aus Steuern. Anders als in Deutschland gibt es für die Versicherungsbeiträge keine Beitragsbemessungsgrenze.[126] Der Arbeitgeber führt die Beiträge auf die gesamte Lohnsumme ab – also auch auf die Einkommen der Vorstandsmitglieder und Aufsichtsräte. Der Steueranteil wird in Frankreich durch die allgemeine Sozialsteuer CSG finanziert. Diese wird auf alle Einkommen, also auch auf Einkommen aus Kapital und Vermögen erhoben. In Italien kommt wie in den skandinavischen Ländern eine zusätzliche Finanzierung aus der Mehrwertsteuer hinzu.

Insgesamt kann man feststellen: Die Finanzierung in diesen Ländern hat eine deutlichere Umverteilungskomponente – reiche Schultern tragen die Armen mit. Und durch den hohen Steuerfinanzierungsanteil werden die Lohnnebenkosten im Vergleich zu Deutschland deutlich reduziert.

Zwei weitere Gemeinsamkeiten sind bemerkenswert:

3. In beiden Ländern sind die Ärzte wie in Deutschland selbstständig, und es herrscht im Prinzip freie Arztwahl – auf die man aber in Frankreich gegen günstigere Tarife verzichten kann.
4. Die Aufsicht über das Gesundheitswesen wurde in beiden Ländern auf regionale/kommunale Behörden dezentralisiert. So stehen die gewählten Politiker vor Ort in der Verantwortung, die näher dran an den konkreten Problemen der Menschen sind als die Abgeordneten im nationalen Parlament.

Während ich diese Zeilen über das vorbildliche Gesundheitssystem in Italien schreibe, höre ich gerade von einem Fernsehbericht über katas-

125 ESS-Europe 2012: *Europavergleich der Sozialsysteme.*

126 Beitragsbemessungsgrenze = Obergrenze, bis zu der der Beitrag proportional zum Einkommen steigt. Wer mehr verdient, zahlt den konstanten Höchstbetrag.

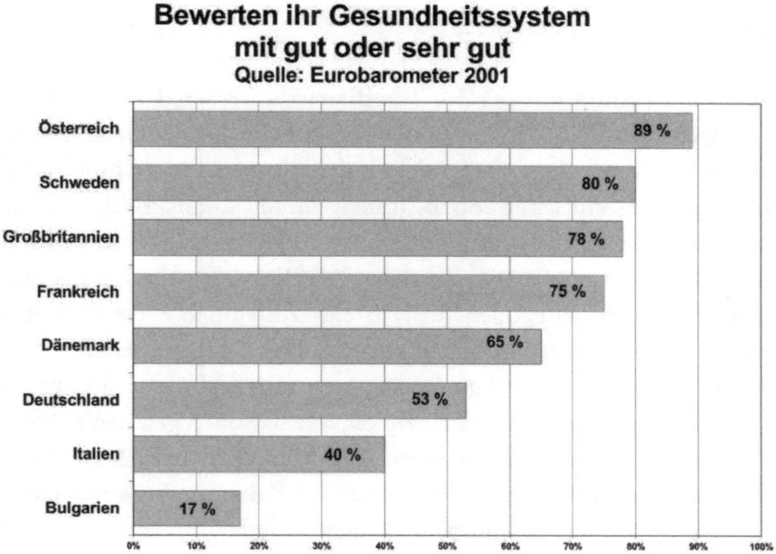

trophale Zustände in italienischen Krankenhäusern. Und in der Tat: Fragt man die Menschen selbst, was sie von ihrem System halten, dann ergeben sich wiederum erhebliche Unterschiede zur Bewertung der WHO: Hier liegt Italien innerhalb der EU tatsächlich ziemlich weit hinten.[127] Nur 40 Prozent der Italiener bewerten ihr System mit gut oder sehr gut – während das französische System mit 75 Prozent Zufriedenheit erwartungsgemäß besser abschneidet. Der Grund für das gute Abschneiden Italiens bei der WHO liegt neben der gerechten Finanzierung vor allem in der hohen Wirksamkeit des Systems: Die Italiener haben nämlich die höchste Lebenserwartung aller EU-Staaten – sie leben mit 81,4 Jahren immerhin drei Jahre länger als die Dänen, deren Gesundheitssystem von der eigenen Bevölkerung deutlich besser beurteilt wird.

Im Ergebnis kann ich nur wiederholen, womit ich die Analyse begonnen habe: Die Bewertung eines Gesundheitssystems bleibt schwierig und hochgradig subjektiv. Aber die Daten der WHO liefern doch gute und plausible Hinweise auf eine Reihe von wichtigen Faktoren, an denen sich eine gute Politik orientieren kann.

127 European Commission 2012: *Eurobarometer Surveys.*

Können wir das noch bezahlen?

Wie sieht es nun mit der Kosteneffizienz aus? Seit Langem werden alle Debatten über das Gesundheitssystem in Deutschland von den enormen Kosten dominiert. Nicht zufällig ist der Posten des Gesundheitsministers eines der unbeliebtesten Ämter in der Politik. Das Gesundheitssystem kostet immerhin über 10 Prozent des Bruttoinlandsproduktes – mit steigender Tendenz. Alle Versuche, die Kosten durch marktwirtschaftliche oder dirigistische Instrumente einzudämmen, waren nur von geringem Erfolg gekrönt. Das hat drei Gründe:

- Ein Gesundheitssystem funktioniert nun mal nur begrenzt nach marktwirtschaftlichen Prinzipien, wie wir oben gesehen haben.
- Die Menschen werden älter. Alte Menschen brauchen objektiv mehr Behandlung und Pflege. Dazu kommt, dass sie nicht selten Opfer von teuren und nicht immer nötigen Untersuchungen und Behandlungen werden.
- Alle Beteiligten haben Interesse an Mehrausgaben – die Ärzte, die Pharmaindustrie, die Krankenhäuser, die Pflegedienste. Und auch die Patienten fordern meist eine maximale Behandlung – obwohl sie oft gar nicht wissen, ob diese sinnvoll ist. Sparen am Gesundheitssystem wollen nur die, die gesund sind.

Man kann aber auch die Frage stellen, ob die wachsenden Kosten überhaupt ein Problem sind. Schließlich handelt es sich bei Gesundheit und Pflege um einen der größten Wirtschaftszweige mit überproportionalem Wachstum. Wir beschweren uns ja auch nicht über die wachsende Nachfrage nach Autos oder Kühlschränken. In keinem Wirtschaftssektor entstehen so viele neue und überwiegend sogar qualifizierte und hoch qualifizierte Arbeitsplätze wie im Gesundheitswesen – ganz besonders im Bereich der Pflege –, aber auch in der Gesundheitsindustrie (Medikamente, Medizingeräte, Verbrauchsmaterialien usw.). Das eigentliche Problem stellt die bisherige Finanzierung dar, die zu ständig wachsenden Lohnnebenkosten und damit zu einer Verteuerung der Arbeit führt. Darauf gibt es zwei Antworten:

1. Wir brauchen eine stärkere Umlage innerhalb des Systems, wie es in den meisten Staaten (siehe Frankreich, Italien, Skandinavien) längst praktiziert wird. Das geht aus systematischen Gründen aber

nur, wenn die privaten Krankenkassen in das gesetzliche Krankenversicherungssystem eingegliedert werden und die Beitragsbemessungsgrenze aufgehoben wird. Sonst flüchten sich immer mehr junge Menschen in die Privatkassen – und erleben dann als Rentner womöglich das blaue Wunder.

2. Größere Teile des Gesundheits- und Pflegesystems müssen steuerfinanziert werden. Leider wehren sich Gewerkschaften und Sozialpolitiker oft vehement dagegen. Ihre Befürchtung, dass ein steuerfinanziertes System leichter zu Sozialkürzungen führen kann, halte ich für unbegründet. Die Erfahrungen zeigen eher das Gegenteil. Gerade bei einem Thema, das viele Menschen betrifft, fällt es Politikern viel schwerer zu kürzen, wenn sie das offen im Parlament tun müssen. Dagegen fallen Kürzungen leichter, wenn sie technokratisch hinter den Sachzwängen eines beitragsfinanzierten und angeblich selbst verwalteten Systems versteckt sind – auch wenn diese Sachzwänge von der Politik geschaffen wurden.

225 Jahre Arbeit ohne Rente

Nach einer Meldung von *Spiegel-Online*[128] erwirbt ein Minijobber bzw. eine Minijobberin – denn es handelt sich überwiegend um Frauen –, die 45 Jahre lang tätig war, einen Rentenanspruch von 139,95 Euro im Monat. Die Grundsicherung einschließlich Wohngeld beträgt nach dem Sozialgesetzbuch im Durchschnitt knapp 700 Euro. Um so viel Rente zu bekommen, müsste die Minijobberin 225 Jahre ununterbrochen arbeiten. Erst im 226. Jahr würde ihre Rente endlich über das Mindestniveau steigen.

Zurzeit haben rund drei Millionen Frauen in Deutschland einen solchen Minijob als einzige Einnahmequelle. Sind sie dazu noch alleinstehend und haben kein Vermögen, dann landen viele von ihnen mit hoher Wahrscheinlichkeit in der Altersarmut. Die OECD-Rentenexpertin Monika Queisser hat errechnet, dass in Deutschland Niedrigverdiener nur auf eine Rente kommen, die 42 Prozent ihres Gehaltes entspricht.[129] Das ist der geringste Wert aller OECD-Länder.

128 Kwasniewski 2012: *Altersarmut bei Frauen.*

129 Queisser 2012: *Deutschland könnte von Skandinavien lernen.*

Gibt es zu diesem Rentensystem keine Alternative? Der Sozialforscher Jürgen Kohl von der Universität Heidelberg stellt fest: „Das deutsche Alterssicherungssystem ist kostspielig und zeigt dennoch deutliche Mängel.“ [130] Andere Länder machen das besser, sagt er und nennt dabei nicht nur Schweden, sondern ausgerechnet auch die Schweiz.

Die Schweizer AHV und die dänische Folkepension

Wer erwartet schon in der Schweiz eine Versicherung, in die die Reichen einzahlen, um den Armen eine auskömmliche Rente zu finanzieren? Genau so funktioniert aber die erste Säule der Schweizer Alterssicherung, die Alters- und Hinterlassenenversicherung (AHV).[131] Auf für die Schweiz typische Weise begann die Einführung 1947 mit einem Volksentscheid. Anders als in vielen anderen Ländern sind seitdem alle Bewohner der Schweiz spätestens ab dem 20. Lebensjahr beitragspflichtig und versichert. Auch Studenten und Hausfrauen/Hausmänner zahlen einen geringen Mindestbeitrag. Der Beitrag für Arbeitnehmer beträgt zurzeit 8,4 Prozent (zur Hälfte von Arbeitgeber und Arbeitnehmer bezahlt), der für Selbstständige 7,8 Prozent. Dazu kommt ein Zuschuss von 20 Prozent aus Steuermitteln. Abgabepflichtig sind alle Einkommen. Wer kein Einkommen hat, aber ein großes Vermögen, zahlt eine Vermögensabgabe! Allein das ist in Deutschland heute kaum vorstellbar.

Das Erstaunliche an dieser Versicherung ist aber nicht nur die Beteiligung aller Einkommen an den Einzahlungen, sondern erstaunlich sind auch die Leistungen. Denn Letztere wachsen zwar mit steigenden Einzahlungen, wirken aber stark nivellierend. Die Mindestrente beträgt beim Renteneintritt mit 65 Jahren rund 1000 Euro im Monat, davon kann eine deutsche Minijobberin nur träumen. Denn diese Rente steht einem definitiv zu – eigenes Erspartes wird nicht angerechnet, wie es bei der deutschen Grundsicherung der Fall ist. Noch erstaunlicher ist aber: Die Höchstrente ist auf das Doppelte limitiert. Dadurch hat die AHV eine starke Umverteilungswirkung. Man kann auch früher oder später (mit maximal 70 Jahren) in Rente gehen – dann gibt es Abschläge oder Aufschläge.

130 Kohl 1999: *Gesicherter Lebensstandard im Alter?*

131 Informationsstelle AHV/IV 2011.

Da diese Versicherung aufgrund der Deckelung der Leistungen für die Besserverdienenden nicht das vorherige Lebensniveau sichern konnte, wurde in den 1980er-Jahren eine zweite Säule, die sogenannte Berufliche Vorsorge (BV) als eine Pflichtversicherung für Berufstätige eingeführt. Daneben gibt es als dritte Säule die Möglichkeit, eine freiwillige steuerbegünstigte Altersvorsorge zu betreiben.

Viele Ähnlichkeiten mit dem Schweizer Modell hat das Drei-Säulen-System in Dänemark.[132] Es besteht aus einer einheitlichen Basisrente (Folkepension) in Höhe von rund 1300 Euro im Monat für eine allein lebende Person. Sie muss allerdings voll versteuert werden, sodass etwa 900 Euro übrig bleiben. Die volle Folkepension bekommt jeder, der mit 65 bereits 40 Jahre lang in Dänemark gelebt hat und kein weiteres Einkommen hat (Paare bekommen etwas weniger). Dazu erhalten die meisten Beschäftigten eine staatliche Zusatzrente (ATP-pension) und meist auch eine tariflich vereinbarte Rente, die zusammen im Alter die Aufrechterhaltung des Lebensstandards sichern sollen. Während die Basisrente anders als die in der Schweiz aus Steuergeldern bezahlt wird, werden die Zusatzrenten durch Beiträge der Arbeitnehmer und Arbeitgeber finanziert. Und schließlich kommen wie in der Schweiz als dritte Säule freiwillige steuerbegünstigte Privatversicherungen oder Rentenfonds für Besserverdienende hinzu.

Allgemene Ouderdomswet – AOW

Weltmeister im Wettstreit um das beste Rentensystem sind nach einer Vergleichsstudie von Harald Stöger von der Universität Linz aber die Niederlande.[133] Auch in dem jährlich erstellten Global Pension Index steht das niederländische System 2011 erneut auf Platz 1, knapp vor Australien. Dieser Index wurde vom Australian Centre for Financial Studies (AFCS) an der Monash University of Melbourne zusammen mit der Unternehmensberatung Mercer[134] entwickelt.

Was ist nun das Besondere des niederländischen Systems? Zunächst besteht es ähnlich wie das dänische System aus einer Basisrente in

132 MISSOC 2012: *Dänemark - Alter.*

133 Stöger 2011.

134 AFCS und Mercer 2011: *Melbourne Mercer Global Pension Index.*

Höhe von rund 800 Euro für eine allein lebende Person (erste Säule), der Allgemene Ouderdomswet (AOW) und aus einer tariflich vereinbarten Zusatzrente, die aber gesetzlich geregelt ist (zweite Säule). So erhalten die Rentner mindestens 70 Prozent ihres letzten Einkommens. Außerdem gibt es wiederum die Möglichkeit, eine private Zusatzversicherung steuerlich abzusetzen. Wie die AHV in der Schweiz wird die AOW überwiegend durch Beiträge (18 Prozent des Einkommens) und durch wachsende Zuschüsse aus Steuern finanziert.

Das niederländische Modell hat aber gegenüber anderen Systemen mehrere Vorteile:

- Die Zusatzrente wird nicht gegen die Basisrente angerechnet. Daher lohnt sich jede Einzahlung in die Zusatzrentenkasse ab dem ersten Euro auch für Geringverdiener.
- Bei Unterbrechungen der Arbeit aufgrund von Arbeitslosigkeit oder Kindererziehung werden durch einen tariflich vereinbarten Fonds weiter Beiträge gezahlt.
- Anders als die Systeme in der Schweiz, in Dänemark oder gar in Deutschland, in denen unstetige Erwerbsbiografien zu massiven Rentenverlusten führen, ist das niederländische System bei diskontinuierlichen Erwerbsverläufen äußerst stabil.

Dringender Handlungsbedarf in Deutschland

„Die Renten sind sicher" – so lautete das legendäre Credo des ehemaligen CDU-Sozialministers Norbert Blüm. Das hatte schon damals – also in Zeiten von Kanzler Kohl – für viele Menschen nichts mit der Realität zu tun, da ihre Rentenansprüche niedriger waren als die damalige Sozialhilfe. Da aber die Zahl derjenigen, die eben nicht 45 Jahre ununterbrochen gearbeitet haben, immer mehr ansteigen wird, sind von der Altersarmut in Deutschland wieder zunehmend mehr Menschen betroffen.

Wir hatten gesehen, dass die Meinungen darüber, welches das beste Gesundheitssystem sei, erheblich auseinanderklaffen. Gesundheitssysteme sind eben sehr komplex – in der Finanzierung, in der Qualitätskontrolle, in der Organisation, in der Benutzerfreundlichkeit. Bei den

Global Pension Index (AFCS und Mercer 2011)	
Niederlande	77,9
Australien	75,0
Schweden	73,4
Schweiz	72,7
Großbritannien	66,0
Polen	58,6
Brasilien	58,4
USA	58,1
Frankreich	54,4
Deutschland	54,2
Japan	43,9

Rentensystemen ist das anders. Ein Systemvergleich ist gut nachvollziehbar, und die Mängel sind leicht zu identifizieren.

Umso erschreckender ist deshalb das schlechte Abschneiden des deutschen Rentensystems – trotz der vergleichsweise hohen Beiträge. Selbst die USA und Großbritannien werden besser bewertet. Der Grund für diese schlechte Leistung ist offensichtlich. Alle gut bewerteten Rentensysteme sind Drei-Säulen-Systeme. Alle haben eine Basisrente als erste Säule, die entweder über allgemeine Steuern oder über Beiträge proportional zum Einkommen von allen Bürgern finanziert wird. Diese erste Säule fehlt in Deutschland! Die Folge davon ist die viel zu geringe Absicherung von Niedrigverdienern, die dann regelmäßig auf die Grundsicherung angewiesen sind. Heute gilt das bereits für jeden fünften Rentner. Und das betrifft nicht nur Minijobberinnen. Auch viele Selbstständige mit geringem Einkommen fallen aus dem System. Besonders negativ wirkt sich aus, dass es sich für einen beträchtlichen Teil der Bevölkerung nie lohnt, Vorsorge zu betreiben. Wer 200 Jahre einzahlen muss, um dann lediglich die Grundsicherung zu erhalten, der hat keinerlei Interesse, auch nur einen Cent zu sparen. Denn die Anrechnungsvorschriften für Erspartes sind bei der Grundsicherung noch strenger als beim Arbeitslosengeld 2.

Um auf ein vergleichbares Niveau wie die Spitzenreiter aufzuschließen, brauchen wir also ein Drei-Säulen-System mit folgenden Eckdaten:

Erste Säule: Eine Basisrente in Höhe von mindestens 800 Euro für alle Bürger, die solidarisch von allen Einkommen finanziert wird. Die Basisrente soll nicht gegen zusätzliche Renten oder Vermögen verrechnet werden. Nimmt man die Schweizer Finanzierung als Maßstab, dann dürften etwa 8 Prozent aller Einkommen – auch Kapitaleinkommen – dafür ausreichen. Kommt aus verfassungsrechtlichen Gründen eine Beitragsfinanzierung nicht infrage, dann sollte die Basisrente steuerfinanziert werden. Dazu könnten einerseits die bisherigen Zuschüsse aus Steuern für die gesetzliche Rentenversicherung genutzt werden. Andererseits könnte ein Teil der jetzigen Arbeitgeberbeiträge in eine Lohnsummensteuer umgewandelt werden, die auf die gesamten Personalkosten einschließlich Vorstandsgehälter, Gratifikationen, Abfindungen und Boni erhoben wird. Ergänzt werden müsste dies durch eine entsprechende Abgabe für Selbstständige und auf Kapitaleinkommen.

Zweite Säule: Eine gesetzliche Zusatzversicherung nur für Arbeitnehmer, Selbstständige und Beamte. Sie dient zur Sicherung des Einkommensniveaus im Alter oberhalb der Grundsicherung. Sie entspricht damit der bisherigen gesetzlichen Rentenversicherung beziehungsweise der Pension für Beamte. Da die Leistungen proportional zur Einzahlung sind, kann die Beitragsbemessungsgrenze beibehalten werden. Solange ärmere Menschen eine geringere Lebenserwartung haben, sollte dies jedoch bei der Rentenberechnung berücksichtigt werden, damit nicht die Armen die länger lebenden Gutverdiener subventionieren.

Dritte Säule: Hierunter fallen alle zusätzlichen betrieblichen, tariflichen und privaten Renten.

Wie bisher sollten alle Einzahlungen in eine Altersversorgung steuerfrei sein. Wenn die Rente dann ausgezahlt wird, sollten die Steuerfreibeträge der Höhe der Basisrente entsprechen, sodass die Einkünfte aus der zweiten und dritten Säule sowie alle sonstigen Einkünfte voll versteuert werden müssen.

Das blümsche Credo

In einem Punkt hatte Norbert Blüm jedoch recht: Er beharrte stets auf dem Umlagesystem – also darauf, dass die Renten direkt aus den Einnahmen der Rentenversicherung beziehungsweise aus Steuern bezahlt werden. Schon zu seiner Zeit wurde von interessierter Seite, insbesondere von den Liberalen, gefordert, mit den Einzahlungen einen Kapitalstock zu bilden, aus dem dann später die Renten finanziert werden. Befürworter des Kapitalstocks argumentieren damit, dass die Rendite angeblich höher sei, wenn die Renten auf dem Kapitalmarkt angelegt werden. Andere Autoren empfehlen aus Sicherheitsgründen eine Mischfinanzierung.

Auf diese Verlockungen gibt es meines Erachtens nur die blümsche Antwort: Renten müssen absolut sicher sein. Wenn sie also in Wertpapieren angelegt werden, dann dürften das – wie in Japan – nur Staatsanleihen sein. Das aber kann nur funktionieren, wenn der Staat immer mehr Staatsanleihen ausgibt, sich also immer mehr verschuldet. Er verschuldet sich aber auf diese Weise bei seinen eigenen Rentenkassen. Nur so ist übrigens die weltweit einmalige Verschuldung des japanischen Staates mit mehr als 220 Prozent des Bruttonationaleinkommens zu erklären. Im Ergebnis handelt es sich dabei um eine verdeckte Steuerfinanzierung – denn die Renten werden ja in Form von Rückzahlungen an die Rentenkassen de facto aus dem Staatshaushalt gezahlt. Der angebliche Kapitalstock ist fiktiv – er besteht aus Staatsschulden.

Wenn aber, wie in den angelsächsischen Staaten üblich, die Versicherungseinlagen auch in anderen Wertpapieren angelegt werden können, die höhere Zinsen als Staatsanleihen abwerfen, dann muss letztlich der Staat das Überleben der Rentenversicherungen bei Börseneinbrüchen garantieren. Mit Marktwirtschaft und echter Privatfinanzierung hat auch das nichts zu tun. Gerade die vergangene Krise hat wieder einmal gezeigt, welches Risiko so entstehen kann. Im Jahre 2008 sank der Wert der irischen Rentenfonds um 37,5 Prozent und der der australischen um 26,7 Prozent.[135] Es ist sicher kein Wunder, dass gerade in Deutschland eine große Skepsis gegenüber diesem Modell existiert, nachdem in Deutschland durch Kriege und Währungsreformen im letzten Jahrhundert mehrmals ein Totalverlust der kapitalgedeckten Renten eingetreten war.

Ein solidarisches System für alle

Bislang habe ich die verteilungspolitischen Wirkungen des Rentensystems, der Krankenkassenfinanzierung und des Steuersystems getrennt

135 OECD 2009: *Pensions at a Glance 2009.*

betrachtet. Aber erst in der Gesamtschau wird die große Ungerechtigkeit des deutschen Steuer- und Abgabensystems deutlich. Und sie besteht nicht in erster Linie bei den Steuern, sondern bei den Sozialabgaben. Während nämlich die Steuern progressiv bis zum Spitzensteuersatz anwachsen, verhält es sich mit den Sozialabgaben umgekehrt. Erstens steigen sie nicht progressiv an, sondern linear, sodass höhere Einkommen prozentual das Gleiche zahlen wie niedrigere. Zweitens aber – und das ist die größte Ungerechtigkeit des deutschen Systems – sind sie auch noch nach oben gedeckelt. Und drittens sind Gutverdiener, Selbstständige und Beamte auch noch von der Pflicht, Sozialversicherungsbeiträge zu zahlen, befreit und können sich selbst versichern beziehungsweise bekommen eine Pension. Auf diese Weise sind etwa 10 Prozent der Bevölkerung – und überwiegend die am besten gestellten – gar nicht oder nur teilweise an der Finanzierung unseres Sozialsystems beteiligt.

In der Konsequenz ist die Belastung durch Steuern und Sozialabgaben in Deutschland also degressiv, wie wir schon in Kapitel 6 gesehen haben. Die Spitze des Bauches in der dort abgedruckten Grafik von Nicola Liebert, die die Gesamtbelastung aus Steuern und Abgaben darstellt, liegt für Alleinverdiener bei 60 000 Euro. Aber es sind nicht die Steuern, die diesen Bauch hervorrufen, sondern die Sozialabgaben. Die allgemeinen Sozialausgaben werden überproportional durch die Normalverdiener finanziert, und die Reichen sowie, was besonders perfide ist, die Beamten und Abgeordneten sind von den Abgaben befreit. Da aber Beamte und Politiker die Gesetze machen, hat es eine erhebliche Bedeutung, wenn sie durch ihr Eigeninteresse an ein System gebunden sind, das nur eine Minderheit privilegiert.

In Zahlen sieht das so aus: Für einen Normalbürger liegt heute (im Juni 2012) der Sozialabgabensatz vom Arbeitgeberbrutto[136] bei 34,7 Prozent. Wenn für ihn nun noch ein Durchschnittssteuersatz von 20 Prozent anfällt (was für mittlere Einkommen realistisch ist), dann liegt die Abgabenquote für sein gesamtes Einkommen bei 47,8 Prozent.[137] Er zahlt also ab dem ersten Euro einen weit höheren Steuersatz als ein Spitzenverdiener. Für den liegt der Spitzensteuersatz bei 45 Prozent –

136 Arbeitgeberbrutto = Brutto-Arbeitnehmerlohn plus Arbeitgeberzuschuss zu den Sozialabgaben.

137 Die Steuern werden auf den Nettolohn berechnet. Vgl. Hentschel 2011: *Zeit für mehr Gerechtigkeit.*

Sozialbeiträge – der größte Teil der Staatseinnahmen

Quelle: Statistisches Bundesamt 2010

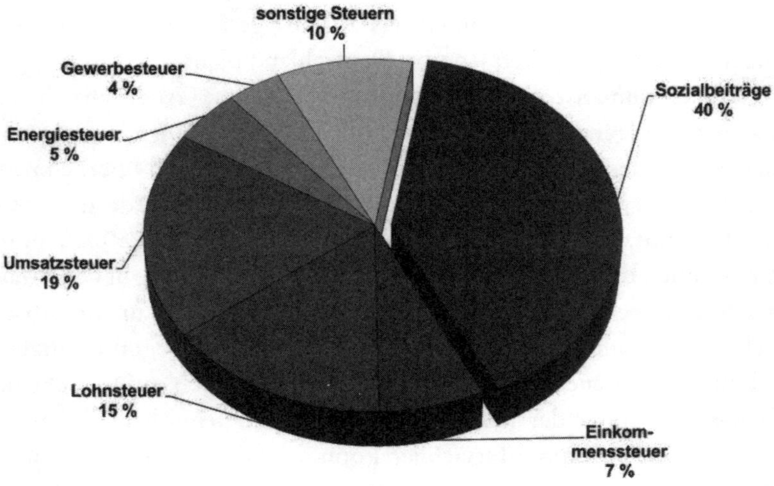

und der gilt nur für den Teil seines Einkommens, der 250 000 Euro übersteigt. Der Normalverdiener zahlt also viel mehr, als ein Spitzenverdiener bezahlt, selbst wenn man dessen private Kranken- und Altersvorsorge berücksichtigt.

Es ist diese grundlegende Ungerechtigkeit, die es zu einem Gebot der Stunde macht, im Rahmen einer Bürgerversicherung alle Bürger proportional am Sozialsystem zu beteiligen. Dabei sind die Sozialabgaben keineswegs Peanuts. Sie machen mittlerweile etwa 40 Prozent der Gesamteinnahmen des Staates aus.[138] Daraus ergibt sich, dass für eine gerechte Staatsfinanzierung die Reform des Abgabensystems die wichtigste und quantitativ bedeutendste Aufgabe darstellt. Die soziale Grundversorgung der Gesellschaft – die Kranken- und Pflegeversicherung sowie die Basisrente sind Grundaufgaben für eine gerechte Gesellschaft und müssen daher von allen Bürgern ohne Beitragsbemessungsgrenze finanziert werden.

Diese Forderung ist weder absurd noch extrem. Damit wird nur das verlangt, was in einer Vielzahl von OECD-Staaten schon heute prakti-

138 Destatis: *Datenreport 2011*.

ziert wird – so in Schweden[139] und Dänemark, so bezüglich der AHV-Rente in der Schweiz, bei der AOW in den Niederlanden sowie in der Krankenversicherung Italiens, Frankreichs und vieler anderer Staaten. Überall zahlen auch Spitzenmanager auf ihre gesamten Einkünfte Sozialversicherungsabgaben – nur in Deutschland nicht.

Welche immensen Auswirkungen eine solche Änderung hätte, macht die folgende Überlegung deutlich: Nehmen wir an, Deutschland würde das schwedische Sozialversicherungsmodell übernehmen. Das Steuersystem bliebe völlig unverändert. Dann würde der Spitzenabgabesatz auf das steuerpflichtige Einkommen ab 250 000 Euro Einkommen bei 64,1 Prozent liegen – unter Beibehaltung des Spitzensteuersatzes von heute 45 Prozent! Ist das utopisch und unzumutbar? Sicher nicht – nicht nur in Schweden und Frankreich liegt die Spitzenbelastung für Steuern und Abgaben noch höher, auch in Deutschland lag sie noch unter der Kohl-Regierung bis zur deutschen Einheit in dieser Größenordnung. Tatsächlich könnte auf diese Weise sogar ohne Steuererhöhung mehr Gerechtigkeit geschaffen werden als durch eine Erhöhung des Spitzensteuersatzes. Es entstünde sogar noch genügend Spielraum, die Abgabenlast für die Normalbürger deutlich zu senken.

139 Swedish tax Agency 2010.

KAPITEL 9

DAS WEICHE KAPITAL

Kinder, Familie, Bildung und Kultur

Den Titel „Schulköche des Jahres“ errang das Team der Apladalsskolen in Värnamo, einer Kleinstadt im Landkreis Jönköping. Das Menü begann mit Pastinaken-Kartoffelsuppe und frisch gebackenem Rote-Bete-Brot mit Petersilienöl. Im Hauptgang konnte man zwischen smaländischen Kartoffelklößen, gefüllt mit Pilzen und Vollkorn plus Preiselbeergelee oder Lammkoteletts auf Kartoffelpüree mit Thymian-Vogelbeerschaum wählen. Als Nachtisch folgte Apfelkompott. Mit diesem Gericht für 3,50 Euro siegten Lyndon McLeod, Wencke Johannsen und Veronica Barvebrink im Jahre 2011 in Schweden.

Unvorstellbar klingt das für jeden, der das oft lieblos gekochte und lauwarm gelieferte Essen in einer deutschen Schulkantine kennt. Doch für viele deutsche Kinder ist selbst das Utopie. In der Mehrzahl der Schulen gibt es bis heute gar kein Essen. Wer kein Butterbrot mitbekommen hat, muss hungrig lernen oder kauft im nächsten Kiosk Schokoriegel.

Die Geschichte macht deutlich: Schule ist viel mehr als Unterricht. Gute Schule hat auch viel mit der Wertschätzung unserer Kinder zu tun – und die wiederum ist Ausdruck für den Stellenwert, den Bildung in einer Gesellschaft hat. Darum soll es in diesem Kapitel gehen.

Das Kapital und der Irrtum von Karl Marx

„Behalten Sie Ihre Steueranreize und Autobahnkreuze – wir werden dort investieren, wo wir die am besten ausgebildeten Mitarbeiter finden“, erklärte Carly Fiorina vor der Versammlung der Gouverneure aller US-Staaten im Jahre 2000 in Washington. Frau Fiorina musste es wissen. Schließlich war sie die Vorstandsvorsitzende des Computer-Herstellers Hewlett-Packard. Anschließend sprach Richard Florida, Professor für Regionalentwicklung in Pittsburgh. Er gilt als Schöpfer der Theorie der „kreativen Klasse". Florida stellte fest, dass die wichtigsten Standortfaktoren für Firmen nicht mehr billige Rohstoffe, gute Verkehrsverbindungen oder niedrige Löhne sind.[140] Firmen suchen vielmehr ein Umfeld, das kreative Mitarbeiter anzieht. Und dazu gehören Faktoren wie eine gesunde Umwelt, gute Forschungseinrichtungen, eine interessante Kulturszene, attraktive Freizeitangebote und – sogar der wichtigste Faktor – eine gegenüber Minderheiten offene und tolerante Öffentlichkeit. Daher sind Wissen und Kultur die beste Investition in die Zukunft.

Die schwedische Regierung hat diese Theorie bereits in den 1990er-Jahren in die Praxis umgesetzt. Sie stellte, anders als Deutschland, die millionenschwere Werftenförderung ein. Sie nahm in Kauf, dass daraufhin Werften wie die in Malmö mit über 3000 Arbeitsplätzen geschlossen wurden und die regionale Arbeitslosigkeit zeitweilig auf über 30 Prozent anstieg. Ein Fehler? Mitnichten! Das eingesparte Geld investierte die Regierung in eine neue Universität, Forschungseinrichtungen und erneuerbare Energien. Seitdem wurde Südschweden zu einer Boom-Region mit hohen Beschäftigungszahlen. Und die Bevölkerung in der Region wuchs seitdem um über 20 Prozent.

Welche enorme Bedeutung Investitionen in Bildung haben, davon mag folgende kleine Schätzung einen Eindruck vermitteln: Die Zahl der Beschäftigten an Schulen und Hochschulen in Deutschland liegt über 1,5 Millionen. Sie unterrichten und betreuen etwa 6 Millionen Schüler und Studenten ab 14 Jahren – also im arbeitsfähigen Alter. Rechnet man für Lehrer, Hochschullehrer und Assistenten durchschnittlich 50000 Euro Einkommen und pro Schüler und Student 10000 Euro fiktives Einkommen (wenn sie arbeiten würden), dann ergibt sich eine Summe von 135 Milliarden Euro im Jahr. Dazu kommen die ehrenamtliche Arbeit der Eltern, die Weiterbildung in Betrieben, die Erwachsenenbildung und der Erfahrungszuwachs der Arbeitnehmer während der Arbeit. Summiert man all dies über die letzten 40 Jahre, dann ergibt es ein aktives Bildungskapital in Deutschland von mindestens 6 Billionen Euro, das in die Köpfe der Menschen gesteckt wurde. Damit wurde in das Wissen in unseren Köpfen mehr investiert als in das gesamte Produktionsvermögen aus Fabriken, Immobilien, Maschinen, Computern und Fuhrparks. Egal was man also von Karl Marx' Hauptwerk *Das Kapital* hält – seine

140 Florida 2002: *The Rise of the Creative Class.*

Werttheorie müsste heute völlig neu geschrieben werden.[141] Denn Marx zählte die Intellektuellen noch zum unproduktiven Überbau. Heute befindet sich das wichtigste Kapital der Gesellschaft in unseren Köpfen.

Dieses Kapital in unseren Köpfen trägt aber nicht nur zu mehr Produktion und Wohlstand bei. Bildung, Kultur und Wissen bedeuten auch Lebensqualität an sich. Sie bereichern unser Leben. Kluge Menschen mischen sich mehr ein und sind schwieriger politisch zu missbrauchen. Ein fairer Zugang zu Bildung ist ein wesentlicher Faktor für mehr Demokratie und für mehr Gerechtigkeit.

Die schillernde Vielfalt des Begriffs „Bildung“ macht deutlich, dass Bildungspolitik viel zu komplex ist, um sie adäquat in diesem kleinen Kapitel zu behandeln. Deshalb habe ich mich auf einzelne, aber, wie ich glaube, markante Mosaiksteine, auf einige Beispiele für „gute Praxis“ konzentriert.

„Der Planet der anderen Mütter“

So betitelte die Journalistin Britta Sandberg einen Artikel über Frankreichs Familienpolitik.[142] Das hat seine Berechtigung. Überall in Europa fallen die Geburtenraten ins Bodenlose. Das einst so kinderfreundliche Italien hat mittlerweile mit unter 1,2 Kindern pro Frau den Negativrekord von Deutschland unterboten. Frankreich dagegen war das erste Land, das radikal umgesteuert hat.

In Frankreich ticken die Uhren anders. Hier werden (nach Irland) die meisten Kinder Europas geboren. Nicht *obwohl*, sondern *weil* 75 Prozent aller Frauen mit zwei Kindern berufstätig sind. Das liegt nicht allein an den tollen steuerlichen Anreizen, sondern vor allem an der Infrastruktur. 99 Prozent aller Kinder gehen mit drei Jahren in die „école maternelle“, die ganztägige Vorschule, die in der Regel von 8 bis 18 Uhr geöffnet ist. Französische Mütter aller Schichten teilen die Überzeugung, dass Fremdbetreuung den Kindern nicht schadet, sondern nützt. Und das gilt ganz besonders für beruflich erfolgreiche Frauen – die in Deutschland meist auf Kinder verzichten, um Karriere zu machen. Überall wird in Frankreich an Kinder gedacht, am Strand in

141 Marx 1867 ff.: *Das Kapital.*

142 Sandberg 2006: *Der Planet der anderen Mütter.*

den Dünen findet man genauso selbstverständlich Kitas oder betreute Spielgruppen wie in Einkaufszentren, Betrieben und Behörden. „Die Frauen bekommen gerne Kinder, weil sie trotzdem weiter berufstätig sein können und kein schlechtes Gewissen dabei haben müssen." So bringt es Britta Sandberg auf den Punkt.

Eine gute Kinderbetreuung ist aber nicht nur gut für die Mütter. Der Bildungsforscher Ludger Wössmann hat über Jahre die Faktoren für ein erfolgreiches Bildungssystem untersucht.[143] Eines seiner Ergebnisse war die Erkenntnis: Je länger die Kinder eine Kita besuchen und je mehr die Kitas sich einem Bildungsauftrag verpflichten, desto größer ist der Schulerfolg und umso geringer die Abhängigkeit des Erfolgs vom Elternhaus. Mit einer wichtigen Einschränkung: Mehr Chancengleichheit entsteht nur dann, wenn mindestens 90 Prozent der Kinder die Kita besuchen. Sind es weniger, dann fehlen gerade die Kinder aus armen Einwandererfamilien – die dann in der Schule noch mehr zurückfallen.

In Frankreich hat die Kinderbetreuung eine lange Tradition. Der laizistische Staat wollte die Kinderbetreuung nicht mehr den Kirchen überlassen. Die erste Vorschule wurde bereits 1881 gegründet. In den letzten Jahrzehnten haben viele Staaten nachgezogen – insbesondere sind hier wieder die skandinavischen Länder zu nennen. In Japan hat jedes Kind ab dem vierten Monat ein Anrecht auf einen Krippenplatz. Und auch die DDR war schon viel weiter, während Westdeutschland und vor allem Südeuropa heute noch zurückhängen. Dabei kommen immer mehr Forscher zu dem gleichen Ergebnis: Eine gute Kinderbetreuung vor der Schule ist der wichtigste Baustein eines guten und gerechten Bildungssystems[144] und einer erfolgreichen Familienpolitik. Ein Euro für die Kitas hat sogar viel mehr Auswirkungen als ein zusätzlicher Euro für die Schulen.

Chancengleichheit erfordert mehr als Umverteilung

Bei einer Umfrage der Stiftung für Zukunftsfragen gaben 96 Prozent der Dänen an, sie seien mit ihrem Leben zufrieden. In Deutschland waren es nur 61 Prozent. Noch extremer unterschieden sich die Ant-

143 Wössmann 2007: *Letzte Chancen für gute Schulen.*

144 Schütz u. a. 2005: *Chancengleichheit im Schulsystem.*

worten auf die Frage, wie kinderfreundlich die Menschen ihr Land einschätzen. Hier landete Dänemark auf Platz eins. 86 Prozent der Dänen halten ihr Land für kinderfreundlich. Es folgt Frankreich mit einer Zustimmung von 60 Prozent. In Deutschland waren es nur 21 Prozent – das war der vorletzte Platz vor Russland.[145] Was mag der Grund für diese negative Selbsteinschätzung sein? Am Bruttoinlandsprodukt liegt es nicht, dann müsste Deutschland vor Frankreich liegen. Auch nicht allein an der größeren Ungleichheit der Einkommen. Zwar sind die Einkommensunterschiede in Dänemark etwas geringer als bei uns. Aber auch bei der Einkommensverteilung lag Frankreich hinter Deutschland auf Platz 8.[146] Was also ist die Ursache für die frappanten Unterschiede?

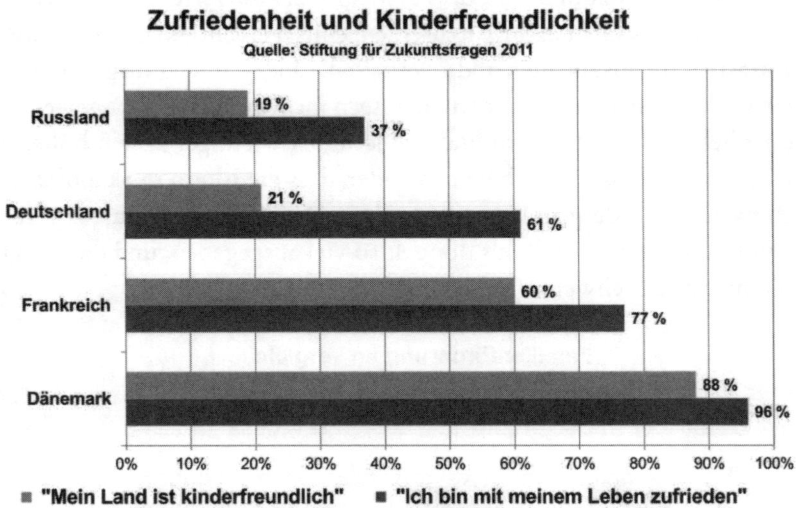

Auf der Suche nach einer Antwort kehre ich zurück zu den Überlegungen des Gerechtigkeitsökonomen Amartya Sen und der Philosophin Martha Nussbaum.[147] Sie vertraten die Auffassung, dass für sie die Gerechtigkeit einer Gesellschaft und das Glück der Bürger nicht nur vom Einkommen und auch nicht allein von den Einkommensunterschieden abhängen. Es kommt vielmehr auf gleiche oder faire

145 Stiftung für Zukunftsfragen 2011: *Dänen sind die glücklichsten Europäer;* dito: *Dänemark kinderfreundlichstes Land Europas.*

146 Siehe Tabelle A im Anhang 1.

147 Sen 2010 und Nussbaum 2011.

„Verwirklichungschancen" an – und diese hängen natürlich sehr eng mit Entwicklungschancen von Kindern zusammen. Insofern sind gute öffentliche Schulen und Kindertagesstätten, die für alle Menschen kostenlos oder kostengünstig bereitstehen, ein entscheidendes Merkmal für Lebensqualität.

Und damit komme ich auf die zitierte Umfrage zurück: Dänemark und Frankreich werden offensichtlich als kinderfreundlicher und gerechter empfunden, weil sie eine bessere öffentliche Betreuungsinfrastruktur haben, die auch Menschen mit weniger Einkommen eher ein gleichberechtigtes Leben ermöglicht. Und dieser Aspekt scheint sogar erheblich wichtiger zu sein als hohe Transferzahlungen zugunsten der Familien. Denn ein gerechtes Steuer- und Sozialsystem zeichnet sich eben nicht nur dadurch aus, dass es mehr Geld umverteilt. Noch wichtiger ist es, das Geld dafür einzusetzen, eine „gerechtigkeitsfördernde" Infrastruktur auszubauen und zu erhalten. Oder – anders ausgedrückt – ein guter Kindergarten, in den die Eltern ihr Kind gerne geben, weil es dort liebevoll betreut wird und viel lernt, ist wichtiger als ein höheres Kindergeld. Es ist deshalb kein Wunder, dass die Eltern in Skandinavien weniger Kindergeld bekommen als in Deutschland. Dafür wird für Kindertagesstätten mehr als doppelt so viel ausgegeben, und das wiegt offensichtlich schwerer (siehe Grafik).

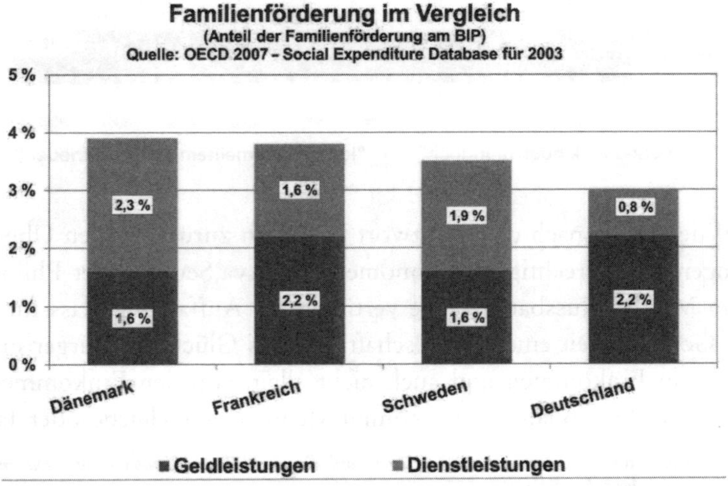

Stavros Louca und das Wunder von Malmö

Die Geschichte hört sich so unglaublich an wie ein Märchen. Stavros Louca war einer von acht Lehrern, die ausgewählt wurden, weil ihre Abschlussklassen seit Jahren zu den besten Schwedens gehörten. Nun sollten diese acht Pädagogen an einem Experiment teilnehmen. Sie wurden für ein halbes Jahr in einer der schwächsten Klassen des Landes eingesetzt, der 9a in der Johannes-Schule in Malmö (die neunte Klasse ist die Abschlussklasse der Gesamtschule). Sie stießen zunächst auf Frust, Ablehnung, Lethargie und Mutlosigkeit. „Wochenlang kämpfen die Superlehrer gegen die Überzeugung, dass die Schüler der 9a niemals etwas anderes sein können als Verlierer", berichtet der GEO-Autor Christian Kucklick.[148] Doch dann geschieht das Wunder: Es gelingt, die Stimmung zu kippen. Die Schüler packt der Ehrgeiz. Und nach einem halben Jahr erreicht die 9a bei den landesweiten Vergleichsarbeiten das drittbeste Ergebnis aller neunten Klassen in ganz Schweden. Alle Schüler kommen in die Oberstufe.

Für Stavros Louca ist das übrigens keine neue Erfahrung. Er unterrichtet sonst Mathematik an der Rinkebyskolan. Seine Schüler kommen zu 99 Prozent nicht aus Schweden. Denn Rinkeby ist das größte Problemgebiet Stockholms. Und trotzdem haben seine Klassen viermal hintereinander die besten Matheabschlussarbeiten des Landes vorgelegt.

Offensichtlich ist die Qualität der Lehrer einer der wichtigsten Erfolgsfaktoren in den Schulen. In den bekannten PISA-Untersuchungen fällt jenseits aller Systemvergleiche immer wieder auf, dass die Unterschiede zwischen einzelnen Klassen oft viel größer sein können als die Unterschiede zwischen Schulen, Schulsystemen oder gar Schularten.[149] Bis zu zwei Schuljahre Abstand im Wissen findet man in einzelnen Fächern sogar zwischen benachbarten Klassen der gleichen Schule. Und das Experiment aus Malmö lässt vermuten, dass der Grund dafür keineswegs darin liegt, dass die Schüler in der einen Klasse zufällig alle so viel doofer sind.

Zwei Faktoren, die die Lehrer betreffen, erwiesen sich in der neuesten PISA-Studie als signifikant:[150] Einmal die Bezahlung! Obwohl

148 Kucklick 2011: *Gute Lehrer.*

149 Bertrand/OECD 2011: *PISA 2009 – Was macht eine Schule erfolgreich?*

150 Bertrand 2011.

mehr oder weniger Geld erstaunlicherweise nur wenig Einfluss auf die Güte eines Schulsystems hat (dazu später mehr), ist die Höhe des Gehaltes der Lehrer ein relevantes Kriterium. Besser bezahlte Lehrer sind im Durchschnitt erfolgreicher. Die bestbezahlten Lehrer aller OECD-Staaten sind die Koreaner. Und tatsächlich lag Südkorea in der Studie PISA 2009 weit vorne. Auf Deutschland, wo die Lehrer ebenfalls weit überdurchschnittlich bezahlt werden, stimmt das aber leider nur sehr begrenzt. Offensichtlich machen andere Faktoren in Deutschland diesen Vorteil wieder wett: das unglückliche Schulsystem (siehe unten) und die Ausbildung der Lehrer, die immer noch zu wenig auf den Lehrerberuf ausgerichtet ist. Zu wenig Pädagogik, Didaktik und Psychologie und zu viel Konzentration auf akademisches Wissen ohne jeden Bezug zur Schule, lautet die Diagnose.

Natürlich kann nicht jeder Lehrer ein Stavros Louca werden. Aber eine praxisorientierte Ausbildung, eine regelmäßige Supervision und Weiterbildung könnten mit Sicherheit viel dazu beitragen, dass unsere Lehrerinnen und Lehrer sich von Herrn Louca eine Scheibe abschneiden. Denn heute findet an vielen Schulen überhaupt keine Evaluation des Unterrichts statt. Solange es keine Proteste vonseiten der Schüler oder Eltern gibt, mischen sich viele (Di-)Rektoren lieber nicht ein.

Und was für die Schulen gilt, gilt auch für die Kitas und Krippen. In einer schwedischen Krippe in Stockholm kommen auf 13 Kleinkinder drei Betreuerinnen (selten auch mal ein Betreuer – das Problem des Männermangels in diesem Beruf hat Schweden auch). Diese Betreuerinnen und Betreuer haben fast alle eine dreijährige Hochschulausbildung. Eine von dreien ist eine Lehrerin, die für das Bildungsprogramm der Kleinstkinder zuständig ist. Auch in Japan haben die Betreuer und Lehrerinnen an den Vorschulen seit Ende der 1990er-Jahre einen Hochschulabschluss in kindzentrierter Pädagogik – ergänzt werden sie durch angelernte Assistenten. Hier hat Deutschland noch einen langen Weg vor sich.

Professor Sinn wird Klassenkämpfer

Wenn es um das heiße Thema „Schulsystem“ geht, habe ich manchmal den Eindruck, dass es sinnlos ist, Argumente vorzutragen. Was zählen wissenschaftliche Untersuchungen in einem Glaubenskrieg – zu dem die Debatte in Deutschland längst geworden ist? Deswegen versuche ich es einmal anders: Hans-Werner Sinn ist ein konservativer Wirtschaftsliberaler und Direktor des ifo-Instituts in München, einem der großen, renommierten Wirtschaftsforschungsinstitute. Sinn war wohl der Überzeugung, dass das dreigliedrige Schulsystem der Gleichmacherei der Einheitsschule überlegen sei. Er startete deshalb in seinem Institut ein langjähriges Forschungsprojekt unter dem oben schon erwähnten Bildungsökonomen Ludger Wössmann. Über zehn Jahre wurden alle bekannten nationalen und internationalen Studien ausgewertet.[151] Die Ergebnisse waren eindeutig und stellten die ursprünglichen Annahmen auf den Kopf. In einer bemerkenswerten Pressekonferenz präsentierte Sinn persönlich die Studie, widerrief seine Prämissen und erklärte:

„Das dreigliedrige Schulsystem, mit dem wir weltweit nahezu allein stehen, passt nicht mehr in die heutige Zeit. Es reflektiert die Dreiklassengesellschaft des 19. Jahrhunderts. Früher sprach man ehrlicherweise von der Volksschule, der Mittelschule und der Oberschule. Damit gab man implizit zu, dass man für das Volk, die Mittelschicht und die Oberschicht drei verschiedene Schulen vorgesehen hatte. (...) Wenn die höhere Ungleichheit als Preis der höheren durchschnittlichen Schülerqualität angesehen werden könnte, ließe sich das deutsche System vielleicht noch rechtfertigen. Da dieses System jedoch die Ungleichheit vergrößert, ohne den Durchschnitt zu verbessern, gehört es in den Abfalleimer der Geschichte.“[152]

Es gibt keinen Zweifel: Von Japan bis Finnland, von Kanada bis Frankreich, von Polen bis Südkorea – überall in der Welt werden Kinder bis zum 15. oder 16. Lebensjahr gemeinsam unterrichtet. Die eher liberale Bertelsmann-Stiftung formuliert: „Der Umgang mit Heterogenität ist die zentrale Herausforderung für unser Bildungs- und Schulsystem.“[153] Da fragt man sich in der Tat, warum sich in Deutschland keine Regierung egal welcher Couleur traut, das Gymnasium infrage zu stellen. Und wenn sie es doch tut, dann bricht ein Sturm der Entrüstung in den meinungsbildenden Schichten los, wie ihn die Grüne Bildungssenatorin Götsch in Hamburg erleben musste. Dies

151 Wössmann 2007.

152 Sinn 2006: *PISA und die deutsche Drei-Klassen-Gesellschaft.*

153 Bertelsmann-Stiftung 2012: *Faire Schulen. Starke Kinder.*

ist ein erschreckendes Beispiel dafür, wie schwer es einer Gesellschaft fällt, umzusteuern, selbst wenn alle Fachleute wissen, dass es nötig ist. Vielleicht ist es auch ein Beispiel dafür, mit welcher Zähigkeit die Bessergestellten ihre Klasseninteressen verteidigen.

Ein anderes Thema, das Sinn und Wössmann aufgeworfen haben, ist die Autonomie der Schulen. In vielen Ländern können Schulen selbst ihre Lehrer einstellen und gegebenenfalls auch wieder entlassen. Sie sind frei in ihrer Organisation, ihren Lehrplänen und Lehrmethoden und oft auch in der Verwendung ihrer Gelder. Solche Schulen, die weitgehend selbstständig sind, erzielen oft bessere Ergebnisse. Allerdings gilt auch das nur unter einer entscheidenden Voraussetzung: Es muss eine externe Evaluation der Leistungen stattfinden. Dies können gemeinsame Abschlussarbeiten oder auch externe Prüfungen sein, denen sich die Schüler zu stellen haben. Nur dann entsteht nämlich ein kreativer Wettbewerb zwischen den Schulen und Lehrerinnen. Wenn jedoch die Ergebnisse nicht durch eine geeignete Evaluation transparent gemacht werden, dann kann mehr Autonomie sogar das Gegenteil bewirken und zu einem Leistungsabfall führen. Ein Beispiel dafür ist das schlechte Abschneiden von Dänemark, nachdem dort eine weitgehende Autonomie der Schulen ohne externe Evaluation beschlossen wurde.

Eine externe Kontrolle der Ergebnisse, verbunden mit mehr Autonomie, hat auch erhebliche Auswirkungen auf die Rolle der Lehrer in der Schule. In einem solchen System sind die Lehrer nicht wie in Deutschland der „Feind", der Schülern schlechte Noten gibt und sie gegebenenfalls sitzen bleiben lässt. Im Gegenteil: In Japan oder Finnland gelten Lehrer beziehungsweise Schulen dann als erfolgreich, wenn möglichst viele ihrer Schüler bei den Prüfungen gut abschneiden. So entsteht ein gemeinsames Band zwischen Lehrer, Schülern und Eltern. Sie haben das gleiche Ziel: das Wissen der Schüler zu mehren.

Diese Bedeutung der Autonomie, also der Eigenverantwortung der Akteure, für eine erfolgreiche Schule ist in Deutschland noch kaum begriffen worden. Experten sagen übereinstimmend: Deutsche Schulen sind überreguliert. So sind es häufig die freien Schulen, die mit weniger Geld, dafür aber mit viel Idealismus und Engagement zeigen, was möglich ist. Aber im politischen Diskurs spielt das kaum eine Rolle. Immer wieder hört man von Bildungspolitikern aller Couleur von der CDU bis hin zu den Grünen sogar die Forderung, Deutschland sollte endlich mit dem Föderalismus der Länder aufhören und ein einheitliches Schulsystem einführen. Vermutlich würde jedoch eine bundesweite Vereinheitlichung unser Bildungswesen noch verschlimmbessern. Was wir vielmehr brauchen, ist mehr Autonomie und Eigeninitiative der einzelnen Schulen.

Fast alle erfolgreichen Staaten haben die Autonomie der Schulen erhöht und oft die Trägerschaft sogar von staatlichen Behörden auf die Kommunen verlagert. Kanada zum Beispiel schneidet mit seinen Schulen äußerst erfolgreich ab. Tatsächlich haben diese aber nur eines gemeinsam: acht Jahre gemeinsamer Unterricht für alle Kinder. Ansonsten gibt es in Kanada 13 verschiedene Systeme in den zehn Bundesstaaten und drei Territorien. Das Gleiche gilt für Australien. Japan und die Skandinavier haben ihre Schulen sogar kommunalisiert – mit der vollen Verantwortung für Finanzen, Organisation, Personal und die Lehrinhalte. Eines allerdings muss der Staat leisten: eine ausreichende und gerechte Finanzierung. Autonomie à la USA, wo die reichen Gemeinden sich gute Schulen leisten können und in den armen Gemeinden oder Stadtteilen die Schulen verkommen, ist kontraproduktiv.

Examensterror oder Kuschelpädagogik

Immer wieder kann man in Berichten aus Südkorea oder Japan lesen, dass die Kinder dort einem gnadenlosen Leistungsdruck ausgesetzt sind. Und dieser hat offensichtlich Erfolg. Südkorea hat in der letzten PISA-Erhebung 2009 bei der Lesekompetenz sogar vor Finnland abgeschnitten, Japan ist etwas zurückgefallen, liegt aber immer noch in der Spitzengruppe. Ist das gute Abschneiden dieser Länder also eine Konsequenz von Druck und Terror?

Dagegen schildern die Berichte aus den PISA-Spitzenreitern der „westlichen“ Hemisphäre wie Finnland, Kanada oder Australien eher eine egalitäre, liberale und sozial engagierte Pädagogik. Gibt es also, wie teilweise vermutet wurde, zwei ganz unterschiedliche Erfolgsmodelle – das autoritäre ostasiatische und das liberale skandinavisch-kanadische-australische Modell? In dem einen würden nach dieser Interpretation Spitzenleistungen unter Zwang eingebimst, während in dem anderen Fall Spitzenleistungen durch eine Förderung von Individualität und Kreativität beflügelt würden.

Bei einer genaueren Betrachtung der Fakten gewinnt man, zumindest was Japan betrifft, einen deutlich modifizierten Eindruck. Claudia Beck-Delm, eine der wenigen deutschen Japanisch-Lehrerinnen, die acht Jahre in Japan gelebt hat, berichtet, dass an japanischen Schulen eine entspannte und positive Grundstimmung herrscht.[154] Wettbewerb zwischen den Schülern spielt keine Rolle, wohl aber der Einsatz für die Gruppe. Die Schulen bemühen sich, auch die Schwächsten mitzunehmen. Sitzen bleiben gibt es nicht – Japan ist das einzige Land, in dem bei der Studie PISA 2009 100 Prozent aller fünfzehnjährigen Schüler in der neunten Klasse waren! Für die Schüler ist die Schule ihr Lebensmittelpunkt, wo sie ihre Freunde haben und gerne hingehen.

Miki Y. Ishikida, Direktorin des Center for US-Japan Comparative Social Studies (Kalifornien, USA), die in ihrem Buch das japanische und das US-Schulsystem systematisch vergleicht, klärt den Widerspruch auf.[155] Der entscheidende Unterschied zum US-System (und zum deutschen System) besteht darin, dass in Japan (ähnlich wie übrigens auch in dem erfolgreichen Finnland) nicht die Abschlusszeugnisse über die Chancen der Schüler entscheiden, sondern die Aufnahmeprüfungen in die weiterführenden Bildungseinrichtungen. So erfolgt nach sechs Jahren Grundschule und drei Jahren Gesamtschule für über 97 Prozent der Schüler der Übergang in die Oberschule. Da es aber renommierte und weniger renommierte Oberschulen gibt, entsteht ein Wettbewerb darum, in die besten Oberschulen zu kommen.

Damit die Schüler die Aufnahmeprüfungen bestehen, werden sie oft von ihren bildungsbewussten Eltern angetrieben, Tag und Nacht zu lernen. Dazu besuchen die meisten Schüler im neunten Schuljahr nach der regulären Schule auch noch private Prüfungsvorbereitungskurse (yuku) am Abend, für die die Eltern im Schnitt 100 Euro im Monat bezahlen. Wer Geld hat, engagiert sogar Privatlehrer. Häufig richtet sich das gesamte Familienleben nur noch danach, dem Neuntklässler optimale Bedingungen zu schaffen, damit er die Prüfung besteht. Die gleiche Prozedur wiederholt sich in der zwölften Klasse beim Über-

154 Beck-Delm 2009: *Japans Schulsystem.*

155 Ishikida 2005: *Japanese Education in the 21st Century.*

gang von der Oberstufe in die Hochschulen, für die ebenfalls das Bestehen einer Aufnahmeprüfung erforderlich ist. Das schafft etwa die Hälfte der japanischen Jugendlichen – immerhin erheblich mehr als in Deutschland.

Während also die eigentliche Schulzeit in Japan sehr harmonisch und ohne Druck verläuft (selbst in der Oberschule liegt die Quote der Abgänger ohne Abschluss unter 3 Prozent!), ist der Übergang zwischen den Schulen tatsächlich durch extremen Stress geprägt. Wer dann schließlich den so sehnlichst begehrten Studienplatz bekommen hat, durchläuft wiederum ein vergleichsweise harmonisches, gut organisiertes Studium mit sehr geringen Abbruchquoten – völlig im Kontrast zu dem permanenten Prüfungsstress an deutschen Hochschulen nach Einführung von Bachelor und Master. Mittlerweile ist der wachsende Stress vor den Aufnahmeprüfungen in Japan ein Politikum geworden. So werden vereinzelt sechsjährige Schulen eingerichtet, in denen die Gesamtschule und die Oberschule zusammengefasst werden, sodass die Prüfung nach der neunten Klasse entfällt.

Was man jedenfalls von Japan lernen kann, ist die starke Betonung der Gemeinschaft und der Verantwortung für die Gruppe. Die Klassen sind meist größer als bei uns üblich – an die 40 Schüler pro Klasse sind keine Seltenheit –, aber die Klassen sind in feste Gruppen (han) von meist sechs Schülern unterteilt. Diese Gruppen bekommen Aufgaben, lernen gemeinsam und helfen sich gegenseitig – wozu die Schüler viel Zeit haben. Die Gruppen bekommen auch feste Verantwortungsbereiche zugewiesen wie das Austeilen des Essens, das in der Klasse eingenommen wird, die Reinigung von Klassenzimmern, Fluren und Toiletten, die Planung und Organisation von Veranstaltungen und so weiter.

Viele von diesen Merkmalen findet man übrigens auch in Finnland. Auch hier wird auf gemeinsames Lernen statt Konkurrenz, klar strukturierten Unterricht, saubere Schulräume, für die die Schüler selbst Verantwortung übernehmen, und ein gutes Verhältnis zwischen Lehrern und Schülern viel Wert gelegt. Von Kuschelpädagogik im Sinne der antiautoritären Philosophie kann weder in Japan noch in Finnland die Rede sein. Zu dieser Erkenntnis gehört auch, dass die häufig von Reformpädagogen als Vorbild geschilderten Länder Dänemark und

Schweden, die sich durch eine sehr liberale Schulpolitik auszeichneten, eher zurückgefallen sind.

Ist Bildung ein Zebra?

Was macht also ein gutes Bildungssystem aus? Welche Mosaiksteine aus erfolgreichen Ländern können uns als Vorbild dienen? Verfolgt man die schulpolitischen Debatten in Deutschland, dann sind sich Elternverbände, Lehrergewerkschaften und viele Politiker einig: Sie glauben, man müsse nur genügend Geld ins System stecken, viele neue Lehrer einstellen und kleine Klassen bilden, dann würden die Leistungen rapide nach oben gehen.

Erstaunlicherweise kommen jedoch alle internationalen Studien zu einem völlig anderen Ergebnis.[156] Vergleicht man die Ausgaben pro Schüler mit dem Leseverständnis (siehe die nebenstehenden Grafiken), dann hat man fast den Eindruck, dass die Schulen umso besser sind, je weniger Geld ausgegeben wird. Das ist natürlich Blödsinn, aber umgekehrt kann man jedenfalls sagen: Geld ist für ein erfolgreiches Bil-

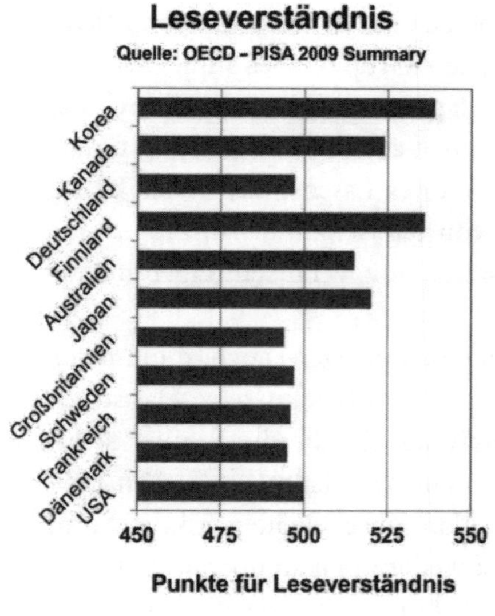

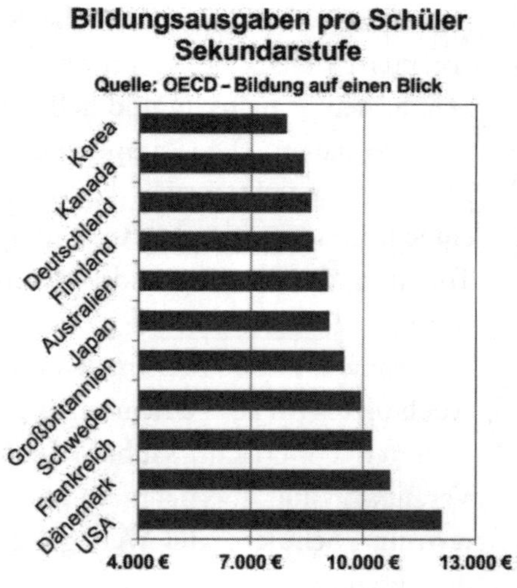

156 Wössmann 2007, Bertrand 2011, OECD 2011: *Bildung auf einen Blick.*

dungssystem nicht der allein entscheidende Faktor. Insgesamt geben die USA 7,2 Prozent des BIPs für Bildung aus, Dänemark 7,1 Prozent – also beide viel mehr als Japan (4,9 Prozent) oder Finnland (5,9 Prozent). Und doch lagen die kleinen Finnen und Japaner um mehr als ein Schuljahr vor ihren gleichaltrigen Mitschülern aus Dänemark oder den USA.

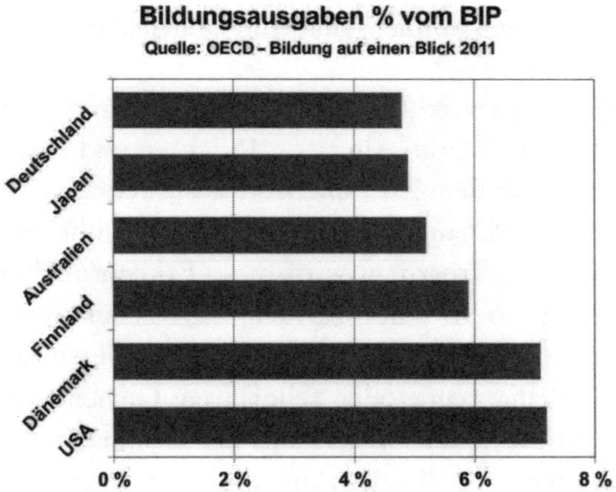

Die Experten standen zunächst vor einem Paradox – ähnlich dem Rätsel aus Kapitel 5 „Warum sind die Zebras gestreift?“. Doch anders als beim Rätsel der Zebras hat man keine simple Antwort gefunden (zur Erinnerung – die Lösung des Paradoxons waren die Augen der Tsetsefliege, die gestreifte Zebras nicht sehen können). Schule dagegen ist ein viel komplexeres System. Trotzdem kann man mittlerweile eine Reihe von Faktoren nennen, die in allen Studien bestätigt wurden:

1. **Die Kindertagesstätten:** Der frühzeitige Besuch möglichst aller Kinder in guten Kindertagesstätten oder Krippen (fast alle anderen Länder sprechen übrigens von „Vorschulen“ oder „Elementarschulen“) scheint der wichtigste Faktor für Schulerfolg und Chancengleichheit zu sein.
2. **Die Lehrer:** Als fast genauso wichtig erweist sich die Qualität der Lehrer. Wichtige Faktoren dafür sind eine gute Aus- und Weiterbildung und eine gute Bezahlung der Lehrer. Während deutsche Lehrer beim Einkommen in der Spitzengruppe liegen, gibt es bei

der Ausbildung traditionell große Mängel. Immer noch legen viele Hochschulen den Schwerpunkt einseitig auf Fachwissen, und spezielle Lehrerkompetenzen wie Didaktik, Pädagogik, Kinderpsychologie und Diagnostik müssen dahinter zurückstehen. Noch schlechter sieht es bei der Weiterbildung aus. Die entsprechenden Budgets sind meist lächerlich klein. Und eine regelmäßige Supervision, in der Lehrer mit Fachleuten die Probleme mit schwierigen Schülern besprechen können, gehört in Deutschland noch zur seltenen Ausnahme.

3. **Gemeinsamer Unterricht:** Der Befund ist eindeutig – ein gemeinsamer Unterricht bis zum Alter von 15 Jahren und eine individuelle Förderung mit dem Ziel, niemanden zurückzulassen, verbessern nicht nur die Chancengerechtigkeit, sondern heben auch das Niveau insgesamt. Trotzdem wird diese Erkenntnis hierzulande systematisch ignoriert. Jeder Versuch, das Gymnasium nach internationalem Standard auf eine dreijährige Oberstufe zu reduzieren, die an eine neun- oder zehnjährige Gemeinschaftsschule anschließt, scheiterte am Widerstand der Gymnasialeltern. Kein Wunder: Denn solange Kindern aus weniger privilegierten Elternhäusern gleiche Chancen verweigert werden, so lange erhöht man die Karrierechancen des eigenen Nachwuchses.
4. **Autonomie und Evaluation:** Diese beiden Faktoren bringen offensichtlich nur in dieser Kombination Vorteile, dann aber deutliche. Auch diesbezüglich bewegt sich Deutschland nur langsam. Gründe dafür mögen sein: Lehrer, Schulen und Politiker, die mehr Autonomie für die einzelne Schule fordern, scheuen oft eine externe Evaluation. Die eher konservativen Politiker, die mehr Evaluation etwa über gemeinsame Abschlussklassen durchsetzen, sind eher nicht geneigt, den Schulen mehr Freiheit zu geben.
5. **Gemeinschaft und Ordnung:** Dies ist ein weiterer Faktor, über den bei den Analysen weitgehend Einigkeit herrscht. Die Förderung von Gemeinschaftsgeist, Motivation und viele Freiheiten müssen keineswegs im Widerspruch zu klaren Strukturen und Ordnung in einer Schule stehen. Denn unhöfliches Verhalten ist kein Zeichen für Freiheit, Graffiti an den Wänden sind nicht unbedingt ein Hinweis auf Kreativität und verdreckte Toiletten kein

hinzunehmender Preis für einen lockeren Umgang. In erfolgreichen Schulen sind Schüler, die gerne lernen, anerkannt, und es herrscht eine ruhige, freudige Arbeitsatmosphäre.

Nimmt man diese fünf Kriterien als Maßstab, dann liegen die beiden erfolgreichen Modelle, das finnische und das japanische System, gar nicht so weit auseinander. Im Grunde ist sich die Wissenschaft also einig, aus welchen Bausteinen ein gutes Schulsystem besteht. Es wird nun Zeit, auch in Deutschland daraus Konsequenzen zu ziehen und die ideologisch aufgeladenen Debatten, die jede Veränderung blockieren, ad acta zu legen. Und auch wenn das Geld nicht allein selig macht, spricht einiges dafür, in Deutschland mehr Geld in die Bildung zu investieren – denn wie die obige Grafik zeigt, besteht in dieser Hinsicht hierzulande immer noch Nachholbedarf.

The Warhol Economy

Bildung und Kultur umfassen natürlich mehr als gute Kitas und Schulen. Deswegen schließe ich dieses Kapitel mit einigen Anmerkungen zu einer erweiterten Kulturpolitik.

Elizabeth Currid, Professorin für Stadtplanung in Los Angeles, wurde bekannt durch ihr Buch über die Kulturszene in New York: „Politische Entscheider in Großstädten haben nicht nur die Bedeutung der Kulturökonomie sträflich unterschätzt, vor allem haben sie nicht erkannt, dass diese von einer vibrierenden, kreativen, sozialen Szene abhängig ist.“[157] Diese Szene entsteht nicht durch den Bau von Opernhäusern und Museen, sondern häufig in Stadtvierteln mit heruntergekommener Bausubstanz, wo Künstler und andere Kreative billigen Raum zum Wohnen, für Ateliers, Musiklokale und Ähnliches finden und sich gegenseitig befruchten.

Diese „Szene“ – so schillernd dieser Begriff auch sein mag – hat immer wieder Trends in Mode und Musik hervorgebracht, die um die Welt gegangen sind. Sie zieht kreative Menschen an und wandert häufig von Stadtteil zu Stadtteil, wenn die Mieten mal wieder zu teuer geworden

157 Currid 2007: *The Warhol Economy*; das Zitat stammt aus dem Klappentext der Erstausgabe, die Übersetzung von mir.

sind. Man findet sie in Großstädten – aber manchmal auch in kulturell attraktiven Kleinstädten (meist mit Hochschulen) und in einzelnen Fällen sogar auf dem flachen Land, wo niemand damit rechnet. Elizabeth Currid hat dafür den treffenden Begriff der „Warhol Economy"[158] geprägt. In den letzten Jahren konnte man dies gut in Berlin beobachten, wo die Szene nach der Wende erst zum Prenzlauer Berg wanderte, dann nach Friedrichshain weiterzog und nun plötzlich Neukölln entdeckt.

Wer jedoch glaubt, dass die Szene lediglich eine Randerscheinung der modernen Zivilisation darstellt, irrt gründlich. Der am Anfang dieses Kapitels bereits erwähnte Metropolenforscher Richard Florida stellte fest, dass gerade diese Szene-Orte sich zu Attraktionspunkten der „kreativen Klasse" entwickeln. Indem sie intelligente kreative Menschen anziehen, werden sie zur Triebkraft von neuen ökonomischen Entwicklungen. Dabei spielen zwei Begriffe eine zentrale Rolle, die für Szene-Standorte typisch sind: Toleranz und Diversität.

Professor Florida hat in seinen Forschungen systematisch Metropolregionen untersucht und Kennzahlen gesucht, die am stärksten mit Wachstum korrelieren. Als Ergebnis entwickelte er den CDI – der Composite Diversity Index.[159] Er besteht aus drei Komponenten: 1. Der Gay Index zählt die relative Anzahl der gleichgeschlechtlichen Paare, die zusammenleben; 2. der Bohemian Index ist ein Maß für die relative Dichte von Künstlern und anderen Kreativen; 3. der Melting Pot Index ergibt sich aus der relativen Anzahl von Immigranten. Die verblüffendste Entdeckung von Florida jedoch war, dass der CDI sehr stark mit dem High-Tech-Pol-Index des Milken Institute – einem Maß für Hochtechnologie-Regionen – korreliert. Offensichtlich zieht die Szene nicht nur schräge Typen, sondern kreative Menschen aller Art von Künstlern über Wissenschaftler und Ingenieure an. Sie sind daher nicht nur Schwerpunkt von Existenzgründungen, sondern werden auf mittlere Sicht auch Anziehungspunkt von Forschungs- und Entwicklungsinvestitionen von größeren Firmen. Es ist also kein Wunder, dass es die Regionen mit hohem CDI sind, die in den letzten Jahrzehnten das größte ökonomische Wachstum ausweisen konnten.

Als Florida seine Ergebnisse vorstellte, wurde er von Konservativen in den USA heftig angegriffen. Sie warfen ihm vor, er untergrabe

158 Nach Andy Warhol, dem Mitbegründer und bedeutendsten Vertreter der Pop-Art.

159 Florida 2005: *Cities and the Creative Class.*

die Werte der Familie und verherrliche Freaks und Schwule. Dieser Vorwurf war nicht nur von Vorurteilen geprägt, er war auch sachlich falsch. Denn erstaunlicherweise zeichnen sich die Städte mit hohem CDI auch durch eine größere Kinder- und Familienfreundlichkeit mit hohem Freizeitwert und eine für Kinder besonders wichtige gesunde Umwelt aus. Gerade diese familienfreundliche Infrastruktur ist ein Faktor, der Arbeit suchende Hightech-Kräfte dazu bringt, in Gegenden mit hohem CDI zu ziehen. Hohe Anteile an Schwulen und an Kindern sind also kein Gegensatz – im Gegenteil: Von Toleranz profitieren gerade auch Kinder.

Florida spricht deshalb von den drei großen Ts: Technologie, Talent und Toleranz. Diese Ts entscheiden über die Zukunft einer Region. Das hat erhebliche Auswirkungen auf die Kulturpolitik. Zunächst reicht es nicht aus, Hochschulen und Technologiezentren zu bauen, sondern es kommt darauf an, auch etwas dafür zu tun, das kreative Umfeld zu fördern. Die Frage, die sich dann anschließt, lautet: Was soll man nun eigentlich fördern, bauen oder tun?

Wenn es stimmt, dass die soziokulturelle Szene entscheidend ist und nicht die Hochkultur von Theatern, Opernhäusern und Kunstmuseen, dann werden die Schwerpunkte in Deutschland meist falsch gesetzt. Bezeichnend für die traditionelle Denkweise in Deutschland ist zum Beispiel die Förderpraxis der GEMA[160], die sogenannte ernste Musik (E-Musik) grundsätzlich besser vergütet als Unterhaltungsmusik (U-Musik). Eine Förderung von jungen Künstlern völlig unabhängig vom Musikstil wäre sicher angemessener.

Bei den staatlichen Kulturetats sind die Unterschiede noch signifikanter – 80 bis 90 Prozent des Kulturetats gehen traditionell in die großen etablierten Theater und Opernhäuser. Vielleicht kommt es aber viel mehr darauf an, billigen Mietraum für Künstler, Ateliers und Bands zu finanzieren? Vielleicht sollte man an Stipendien für verrückte Kreative denken? Sollte man lieber kleine Experimentaltheater fördern anstatt Symphonieorchester? Sollten wir überhaupt mehr Geld in die Kultur stecken?

Heute geht der Mainstream der Politik angesichts knapper Mittel eher in die andere Richtung – freie Etats werden gestrichen und das

160 Die GEMA ist ein Verein, der im öffentlichen Auftrag die Rechte von Komponisten und Textdichtern vertritt.

wenige Geld auf die etablierten Einrichtungen konzentriert. Vielleicht wird es deshalb Zeit, die Förderung der soziokulturellen Szene aus der Nische herauszuholen. Vorsicht ist aber angesagt, wenn Kultur nur noch als wichtiger Beitrag zur Wirtschaftsförderung deklariert wird. Auch wenn das richtig ist, wie Florida empirisch belegt hat, dürfte es einer kreativen offenen Kulturförderung eher abträglich sein, wenn sie der Wirtschaftsförderung subsummiert wird.

Gerade in den Flächenländern stellt sich auch die Frage, ob eine solche Entwicklung nur in den Zentren möglich ist? Natürlich gibt es einige spannende Entwicklungen auch in Kleinstädten. Es gibt alte Universitätsstädte in Baden-Württemberg wie Tübingen, die es geschafft haben, für kreative Szene, Hochschule und als Forschungsstandort gleichermaßen attraktiv zu sein. Aber andere kleine Universitäten abseits der Zentren leiden heute unter dem Mangel an Attraktivität. Es ist schwierig, gute Professoren dort hinzulocken. Und viele Studenten verlassen nach dem Studium die Region. Wie kann da gegengesteuert werden?

Wichtig ist jedenfalls die Erkenntnis, dass ein ganzheitliches Denken gefordert ist. Gute Schulen, Hochschulen, Kunst und Technologie, Freizeitwert und Umwelt, Förderung von Wissenschaft und Wirtschaft können nicht mehr getrennt gedacht werden. Die Zeiten, in denen Stahl und Beton alleine über die Zukunft entschieden haben, sind endgültig vorbei.

KAPITEL 10

MIT DEM DAMPFROSS DURCH DIE PRÄRIE

Über den Schutz der Umwelt, Gemeingüter und den Umgang mit Monopolen

Wer hat anteilig mehr Naturschutzflächen, der Stadtstaat Hongkong oder das fünfzehnmal größere Schleswig-Holstein? Die Antwort lautet erstaunlicherweise Hongkong! Obwohl Hongkong kaum mehr Fläche als Berlin und doppelt so viele Einwohner hat[161], stehen 40 Prozent der Landesfläche unter Naturschutz. In Schleswig-Holstein sind es nur 10 Prozent, in Berlin sogar nur 2,2 Prozent. In Hongkong wurde mir gesagt, das sei ein Erbe der britischen Herrschaft. Wer aber erwartet hatte, dass sich das nach der Rückgabe der Kolonie an China[162] ändern würde und die Flächen als Bauland freigegeben würden, hatte sich geirrt. Das Bewusstsein für die Bedeutung dieses Naturerbes ist sogar eher gestiegen. Mittlerweile gibt es in Hongkong erneut engagierte Naturschutzprogramme, um die ökologische Vielfalt in diesem teilselbstständigen Stadtstaat zu bewahren.[163]

Hongkong ist der Extremfall einer erfolgreichen staatlichen Umweltpolitik. Deshalb habe ich es als Ausgangspunkt für dieses Kapitel gewählt, das sich mit dem Umgang mit öffentlichen Gütern beschäftigt – beginnend von der uns umgebenden Natur bis hin zum Verkehr und zur Energieversorgung.

Die Wälder der Shogune

Hongkong ist keineswegs der einzige positive Ausnahmefall. So sind in Japan 67 Prozent der Landfläche mit Wäldern bedeckt. Damit liegt Japan unter den OECD-Staaten auf Platz drei, knapp hinter Schweden und Finnland. Das ist umso verwunderlicher, weil Japan mit 338

161 Government of the Hong Kong SAR 2007: *Hong Kong in Figures.*

162 Während einer Übergangsphase von 50 Jahren hat Hongkong einen Autonomiestatus, der die Stadt vor dem direkten Durchgriff der Zentralregierung in Peking einigermaßen schützt.

163 Xinhua News Agency 2002: *Protection of Natural Resources Pays off in Hong Kong.*

Einwohnern pro Quadratkilometer zu den am dichtesten besiedelten Flächenstaaten der Erde gehört – fast 15-mal so dicht wie Schweden und Finnland. Japan war nicht immer so waldreich. Im 17. Jahrhundert war der Verbrauch von Holz als wichtigstem Rohstoff für Häuser, Paläste und Schiffe enorm gestiegen – eine Folge der wachsenden Bevölkerung während des lang andauernden Friedens unter der Herrschaft der Shogune. Mehr Menschen brauchten auch wachsende Mengen von Holzkohle zum Heizen. Die Wälder schrumpften rasch. Und weil die Bauern den Waldböden immer mehr Humus zur Düngung ihrer Äcker entnahmen, wuchsen die Wälder immer schlechter nach. Damals stand die Zukunft der japanischen Gesellschaft auf der Kippe. Und doch gelang innerhalb einer relativ kurzen Zeit die Kehrtwende: Als erstes Land der Erde entwickelte Japan eine nachhaltige Forstwirtschaft. Dazu musste sogar die Ernährung umgestellt werden – sie erfolgte nun mangels ausreichender Ackerflächen zunehmend aus dem Meer.

Wie und wieso in Japan die Kehrtwende zu einer anderen Wirtschaftsweise gelang, hat der Geograf und Anthropologe Jared Diamond in seinem Buch *Kollaps* ausführlich analysiert.[164] Japan hat fruchtbare vulkanische Böden und viel Feuchtigkeit, sodass die Wälder anders als im Mittelmeerraum rasch wieder nachwachsen konnten. Auch war die ökologische Krise gut erkennbar, da der Raubbau der Wälder sehr schnell erfolgte. Welche enorme Bedeutung beides hat, kann man zum Vergleich in Libyen sehen. Dieses Land war im Altertum die Kornkammer des Römischen Reiches. Das Roden der ursprünglichen Wälder führte zum Rückgang der Niederschläge und zur Ausbreitung der Wüste bis an die Mittelmeerküste. Aber diese Veränderungen dauerten Generationen. Und viele derjenigen, die hätten umsteuern können, lebten nicht in Libyen, sondern im fernen Rom. Als den Menschen schließlich bewusst wurde, was mit dem Land passiert war, war es längst zu spät. Der Vormarsch der Wüste war irreversibel.

Entscheidend dürften in Japan aber auch politische Gründe gewesen sein. Die Shogune hatten damals eine gesicherte Machtstellung und daher ein objektives Interesse daran, längerfristig für die Zukunft des Landes zu handeln. Sie konnten einen Ordnungsrahmen durchsetzen, der die Wälder nachhaltig schützte. Dies geschah teilweise durch staatliche Maßnahmen und Forstbeamte. Teilweise stützte sich die Politik

164 Diamond 2005: *Kollaps*.

auf Feudalherren, in deren Privatbesitz die Wälder waren. Aber häufig setzte die Politik auch auf lokale Gemeinschaften, die Bewirtschaftungsformen entwickelten, um „ihre“ Wälder langfristig zu erhalten. In einer ökonomischen Krise, wo jeder raubt, was er bekommen kann, und unter instabilen politischen Verhältnissen wäre das nicht möglich gewesen. Entscheidend waren also zwei Faktoren, die uns immer wieder begegnen werden:

1. eine Ordnung, auf die die handelnden Menschen vertrauen konnten;
2. das Engagement der Menschen vor Ort.

Der Ordnungsrahmen musste sicherstellen, dass externe Akteure, die kein langfristiges Interesse an den Wäldern hatten, nicht durch Raub oder Ausbeutung kurzfristige Gewinne erzielen konnten.

Interessanterweise kommt Diamond bei der Analyse anderer Konflikte zwischen Umwelt und Nutzung immer wieder zu ähnlichen Konsequenzen. Ein aktuelles Beispiel ist Australien. Während noch vor einer Generation rücksichtslos Wälder gerodet, Flüsse reguliert wurden und immer mehr Vieh auf die Weiden getrieben wurde, hat sich das Bild heute deutlich geändert. Einerseits greift der Staat energischer ein, verhindert neue Rodungen und gibt sogar Millionen für die Renaturierung von Flüssen aus. Entscheidend war aber, dass sich auch das Bewusstsein der Bevölkerung geändert hat. Bauern schließen sich zu Verbänden zusammen, um gemeinsam ein ökologisches Management der Nutzung von Weideflächen durchzusetzen. So versuchen sie, die Zahl der Tiere auf den Weiden zu reduzieren und schwarze Schafe zur Vernunft zu bringen.

Die genannten Beispiele für den mehr oder weniger erfolgreichen Umgang von Gesellschaften mit der Natur lassen erkennen, dass immer wieder das Wechselverhältnis zwischen den gesetzten Regeln und dem Engagement der Menschen entscheidend war. Diesen Zusammenhang will ich nun noch genauer betrachten.

Allmende und Kommune

„In zahlreichen Studien über nepalesische Bewässerungssysteme konnten wir zeigen, dass Systeme, die von den Bauern selbst gebaut und gepflegt werden, im Durchschnitt besser in Schuss sind und mehr Wasser für die Landwirtschaft liefern als jene, die vom Staat verwaltet werden. Auch die Wasserzuteilung ist in den traditionellen, selbst verwalteten Systemen gerechter", schreibt die Nobelpreisträgerin Elinor Ostrom, über deren Forschungen ich schon in Kapitel 5 berichtet habe.[165] Das ist kein Einzelfall. Und solche Erfahrungen sind auch nicht auf Entwicklungsländer beschränkt. Frau Ostrom hat in Studien auch in entwickelten Industriestaaten immer wieder nachgewiesen, dass optimale Lösungen von komplexen Problemen oft weder durch private Konzerne noch durch die zentralstaatliche Verwaltung gefunden werden, sondern durch dezentrale und/oder selbst verwaltete Einrichtungen. Es gibt also einen guten Grund dafür, dass viele Fragen der Daseinsfürsorge in den meisten Ländern vor Ort durch die Kommunen oder durch kommunale Einrichtungen geregelt werden. Städtische Energieversorger, lokale Wasserwerke und Verkehrsverbünde sind dafür typische Beispiele.

Das alte Wort „Allmende" (englisch: „commons" – wörtlich: Gemeingüter) bezeichnete in Deutschland früher die Wälder und Wiesen eines Dorfes, die allen zur gemeinsamen Nutzung zur Verfügung standen. Der Biologe Garrett Hardin wurde durch sein Buch *Die Tragik der Allmende* bekannt. Darin behauptet er, dass solche Gemeingüter prinzipiell nicht ausreichend gepflegt und erhalten würden, weil der Egoismus der Einzelnen stets zur Übernutzung und Zerstörung der Allmende führen würde.[166] Wenn immer mehr Bauern ihre Tiere auf die gemeinsame Weide treiben, dann ist diese bald abgeweidet, und die Tiere verhungern. Ein klassisches Beispiel dafür aus unserer Zeit ist der Raubbau an den Fischbeständen der Weltmeere.

Ostrom hat die Thesen von Hardin widerlegt. Sie zeigte, dass die gemeinsame Verwaltung von Ressourcen in lokalen und regionalen Zusammenhängen seit Jahrtausenden gut funktioniert. In vielen Gesellschaften haben Menschen gelernt, mit öffentlichen und gemeinsamen Ressourcen nachhaltig umzugehen, die Natur zu erhalten und gemeinsame Einrichtungen sorgsam zu pflegen. Damit das funktioniert, muss jedoch die Einhaltung von einigen Regeln sichergestellt sein.[167]

165 Ostrom 2009.

166 Hardin 1968: *The Tragedy of the Commons.*

167 Ostrom 1999: *Die Verfassung der Allmende.*

Dazu gehört insbesondere, dass niemand von außen parasitär auf die Ressourcen zugreifen kann, dass die beteiligten Akteure bei der Erstellung der Regeln einbezogen werden und dass sie in sinnvoller Weise an den Kosten und am Nutzen der Ressourcen beteiligt sind. Denn was nützt es den Fischern im Senegal, dass sie nachhaltig nur so viele Fische fangen wie nachwachsen, wenn riesige Fangflotten aus Europa vorbeiziehen und die reichhaltigen Fanggründe verwüsten? Es ist also nicht die Unfähigkeit von Menschen, die zur Zerstörung der Allmende führt. Vielmehr ist es der Missbrauch der gemeinsamen Ressourcen meist durch das Eindringen von Externen, die kein Interesse an der Erhaltung der Ressourcen haben. Dieser Missbrauch hat durch den Kapitalismus und die Globalisierung erschreckende Ausmaße angenommen. Deswegen sind zur Erhaltung der Umwelt klare Regeln erforderlich, die vom Staat und gegebenenfalls auch durch internationale Vereinbarungen durchgesetzt werden müssen.

Wasser und Müll

Der Politkrimi-Autor Wolfgang Schorlau schildert in seinem Krimi *Fremde Wasser*, wie Großkonzerne weltweit versuchen, Wasserwerke aufzukaufen, und dabei über Leichen gehen.[168] Kurzfristig denkende Lokalpolitiker sind angesichts der wachsenden Verschuldung der Städte immer wieder geneigt, grundlegende Infrastruktureinrichtungen zu privatisieren. Jeder Mensch ist auf die Wasserleitung angewiesen. Verbunden mit Einsparungen an den Erhaltungsinvestitionen und schrittweisen Preiserhöhungen, lassen sich deshalb mit Wasserwerken gigantische Profite erwirtschaften. Ähnlich wie bei Eisenbahn- oder auch bei Stromnetzen (siehe unten) ist kaum zu befürchten, dass ein Konkurrent auf die Idee kommt, eine parallele Infrastruktur aufzubauen. Deshalb bilden solche Versorgungsnetze natürliche Monopole.

„In diesem Krimi ist verdammt wenig erfunden", schreibt Wolfgang Schorlau in seinem Nachwort. Tatsächlich kämpfen in vielen deutschen Städten – aber auch in vielen anderen Ländern der Welt – Bürgerbewegungen gegen die Privatisierung von öffentlichen Dienstleistungen. Der wohl bekannteste Fall war der Teilverkauf der Berliner

168 Wolfgang Schorlau 2006: *Fremde Wasser – Denglers dritter Fall.*

Wasserwerke, der nach einem erfolgreichen Volksentscheid nun wieder rückgängig gemacht werden muss.[169] Natürlich wirtschaftet eine staatliche oder kommunale Verwaltung nicht automatisch besser als eine private. Aber solange das Management in der Hand der Kommune ist, können Fehlentscheidungen beim nächsten Bürgermeisterwahlkampf thematisiert und gegebenenfalls korrigiert werden.

Etwas anders stellt sich die Situation bei der Müllentsorgung dar. Auch hierbei handelt es sich in Deutschland traditionell um eine kommunale Aufgabe, die in den Händen der Kreise liegt. Bis zur ersten gesetzlichen Regelung, dem Abfallbeseitigungsgesetz von 1972, hatte fast jede Kommune eigene Müllkippen, und es wurde hineingekippt, was eben anfiel – vom Haushaltsmüll bis hin zu hochgiftigen Chemieabfällen. Dieses gigantische und oft gruselige Erbe der ungeregelten Industriegesellschaft belastet uns noch heute. In Schleswig-Holstein wird es in dem heutigen Tempo noch etwa 300 Jahre dauern, bis alle Deponien untersucht und saniert worden sind.

Offensichtlich reichte also bei der Müllentsorgung das Eigeninteresse der Kommunen nicht aus. Es waren bundesweit gültige Gesetze erforderlich, damit der Wildwuchs der kommunalen Deponien beendet wurde. Als Folge der ersten Umweltschutzgesetze Anfang der 1970er-Jahre wurden zentrale Deponien und später dann Müllverbrennungsanlagen (MVA) eingerichtet. Doch auch Letztere erwiesen sich oft als hoch problematisch. Die ersten MVA waren geradezu Giftschleudern – und es dauerte Jahrzehnte, bis die Gesetzgebung vernünftige Grenzwerte etabliert hatte, oft gegen den erbitterten Widerstand von Teilen der Wirtschaft.

Ein weiterer Schritt war dann der Übergang zum Recycling. Als ich Anfang der 1980er-Jahre als Referent für die neu gegründeten Grünen Vorträge über die Mülltrennung hielt und die Vision verkündete, dass wir künftig eine Recycling-Gesellschaft brauchen, hielten mich vermutlich nicht wenige neugierige Zuhörer für leicht verrückt. Heute sortiert ganz Europa. Eine getrennte Entsorgung von Kunststoffen und Metallen, Papier, Kompost, Kleidung, Glas und Batterien ist fast überall Standard geworden. Auch an diesem Beispiel für kommunales Handeln sind also zwei Seiten zu beobachten:

1. Einerseits waren und sind klare gesetzliche Regelungen über

169 Der Berliner Wassertisch 2012.

Grenzwerte, Deponiestandards, Produktqualitäten, Pfandsysteme usw. erforderlich. Weiterhin bedurfte es eines Finanzierungssystems wie des Grünen Punkts, der die Hersteller von Verpackungen finanziell an deren Entsorgung beteiligt.

2. Zum anderen überrascht aber auch das hohe Engagement der Bürger. Für Millionen Menschen in Deutschland ist die Mülltrennung zur Selbstverständlichkeit geworden. Nun kann eine Qualität erreicht werden, die fast alle Müllfraktionen außer dem Restmüll bereits heute zu wertvollen Ressourcen macht.

Auch in diesem Fall kann man also erneut feststellen, dass Eigenengagement sehr viel leisten kann, dass aber gleichzeitig klare gesetzliche Regelungen nötig sind. Wenn die Menschen nämlich im Fernsehen erfahren, dass der Inhalt von gelben Tonnen unsortiert verbrannt oder gar nach Afrika verschifft wird und dort die Umwelt versaut (beides ist bei Strafe verboten!), dann sinkt die Bereitschaft zu solchen Bemühungen. Die Durchsetzung von klaren Regelungen und das Eigenengagement der Menschen bedingen sich offensichtlich gegenseitig.

Selbstorganisation im 21. Jahrhundert

Auch in der modernen Gesellschaft des 21. Jahrhunderts gibt es viele Beispiele dafür, dass der Mensch grundsätzlich ein kooperatives Wesen ist. Davon zeugen Sportvereine und Naturschutzverbände, Eigentümergemeinschaften von Wohnungen und selbst verwaltete Wohnprojekte. Weitere Beispiele sind Bürgerwindparks und Dorfgemeinschaftshäuser, freiwillige Feuerwehren und selbst verwaltete Kindertagesstätten und Schulen. Nicht selten werden genossenschaftliche oder gemeinschaftlich verwaltete Lösungen gewählt. Auch die Kommunen sind solche gemeinsamen Einrichtungen – was übrigens in der politischen Theorie explizit so gesehen wird. Nicht umsonst wird das Adjektiv „kommunal“ oft als Gegensatz zu „staatlich“ benutzt, und man spricht konsequenterweise von der „kommunalen Selbstverwaltung“. Kommunale Einrichtungen wie Sparkassen und Stadtwerke genießen bei den Bürgern ein viel größeres Vertrauen als private Großbanken oder Großunternehmen (siehe Grafik).

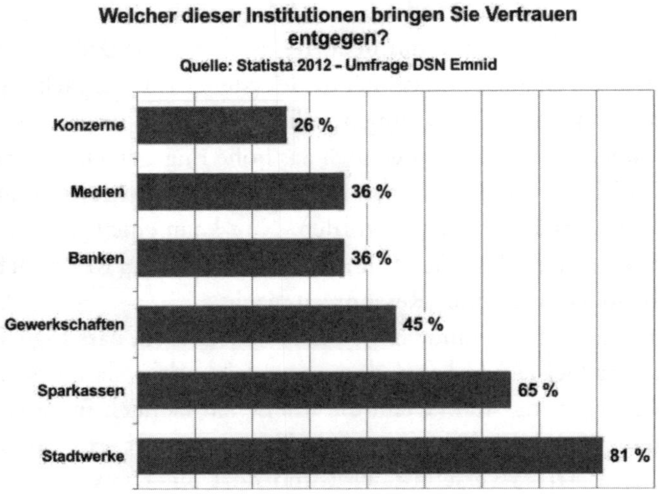

Selbstverwaltung und Gemeinnützigkeit werden nicht nur lokal, sondern auch im größeren Maßstab praktiziert. Ein erheblicher Teil der sozialen Einrichtungen werden in vielen Staaten in Form von selbst verwalteten Verbänden oder von gemeinnützigen Institutionen organisiert, die keine Profitorientierung haben und oft auch keine Gewinne erwirtschaften dürfen. Kirchen und Sozialverbände betreiben oft mit großem ethischen Engagement Kindertagesstätten und Schulen, Krankenhäuser, Pflegeheime und vieles mehr. Naturschutzgebiete werden in der Regel nicht durch Beamte, sondern von ehrenamtlich geleiteten Naturschutzvereinen betreut.

Natürlich gibt es auch in selbst verwalteten und kommunalen Einrichtungen Probleme, Skandale und Missbrauch. Aber das sind dann offensichtliche Regelverstöße, die auch als solche gebrandmarkt und geahndet werden. Interessanterweise ist die öffentliche Empörung bei solchen Verstößen besonders groß, während egoistisches und unsoziales Verhalten in der Privatwirtschaft oft toleriert und sogar als selbstverständlich akzeptiert wird. Warum eigentlich? Es wird Zeit, dass wir auch von der Privatwirtschaft erwarten, dass Normen des menschlichen Zusammenlebens selbstverständlich eingehalten werden müssen.

Die Durchsetzung eines gesetzlichen Rahmens ist nicht immer konfliktfrei. Im Gegenteil: Ein typisches Beispiel sind die Naturschutzrichtlinien der Europäischen Union wie die Vogelschutzrichtlinie oder die FFH-Richtlinie (Flora-Fauna-Habitat). Sie sollen die Artenvielfalt und die typischen Ökotope in den unterschiedlichsten Regionen der EU erhalten. Wenn ein solches Schutzregime mit Beteiligung von Bauern, Waldbesitzern und Naturschutzverbänden erst einmal umgesetzt wurde, funktioniert es meistens erstaunlich effizient und konfliktfrei. Das eigentliche Problem ist die Installation des Regimes. Immer wenn es sich nicht um staatliche, sondern um privat genutzte Flächen handelte, hat die Ausweisung von neuen Naturschutzflächen bzw. Vogelschutz- oder FFH-Gebieten trotz der damit verbundenen Ausgleichszahlungen lautstarke Proteste hervorgerufen. Die Eigentümer fühlen sich – durchaus zu Recht – in ihren Eigentumsrechten verletzt. So hat die Ausweisung des Nationalparks Wattenmeer in der Nordsee zu jahrelangen Auseinandersetzungen geführt, die die gesamte Region erschütterten. Als das Regime dann aber installiert war, freundeten sich die Menschen erstaunlich schnell damit an. So waren in Nordfriesland, wo die Proteste zuvor am heftigsten waren, schon bald drei Viertel der Bevölkerung Befürworter des Nationalparks. Viele Menschen sind jetzt stolz auf „ihr“ Naturerbe, und viele engagieren sich sogar in der Betreuung.

Warum eine Bundesfeuerwehr Unsinn wäre

Die obigen Überlegungen werfen eine grundsätzliche Frage auf: In welcher Form sollte eine Gesellschaft Aufgaben, die für alle von Bedeutung sind, am besten organisieren? Offensichtlich gibt es keine simple Antwort: Bürgerinitiativen fordern mal mehr Staat, ein andermal mehr Freiheit für die Bürger oder auch mehr Demokratie von unten. Das sind Forderungen, die sich nicht selten widersprechen (das Thema Demokratie werde ich im folgenden Kapitel genauer betrachten). Auf komplexe Fragen gibt es nun mal keine simplen Antworten.

Es gibt aber einige gute Regeln: Alles, was vor Ort durch die Menschen selbst gestaltet werden kann, sollte auch so organisiert werden. Denn eine staatliche Verwaltung neigt nun mal zu Bürokratie und ist oft wenig flexibel. So wäre es Unsinn, eine Bundesfeuerwehr einzuführen, wenn die meisten Dörfer und Kleinstädte diese Aufgabe durch eine freiwillige Feuerwehr lösen können. Das leuchtet ein. So frage ich mich seit Langem, warum es in Deutschland eine bundeseinheitliche Arbeitsverwaltung durch die Agentur für Arbeit gibt. Ich bin sicher, diese Aufgabe könnte unter kommunaler Leitung der Landkreise und Städte viel effizienter entsprechend der örtlichen Situation bewerkstelligt werden. Dann brauchte es lediglich eine überregionale gemeinsame Stellenbörse und die Arbeitslosenversicherung.

Was also auf kommunaler Ebene erledigt werden kann, muss nicht das Land oder der Bund an sich ziehen. Immer dort, wo die Nutzer eines Dienstes gemeinsame Interessen an der Qualität haben, wo sie selbst an den Kosten beteiligt sind und vom Nutzen profitieren, bieten sich auch gemeinwirtschaftliche Modelle an. Ein gutes Beispiel dafür sind die Genossenschaftsbanken – oder auch die Wasserversorgung.

Aber wenn private Interessen von einzelnen einflussreichen Personen oder gar von internationalen Konzernen dem Allgemeinwohl entgegenstehen, dann bedarf es klarer Regeln – auf nationaler und internationaler Ebene. Die Rahmengesetzgebung für den Umweltschutz ist dafür ein typisches Beispiel.

Und wenn es auf die absolute Integrität der handelnden Personen ankommt, wenn diese niemandem einen Gefallen tun dürfen, weil dann die Gleichheit vor dem Gesetz tangiert wird, dann sollte die Aufgabe unbedingt beim Land, beim Zentralstaat oder gar bei der EU angesiedelt werden. Beispiele dafür sind die Justiz, die Polizei oder die Finanzbeamten. Solche Kernfunktionen des Staates müssen durch unabhängige staatliche Beamte erledigt werden, damit sichergestellt ist, dass sie nicht von reichen und mächtigen Bürgern, Verbänden oder Konzernen unter Druck gesetzt werden können.

Staatlich oder privat? Der Hatfield Rail Crash

Am 17. Oktober 2000 entgleiste bei Hatfield in der Nähe von London ein Intercity-Express mit 185 km/h. Vier Menschen starben, und 70 wurden verletzt. Ursache war ein Schienenbruch in einer Weiche. Auch wenn es nicht der größte britische Eisenbahnunfall war, so hatte er doch die größten politischen Auswirkungen.[170] Mit dem Hatfield Rail Crash

170 Crozier 2001: *Why British Rail Privatization Has Failed.*

verbindet sich bis heute das Scheitern der Privatisierung der britischen Eisenbahnen durch die konservative Regierung ab 1993. Infolge des Unfalls wurden für ein Jahr massive Geschwindigkeitsbeschränkungen im gesamten Netz verordnet, die schließlich dazu führten, dass die private Netzgesellschaft „Railtrack“ in Konkurs ging und das Schienennetz wieder in eine staatliche Gesellschaft überführt wurde.

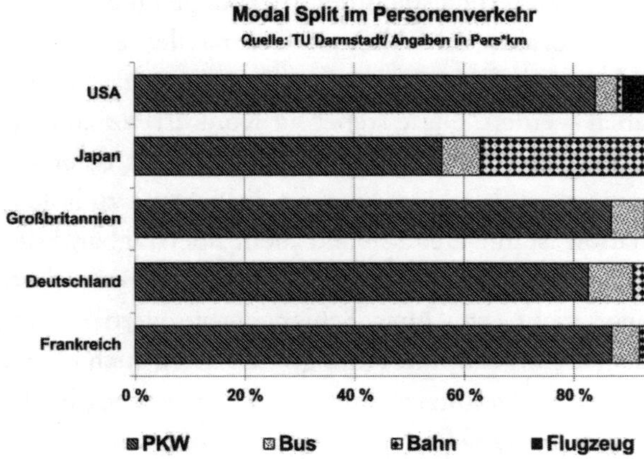

Kann man also nach den britischen Erfahrungen sagen, dass Bahnverkehr grundsätzlich durch den Staat und nicht privat betrieben werden sollte? Die Frage nach der Organisationsform der Bahn steht exemplarisch für zahlreiche Infrastruktureinrichtungen in einer modernen Gesellschaft. Die Antwort ist leider nicht so einfach.[171] Das Land mit dem größten Anteil der Bahn am Personenverkehr weltweit ist vermutlich Japan. Hier wird fast ein Drittel der Transportleistung mit der Bahn abgewickelt. In Deutschland sind es gerade einmal 7 Prozent, und in vielen anderen Staaten fristet die Bahn nur noch ein Nischendasein. Aber gerade in Japan fand ab 1987 schrittweise und erfolgreich eine Privatisierung statt. Mittlerweile wurde der Bahnverkehr auf der Hauptinsel Honshu vollständig privatisiert und wird von vier großen und zahlreichen kleinen Gesellschaften betrieben. Das Gegenbeispiel ist die Schweizer Bahn, die immerhin einen Anteil von 21 Prozent des Personenverkehrs bewältigt (sie fehlt leider in der Grafik) und sich zu 100 Prozent im Staatsbesitz befindet.[172]

171 Boltze/Reusswig (TU Darmstadt) 2000: *Modal Split in Different Countries.*

172 BFS 2010: *Modalsplit im Personenverkehr.*

Ob eine private oder eine staatliche Organisation des Bahnverkehrs besser ist, bedarf also einer genaueren Analyse. Und die ergibt, dass Japan ein Ausnahmefall ist.[173] Das Innere der japanischen Inseln ist bergig und unzugänglich – sodass die großen Städte sich wie Perlen auf einer Kette an den Küsten aufreihen. Das bietet optimale Bedingungen für den Bahnverkehr. Die Auslastung der Schienenwege ist fünfmal so hoch wie hierzulande. Auch sind die Entfernungen nicht so groß, dass Flugverkehr eine praktikable Alternative darstellen könnte. In Japan können die Hauptbahnlinien daher von privaten Gesellschaften profitabel betrieben werden. Diese stehen in Konkurrenz zum Individualverkehr und haben ein hohes Interesse daran, mit einer optimalen Verkehrsorganisation viele Menschen auf die Schiene zu holen.

Diese Situation ist auf Deutschland nicht übertragbar. Hier wie in den meisten Gegenden der Welt ist eine vergleichbare Auslastung der Schienenstränge nicht erreichbar. Schienenwege werden nur gebaut, wenn der Staat sie subventioniert (das gilt natürlich auch für Straßen!). Unter solchen Voraussetzungen wäre eine Privatisierung hoch problematisch. Die privaten Gesellschaften würden auf Dauer Subventionen benötigen und hätten zugleich auf ihren Strecken ein Monopol. Für die Eigentümer gäbe es keinen Anreiz, einen optimalen Verkehr zu organisieren. Im Gegenteil: Die Stilllegung von Nebenstrecken würde sogar Geld sparen und die Profite erhöhen. Wenn aber Investitionen erforderlich wären, dann würde die private Gesellschaft nach dem Staat rufen, der dadurch erpressbar wäre: ein offensichtlicher Blödsinn!

Was aber für die Schienen gilt, muss nicht unbedingt für die Züge gelten, die auf den Schienen fahren. Auch beim Straßenverkehr gehören schließlich die Straßen aus guten Gründen meist dem Staat, während die Autos Privatbesitz sind. Tatsächlich wurden in Schweden, in Deutschland und schließlich auch in England gute Erfahrungen mit der Ausschreibung des Zugverkehrs auf einzelnen Strecken gemacht. Da der regionale Zugverkehr meist nicht kostendeckend betrieben werden kann, bekommt dabei derjenige Anbieter den Zuschlag, der die geringsten Zuschüsse fordert und die höchste Qualität bietet. Das Ergebnis war meist überzeugend: Es kam zu erheblichen Einsparungen. Das machte es möglich, auf vielen Strecken einen Stundentakt einzuführen. Auch die Qualität der Züge und der Service verbesser-

173 Mayer 2004: *Von Japan lernen heißt Qualität lernen.*

ten sich. In wenigen Jahren wurde der jahrzehntelange Rückgang der Fahrgastzahlen gestoppt, und die Zahl der Passagiere stieg signifikant an. Die Voraussetzung für diesen Erfolg war aber, dass die Schienenwege in öffentlicher Hand blieben und faire Trassenpreise für die Züge angeboten wurden. Letzteres ist leider in Deutschland oft ein Problem, da die DB-AG sich wie ein Privateigentümer geriert und ihr Schienenmonopol dazu benutzt, durch überhöhte Trassenpreise und Schikanen beim Betrieb Konkurrenten im Güter- oder Personenverkehr so zu benachteiligen, dass das Geschäft für sie unrentabel wird.

Ähnliche Überlegungen wie beim Bahnverkehr kann man auch auf den Straßenbau anwenden. Der Straßenbau ist fast überall in der Welt eine staatliche Aufgabe. Ein profitabler Betrieb von privat gebauten Straßen ist nur bei Autobahnen und Brücken möglich, wenn die Nutzer sich deutliche Zeitvorteile versprechen. Das kennen wir von unseren Urlaubsreisen in die Alpenländer, nach Italien oder Frankreich. Da die privaten Autobahnen in Konkurrenz zu den kostenlosen Landstraßen stehen, haben sie kein Monopol und sind bemüht, durch Qualität und moderate Kosten möglichst viele Fahrer von ihrem Angebot zu überzeugen.

Cittàslow

Natürlich kosten gut ausgebaute Schienentrassen erhebliche Gelder aus der öffentlichen Kasse. Trotzdem muss die Verlagerung des Verkehrs auf die Bahn keineswegs teurer sein. Mehr Fahrgäste und Güter auf der Bahn reduzieren die Kosten im Straßenbau. Weniger Autoverkehr benötigt auch weniger breit ausgebaute Straßen und vor allem erheblich weniger Straßenreparaturen. Am schnellsten amortisieren sich Investitionen in die Schiene auf den Fernstecken, wo der Bahnverkehr in der Regel kostendeckend betrieben werden kann. Aber auch Investitionen in den öffentlichen Personennahverkehr (ÖPNV) rechnen sich häufig, obwohl dieser rein betriebswirtschaftlich gesehen fast überall ein Zuschussbetrieb ist. So hat Alexander Dill vom Basel Institut of Commons and Economics in einer Studie über München berechnet, welche finanziellen Auswirkungen eine Verdoppelung des Angebots hätte.[174] Im Ergebnis würden die Kosten um 350 Mill. Euro jährlich wachsen,

174 Dill 2010: *Studie Opportunitätskosten Münchner Nahverkehr.*

die Einnahmen dagegen um mehr als eine halbe Milliarde. Das Defizit würde also deutlich sinken.

Wenn man aber nicht nur betriebswirtschaftlich rechnet, sondern eine volkswirtschaftliche Gesamtrechnung erstellt, kommt man zu ganz anderen Zahlen. Denn nun werden auch die privaten Vorteile für die Menschen und die Münchner Firmen sowie die für die Stadt insgesamt mit einbezogen. Zusammen würden jährlich über 2 Milliarden Euro eingespart: PKW-Kosten von Pendlern, durch Stau verlorene Arbeitsstunden von Pendlern, Dienstleistern und Transportfahrten, eingesparte Unfallkosten durch mehr Sicherheit und schließlich die Einsparungen für den Straßenbau und der nicht unerhebliche Gewinn an freien (und teuren) städtischen Flächen. Noch rentabler stellen sich übrigens Investitionen in die Förderung des Fahrradverkehrs dar.

Allerdings lohnt sich die Verkehrswende nicht nur aufgrund der Kosten und der Verbesserungen für die Umwelt. Die Verlagerung des Verkehrs aufs Fahrrad und auf öffentliche Verkehrsmittel kann das Leben in den Städten insgesamt radikal verändern – wie die deutschen Beispielstädte Münster und Freiburg jedem erstaunten Besucher demonstrieren. Ergebnis dieser Transformation sind mehr Ruhe, mehr Grünflächen, mehr fußläufige Geschäfte, mehr Sicherheit für Kinder, mehr Urbanität, kurz gesagt: Sie macht die Städte attraktiver und lebenswerter. Es ziehen wieder Familien in die Städte, und sogar die Immobilienpreise steigen, auch wenn das nicht unbedingt wünschenswert ist. Wenn sich das Ganze auch finanziell positiv auf die Stadtkasse auswirkt, dann ist das ein zusätzliches – aber keineswegs allein entscheidendes Argument.

An der Spitze der Kommunen, die sich für eine andere Verkehrspolitik engagieren, stehen eine Anzahl von Mittelstädten, die sich in der Organisation „Cittàslow“ zusammengeschlossen haben. Initiator dieser Bewegung für eine menschenfreundlichere Kommunalpolitik waren einige Städte in Italien. Cittàslow wurde 1999 auf Initiative von Paolo Saturnini, dem Bürgermeister von Greve in Chianti, einer Kleinstadt in der Toskana, gegründet.[175] Es ging darum, der Zerstörung der Städte als Lebensraum durch immer mehr Straßen und Lärm etwas entgegenzusetzen. Jede Stadt, die sich als Cittàslow zertifizieren lassen will, muss daher einen umfangreichen Kriterienkatalog erfüllen. Die Kriterienliste umfasst als Punkte die Verkehrsberuhigung,

175 Cittàslow International 2012: *Cittàslow International Network.*

die Erhaltung der Denkmäler, eine ökologische Abfallbeseitigung, die Förderung der gesunden Ernährung durch Ansiedlung von entsprechenden Geschäften, Restaurants und Produzenten und last not least mehr Bürgerfreundlichkeit der Verwaltung. „Die Grundidee, ein gesundes, lebensfreundliches und regionaltypisches Lebensumfeld in einer attraktiven Stadt zu schaffen und zu erhalten, greift weiter und umfasst die gesamte Stadt und ihr Umland", schreibt der Bürgermeister auf der Homepage der fränkischen Stadt Hersbruck, die als erste deutsche Stadt das Prädikat Cittàslow verliehen bekam. Mittlerweile haben sich Dutzende Städte in zehn europäischen Staaten, ja sogar einzelne Städte in den USA, in Südkorea und in der Türkei der Bewegung angeschlossen.

Güterverkehr in der Prärie

Das Spiel des Jahres 1984 hieß Dampfross. In dem Spiel sollte sich jeder Spieler ein eigenes Schienennetz aufbauen, um optimal Güter zu transportieren. Aus Sicht Europas mit seinen staatlichen Eisenbahnnetzen wirkt die Spielidee etwas absurd. Dabei schildert sie nur die Situation, die für Nordamerika trotz aller Umbrüche bis heute normal ist. Tatsächlich gelten nämlich für den Güterverkehr, der in Nordamerika den Schienenverkehr dominiert, völlig andere Regeln als im Personenverkehr, wie die unten stehende Grafik unschwer erkennen lässt.[176]

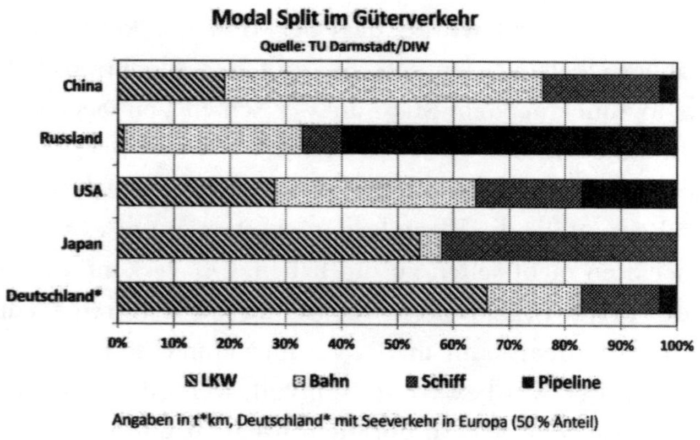

176 Boltze/Reusswig 2000 und Bundesministerium für Verkehr 2008: *Verkehr in Zahlen 2008/2009.*

Ausgerechnet im Autofahrerland USA werden die meisten Güter durch private Bahngesellschaften transportiert: Der Anteil der Bahn liegt mit 36 Prozent deutlich vor dem LKW und dem Schiff. Aber auch in einigen Staaten mit staatlichen Eisenbahnen liegt der Gütertransportanteil der Schiene sehr hoch – so in der Schweiz[177] mit 38 Prozent, in den Flächenstaaten Russland und China und in einigen ehemals sozialistischen Staaten in Osteuropa.

Der Grund dafür ist einleuchtend: Während der Personenverkehr nur auf mittleren Strecken profitabel sein kann, weil auf Langstrecken das Flugzeug bei den heutigen Preisen attraktiver ist, lohnt sich der Güterverkehr erst auf Langstrecken. Dann sind die Ersparnisse größer als die Kosten für das Umladen. In Nordamerika rollen privat betriebene Güterzüge mit mehreren Kilometern Länge durch die Prärien quer über den ganzen Kontinent. Dort ist den Bahngesellschaften das gelungen, wovon Umweltschützer und DB-AG in Europa nur träumen können: Die Bahn hat die umweltbelastenden LKWs weitgehend aus dem Fernverkehr verdrängt. Den LKWs bleibt nur der Nah- und Zulieferverkehr.

Völlig anders ist die Situation in Europa: Hier erweisen sich die nationalen staatlichen Bahnen als Haupthindernis, weil sie mit hohen Trassengebühren und bürokratischen Hemmnissen verhindern, dass konkurrierende Staatsbahnen oder auch Private ihre Güterzüge quer durch ganz Europa fahren lassen. Die Kleinstaaterei verhindert ein ökologisches und wirtschaftliches System. Dass etwas anderes auch in Europa möglich ist, beweist wiederum die Schweiz, wo per Volksabstimmung durchgesetzt wurde, dass der Transitverkehr zukünftig per Bahn abgewickelt werden soll. So rollt der Alpentransit durch die Schweiz in zunehmendem Maße auf der Schiene, ein Segen für die Menschen und die Natur.

Ich habe den Verkehrssektor deshalb so ausführlich analysiert, weil er ein gutes Beispiel für die Komplexität ist, mit der wir es in modernen Gesellschaften nicht selten zu tun haben. Ob Verkehr am besten staatlich oder privat organisiert wird, ist nur im konkreten Fall zu beantworten. Trotzdem kann man auch hier einige einfache Regeln extrahieren: Privater Wettbewerb ist sinnvoll, wenn die Anreize ausreichen, sodass ein Wettbewerb um mehr Qualität und Quantität für

177 BFS 2010: *Modalsplit im Güterverkehr.*

den öffentlichen Verkehr möglich ist. Auf keinen Fall jedoch darf die Infrastruktur privatisiert werden, wenn dadurch ein privates Monopol entsteht. Und schließlich bedarf es ganz klarer staatlicher Signale, wenn die Verkehrswende gelingen soll. Hier ist die Schweiz ein gutes Beispiel, das man nachahmen kann.

Warum E.ON verurteilt wurde

Die größte umweltpolitische Herausforderung der kommenden Jahre ist die Energiewende. Ähnlich wie bei der Müllentsorgung bedarf es dazu einer klaren Rahmensetzung, die vom Staat – also dem gewählten Parlament – kommen muss. Die Energiewende ist zugleich ein weiteres Beispiel für das Engagement von unten. Hunderttausende von Bürgern haben Solaranlagen auf ihren Dächern installiert, ihre Häuser isoliert, mit Wärmepumpen versehen oder sich an Windparks beteiligt. Sie waren bereit, sich finanziell zu engagieren, weil sie von dem Nutzen des Investments für die Gesellschaft überzeugt sind und die finanziellen Rahmenbedingungen stimmen.

Bislang beherrschen in den meisten Staaten private oder staatliche Monopole den Markt der Stromversorgung. In Deutschland dominiert das Oligopol von vier privaten Konzernen: E.ON, RWE, Vattenfall und EnBW. Sie haben 80 Prozent des Strommarktes in ihrer Hand. Den Rest teilen sich über 800 Stadtwerke und einige Ökostromanbieter. Obwohl auf Druck der EU die Stromerzeugung und der Betrieb der Höchstspannungsnetze – das ist die oberste Fernleitungsebene mit 380kV Spannung – getrennt wurden, gibt es immer noch eine enge indirekte Verflechtung der Netzbetreiber mit den Energieerzeugungskonzernen. Sie tun alles Mögliche, um ihre Atom- und Kohlekraftwerke möglichst lange laufen zu lassen, Strom aus Windkraftanlagen nicht abzunehmen, den Aufbau von intelligenten Netzen vor Ort (Smart Grids)[178], die Anreize zum Stromsparen bieten, zu verhindern und den Anschluss von Offshore-Windparks zu verzögern. E.ON, die Nummer eins in diesem Oligopol, wurde deshalb schon zweimal von der EU rechtskräftig verurteilt und schließlich gezwungen, sein Höchst-

178 Im Smart Grid verändert sich der Strompreis je nach Angebot und Nachfrage, und die Kunden werden durch ein Signal darüber informiert, sodass sich Verbraucher und Anbieter entsprechend zu- und abschalten können.

spannungsnetz an die holländische Firma TenneT zu verkaufen. Diese Erfahrungen sprechen dafür, dass Stromnetze grundsätzlich in die öffentliche Hand gehören. Schließlich stellen sie ähnlich den Schienenwegen und den Wasserwerken ein regionales Monopol dar.

Ganz anders aber sieht es bei den Kraftwerken aus. Die Stromerzeugung ist nämlich kein natürliches Monopol wie das Netz. Im Gegenteil! Der Boom der Wind- und Solarenergie war erst möglich, nachdem das Quasi-Monopol der großen Stromkonzerne gebrochen wurde. Dies geschah in Deutschland im Jahre 2000 mit dem Erneuerbare-Energien-Gesetz (EEG) des grünen Umweltministers Trittin. Damit sorgte der Staat dafür, dass private Erzeuger erneuerbarer Energien das Recht haben, ihren Strom vorrangig und zu festen Preisen ins Netz einzuspeisen. In Ländern wie Großbritannien dagegen, wo es lange keine Stromerzeugung durch Privatleute gab, verlangten die Großkonzerne völlig überhöhte Preise für erneuerbare Energien und versuchten so, die Energiewende auszubremsen. Das EEG dagegen ist geradezu zu einem Exportschlager geworden. Über 80 Staaten haben das deutsche Gesetz kopiert und verabschiedet und so dafür gesorgt, dass kleine Erzeuger Strom aus Wind, Sonne oder Biomasse in immer größeren Mengen ins Netz einspeisen. So verbinden sich staatliche Rahmensetzung und privates Engagement zum Wohle der Gemeinschaft.

Wer nach dem Atomkonsens glaubt, dass die Auseinandersetzung mit dem Strom-Oligopol nun zu Ende ist, irrt. Jetzt wird den Bürgern mit Horrorgeschichten über die steigenden Strompreise Angst eingejagt. Tatsächlich aber wird die Energiewende schon bald zum Sinken der Preise führen. Denn die erneuerbaren Energien brauchen keine Rohstoffe – Wind, Sonne und Wasser sind kostenlos. Und mit verbessertter Technik fallen die Kosten. Die fossilen Rohstoffe von Kohle bis Gas werden dagegen von Jahr zu Jahr teurer. Trotzdem werden erneut Millionen Euro in Werbekampagnen gesteckt – nicht um die Preise zu senken, sondern um die Monopolprofite zumindest für ein paar weitere Jahre zu sichern. Das Bündnis zwischen aufgeklärten engagierten Bürgern und solchen Politikern, die den Mut haben, sich dem Oligopol zu widersetzen und die Energiepolitik zu modernisieren, wird erneut auf die Probe gestellt.

Der Umgang mit öffentlichen Aufgaben

Natürlich kann der Klimawandel nicht allein durch die Energiewende oder die Verkehrswende in Deutschland gestoppt werden. Trotzdem hat das, was in Deutschland passiert, international eine gewaltige Signalfunktion. Darauf werde ich in Kapitel 12 zurückkommen.

An dieser Stelle fasse ich noch einmal knapp zusammen, wie eine Regierung mit der Organisation öffentlicher Ressourcen und Einrichtungen umgehen sollte. Denn so unterschiedlich die dargestellten Probleme und die ihnen adäquaten Lösungen ausfallen, so gelten doch immer wieder die gleichen Grundsätze:

- Die Verwaltung von öffentlichen gemeinsamen Ressourcen erfordert klare, verbindliche Regeln, damit nicht private Eigentümer oder Firmen öffentliche Gemeingüter auf Kosten der Allgemeinheit nutzen, ohne adäquat dafür zu bezahlen.
- Öffentliche Einrichtungen, die Monopolcharakter haben wie zum Beispiel die Bahnnetze, die Straßennetze, die Stromnetze und die Wasserleitungen, dürfen auf keinen Fall privatisiert werden, weil sonst Private Monopolprofite kassieren können und die Gefahr besteht, dass langfristige Investitionen in die Infrastruktur vernachlässigt werden.
- Möglichst viele Aufgaben und Einrichtungen sollten dezentral von gemeinnützigen Vereinen, Einrichtungen oder Verbänden oder von den Kommunen organisiert und/oder durchgeführt werden. Besonders geeignet dafür sind Aufgaben des Naturschutzes und die meisten sozialen und kommunalen Dienstleistungen.
- Privatwirtschaftliche Lösungen sind immer dann sinnvoll, wenn ein Preis- und/oder Qualitätswettbewerb genutzt werden kann, um private Investitionen und privates Engagement zum Vorteil der Allgemeinheit zu mobilisieren. Dafür bedarf es aber klarer Rahmenbedingungen.
- Öffentliche Aufgaben wie die Polizei, die Justiz oder die Finanzämter, die auf keinen Fall dem Einfluss lokaler Größen aus Wirtschaft oder Politik ausgesetzt sein dürfen, müssen dagegen zentralstaatlich organisiert und daher bei den Ländern, den Staaten oder gar der EU angesiedelt sein.

TEIL III

REALOTOPIA

Gute (oder schlechte) Politik – und erst recht die Verwirklichung einer Utopie – findet nie im luftleeren Raum statt, sondern in einer konkreten Gesellschaft. Diese Gesellschaft hat im Idealfall eine Verfassung, eine Regierung und eine Vielzahl von sonstigen Institutionen. Sie kann demokratisch oder autokratisch verfasst sein, ihre Institutionen können funktionieren oder aber ohnmächtig herumagieren. Kurz gesagt, es gibt stets einen politischen Rahmen, der darüber bestimmt, wie Politik gemacht, wie sie kontrolliert wird und welche Spielräume die handelnden Akteure haben.

Nachdem ich bislang nach den Werkzeugen und Bausteinen für eine gute Politik gesucht habe, soll sich der dritte Teil nun mit dem politischen Rahmen für das angestrebte Realotopia befassen. Warum brauchen wir eine Demokratie, was kann sie leisten, wie sollte sie gestaltet werden, also „verfasst" sein?

Der Rahmen für die Handlungsmöglichkeiten einer Gesellschaft wird aber nicht nur von der nationalen Verfasstheit bestimmt, sondern auch von dem internationalen Umfeld. Deswegen beschäftigt sich Kapitel 12 mit den Fragen, was Politik national überhaupt noch entscheiden kann, was internationaler Regelungen bedarf und wie das internationale Umfeld in Zeiten der Globalisierung gestaltet werden sollte.

KAPITEL 11

VON LÖWEN UND DRACHEN

Welche Chance hat die Demokratie?

„Demokratisierung im westlichen Sinne ist (für Äthiopien) keine Option. (…) Kontinuität (ist) angesagt. Das Vorbild heißt China."[179] Das schrieb der Hamburger Professor Wolbert Smidt nach dem Tod des langjährigen äthiopischen Präsidenten Meles Zenawi im September 2012. Professor Smidt lebt und unterrichtet seit Jahren in der äthiopischen Hauptstadt Addis Abeba. Wenn er von Kontinuität spricht, dann bezieht er sich auf das kontinuierliche Wirtschaftswachstum des autoritär regierten Landes von rund 8 Prozent jährlich in den vergangenen zehn Jahren.[180]

Andere Länder, die neoliberalen Ratschlägen aus den USA folgten, waren oft nicht so erfolgreich. Kein Wunder, dass das Vorbild Chinas Eindruck macht. Selbst bei der Lösung der Klimafrage trauen manche Experten China bereits mehr zu als den USA. Im Jahr 2011 wurden 80 Prozent aller Windräder weltweit in China aufgestellt, zwei Drittel aller solarthermischen Anlagen stehen dort, und auch bei der Produktion von Solarzellen ist das Land Weltspitze. „Gehört die Zukunft China – dem asiatischen Modell? Sind die Chinesen erfolgreicher als der Westen?", fragte mich neulich sogar ein junger Unternehmer in Hamburg.

Hatte John Rawls etwa unrecht, als er in seiner Gerechtigkeitstheorie den Begriff der Freiheit an die erste Stelle setzte? Kann ein autoritäres System besser mit den Problemen dieses Jahrhunderts zurechtkommen und schneller reagieren? Ist die Demokratie nur eine kurzfristige, vorübergehende Erscheinung in der Weltgeschichte? Stellt der Drache Long – das alte Symbol Chinas – eine Gefahr für die Demokratie und unsere freiheitliche Lebensweise dar? Diese Fragen sollen in diesem Kapitel aus unterschiedlichen Blickwinkeln untersucht werden.

179 Smidt 2012: *Kafka kam bis Addis Abeba.*

180 Marrientos 2012: *Index Mundi.*

Vorbild Preußen?

Ökonomisch ist China außerordentlich erfolgreich, aber es ist auch ein Land extremer und zunehmender Ungleichheit. Diese wächst besonders zwischen der neuen Oberschicht in den reichen Metropolen und den Bauern der ländlichen Gebiete. Politisch handelt es sich um ein autoritäres System, das jegliche Opposition konsequent unterdrückt. In China werden viermal so viele Menschen hingerichtet wie im gesamten Rest der Welt. Als Vorbild für eine gerechte Gesellschaft eignet sich China sicherlich nicht. Aber als Vorbild für Entwicklungsländer, die endlich die Armutsfalle verlassen wollen, hat es eine beträchtliche Attraktivität.

In der Geschichte der Industriegesellschaften ist das nichts Ungewöhnliches. Auch andere Staaten haben unter autoritären Regimes eine temporär erfolgreiche wirtschaftliche Entwicklung durchlaufen. Die Industrialisierung Preußens im 19. Jahrhundert, die von Japan bis zum Zweiten Weltkrieg und die Entwicklung von China seit der neuen Wirtschaftspolitik unter Deng Xiaoping zählen hier zu den auffälligsten Beispielen. Es gibt aber auch zahlreiche Gegenbeispiele wie Haiti, Zimbabwe oder Weißrussland, wo brutale Herrscher und ihre Cliquen ihre Länder in ein Armenhaus verwandelt haben.

Eine erste Antwort auf die obige Frage lautet daher: Entscheidungen in Demokratien sind nicht immer effizienter und besser. Aber Demokratien haben einen entscheidenden Vorteil. Die Regierungen stehen unter Kontrolle. Fehler können korrigiert, und kriminelle Herrscher, die auch in Demokratien an die Macht kommen – wie der US-Präsident Nixon –, können abgelöst werden. Demokratie ist kein fehlerfreies System, aber eines mit einer eingebauten Rückkopplung. Auch Systeme ohne Rückkopplung können eine Zeit lang effizient sein. Sie sind aber instabil. Das ist sicher ein Grund dafür, dass sich letztlich in fast allen hoch entwickelten Staaten am Schluss die Demokratie durchgesetzt hat – manchmal geschah dies friedlich, oft auch erst nach grausamen Erfahrungen.

Die Stadt des Löwen

Das Vorbild für Deng Xiaoping und das Paradebeispiel für den „asiatischen Weg" war und ist der Stadtstaat Singapur – wörtlich: die Stadt des Löwen. Die Erfolge sind erstaunlich. Mit einem Bruttoinlandsprodukt pro Einwohner von rund 60 000 Dollar (gemessen an der Kaufkraft) lag Singapur 2011 auf Platz eins unter den Staaten der Welt mit mehr als einer Million Einwohnern – vor Norwegen und den USA. Die Stadt ist sauber – sogar Kaugummis waren bis 2004 verboten. Die Stadt ist sicher – sie hat eine der niedrigsten Kriminalitätsraten der Welt. Dank staatlicher Eigentumsförderung wohnen immerhin 94 Prozent der Familien in einer eigenen Wohnung. Selbst die Integrationspolitik in dieser Stadt der vielen Ethnien, Religionen und Sprachen gilt als vorbildlich.[181] Es gibt auch Demokratie nach britischem Vorbild – nur wird die Opposition klein gehalten. Seit der Unabhängigkeit 1965 gewann die herrschende Partei, die People's Action Party (PAP), stets fast alle Sitze im Parlament.

Durchgesetzt wurde das alles mit rigiden Strafen, oft auch für kleine Delikte: Neben Geld und Gefängnis werden auch die Todesstrafe und die Prügelstrafe praktiziert – Letztere unter ärztlicher Aufsicht. Obwohl formal alles demokratisch zugeht, unterliegt die Presse einer strengen Selbstzensur, da Kritik an der Regierung oft zu Gefängnisstrafen führt. Der Vorsitzende der oppositionellen Singapore Democratic Party, Dr. Chee Soon Juan, wurde dreimal wegen Beamtenbeleidigung verurteilt und bekam dafür Strafen von über 100 000 Dollar. Er musste Privatinsolvenz anmelden und verlor dadurch auch das passive Wahlrecht.

Noch 2010 hielt die *Zeit*-Journalistin Anna Marohn es für unwahrscheinlich, dass sich an den Zuständen in absehbarer Zeit etwas ändern würde.[182] Die gängige Interpretation lautete etwa so[183]: Eine Staatselite, die von der traditionellen konfuzianischen Philosophie geprägt ist, übt eine Art Wohlstandsdiktatur über das Land aus. Die Menschen interessieren sich nicht für Politik und akzeptieren den Mangel an politischer Freiheit, weil sie dafür in Ordnung und Wohlstand leben. Das alles erinnert erschreckend an manche der Utopien aus Kapitel 4.

181 Linnarz 2011: *Harmonie im Staatsauftrag.*

182 Marohn 2010: *Nicht so von Wahlen abgelenkt.*

183 Schwengbeck 2003: *Singapur – Demokratie oder Diktatur?*

Und doch geriet die schöne neue Welt Singapurs 2011 erstmals ins Wanken. Schuld waren wohl die ständig steigenden Preise, die wachsende Schere zwischen Arm und Reich und die große Zahl der Einwanderer aus den armen Nachbarstaaten in Südostasien. Erstmals gelang es der Opposition, in allen Wahlkreisen Gegenkandidaten aufzustellen, der Stimmenanteil der Regierungspartei PAP sank auf 60 Prozent. Bei der anschließenden Präsidentenwahl traten sogar vier Kandidaten gegeneinander an. Fünf und zehn Jahre zuvor war die Wahl noch ausgefallen, weil die Wahlkommission alle Gegenkandidaten als ungeeignet abgewiesen hatte. Diesmal siegte knapp mit 34 Prozent Tony Tan Keng Yam, ein Ex-PAP-Mitglied, der sich im Wahlkampf ungewohnt kritisch mit dem System auseinandergesetzt hatte.

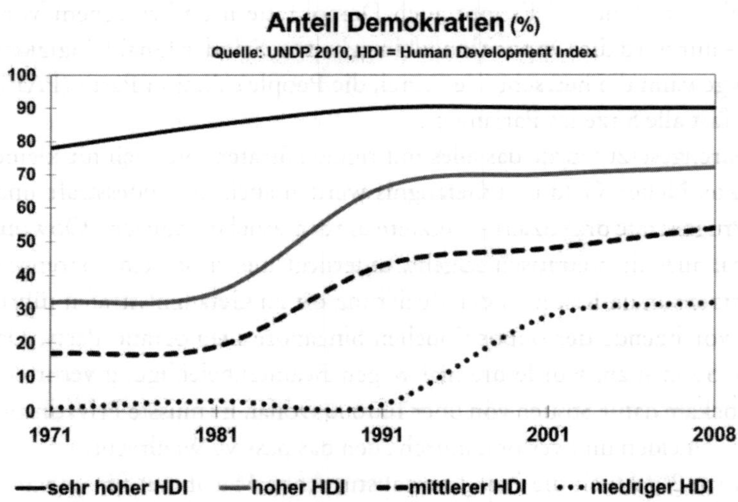

Ich denke daher, es spricht alles dafür, dass Singapur letztlich die gleiche Entwicklung wie Japan nimmt. Dort hatte sogar über fünf Jahrzehnte die gleiche Partei regiert. Aber auch in Asien sind die Menschen offensichtlich nicht bereit, sich auf Dauer als unmündige Kinder einer Wohlstandsdiktatur behandeln zu lassen. Als Japan in die Spitzengruppe der OECD-Staaten vorgestoßen war und das Wachstum in eine Krise geriet, setzte sich die Demokratie durch, und die Regierung wurde abgewählt. Die nebenstehende Grafik verdeutlicht sowohl diesen kontinuierlichen Trend zu mehr Demokratie in den letzten Jahrzehnten als auch, dass mehr Wohlstand[184] in der Regel mit mehr Demokratie verbunden ist. Es spricht jedenfalls nichts dafür, dass die Menschen in Ostasien nicht nach Demokratie streben. „Natürlich wollen wir Demokratie. Aber es wird noch etwas dauern. China muss sich erst einmal wirtschaftlich entwickeln. Dann wird es auch demokratisch werden." Diese Auffassung hörte ich öfters in persönlichen Gesprächen mit Studenten und Geschäftsleuten bei meinen Besuchen in Shanghai und Zhejiang.

Nisa vom Stamme der Kung

Über Jahrtausende wurden die Menschen durch mehr oder weniger autoritäre Könige oder Diktatoren beherrscht. Patriarchalische, hierarchisch geordnete Gesellschaften, die ununterbrochen Kriege gegeneinander führten, waren die Regel. Dagegen erscheint die Geschichte der modernen Demokratie sehr kurz. Ist Demokratie also nur eine vorübergehende Episode?

Ein anderes Bild erhalten wir durch Schilderungen wie die der Anthropologin Marjorie Shostak.[185] Sie zeichnete in einem beeindruckenden Buch die Lebensgeschichte von Nisa, einer alten Frau vom Stamm der Kung aus der Kalahari-Wüste in Südwestafrika, auf. Nisa erzählte ihr freizügig über ihr Sexualleben, wechselnde Partnerschaften mit Männern, das Leben in der Trockensteppe, wo das Überleben davon abhängt, dass man einander vertrauen kann. Sie schildert die Entscheidungsfindung in egalitären Sippen, wo Entscheidungen nur für die gelten, die sie mit fällen und akzeptieren. Wenn Nisa in ihrer Gruppe Ärger hatte, wechselte sie sogar mehrmals die Sippe. Die Freiheit dieses Lebens von gesellschaftlichen Zwängen erinnert erstaunlich an das Leben der Bohemiens in den Szenevierteln moderner Großstädte wie New York oder Berlin.

Was Nisa schilderte, ist keine Ausnahme. Über eine Million Jahre

184 UNDP: *Bericht über die menschliche Entwicklung 2010*; die UNDP misst den Wohlstand mit dem HDI – siehe Kapitel 1.

185 Shostak 1995: *Nisa erzählt – Das Leben einer Nomadenfrau in Afrika.*

lang war die menschliche Gesellschaft durch Stammes- und Sippenverbände wie den von Nisa geprägt. Das meiste, was wir darüber wissen, zeigt ausgesprochen egalitäre Gesellschaften, in denen selbst die Stammesführer meist keine formale, sondern nur persönliche Autorität besitzen. Untertanengeist und autoritäre Regimes sind also keineswegs in der menschlichen Natur begründet. Hunderttausende von Jahren ist unsere Art ohne Unterdrückung ausgekommen. Wie kam es dann aber zu Königen und Gewaltherrschern?

Eine Antwort darauf liefern uns Analysen wie die des Soziologen Gerhard Lenski. Offensichtlich sind Tyrannei und Unterdrückung nicht naturgegeben, sondern vor allem die Organisationsform der Agrargesellschaften. Die Bauern sind an ihre Scholle gefesselt. Wenn sich erst mal Herrscher herausgebildet haben, können diese den Bauern das Mehrprodukt abpressen und Soldaten und Steuereintreiber – später auch Künstler und Handwerker usw. – davon ernähren und vergüten. Begonnen hatte diese Entwicklung meist durch die Unterwerfung benachbarter Dörfer oder durch die Eroberung eines Flusstals mit Landwirtschaft durch bewegliche und daher militärisch überlegene Nomaden. Aus periodischen Raubzügen wurden mit der Zeit regelmäßige Tributzahlungen der Unterlegenen. Aus den überlegenen Räubern und Nachbarn wurden so Herren, Adlige mit Königen an der Spitze. [186] Ideologisch wurde das gerechtfertigt, indem die Könige zu Göttern wurden oder göttlich legitimiert wurden. In Europa wurde dies durch die christliche Kirche perfektioniert. Interessanterweise dauerte es bis 1944, dass der Papst Pius XII. und damit die katholische Kirche die Demokratie als Staatsform per Edikt akzeptierte und damit von der gottgewollten christlich-katholischen Monarchie als Idealbild eines Staates Abschied nahm.[187]

Nisa übermittelt uns also eine wichtige Lehre: Demokratie und Gleichheit sind keine neumodische Besonderheit, sondern sind in unterschiedlichen Formen schon in urzeitlichen Gesellschaften zu finden und wohl viel älter als die agrarische Despotie, in der viele unserer Vorfahren lange leben mussten.

186 Lenski u. a. 1970: *Human Societies – An Introduction to Macrosociology.*

187 Ebert 2010.

Die zerfranste Halbinsel Europa

Auch nach dem Ende der Sammler- und Jägergesellschaften hat es neben den Agrardespotien immer auch Formen des Zusammenlebens mit demokratischen Elementen gegeben. Indianervölker wie die Irokesen in Nordamerika, die Wikinger mit ihren Volksversammlungen (den Things) oder auch einige Schweizer Kommunen in abgelegenen Alpentälern hatten erstaunlich demokratische Entscheidungsprozesse. Demokratische Elemente fanden sich auch bei vielen Seefahrergesellschaften, deren Ökonomie weniger auf dem Ackerbau als auf dem Handel beruhte. Lenski nennt diesen Gesellschaftstyp die maritime Gesellschaft. Die klassischen Beispiele dafür waren die Phönizier und die Griechen – später dann die Hansestädte, die Stadtstaaten in Italien und in den Niederlanden. Diese Gesellschaften waren nicht im modernen Sinne demokratisch – oft herrschte ein Senat der wohlhabenden Kaufleute. Aber es fanden sich häufig zumindest Ansätze zu kollegialen und demokratischen Herrschaftsformen – am bekanntesten im alten Athen.

Die Niederlande und später England waren dann die ersten Flächenstaaten mit einer Ökonomie, die nicht mehr vorrangig auf Landwirtschaft, sondern auf Industrie, Arbeitsteilung und Handel basierte und in denen das Bürgertum eine dominierende Rolle in der Gesellschaft spielte. Frankreich und die USA waren es schließlich, die die Gedanken der Aufklärung – die Gleichheit aller Menschen und eine gewählte Regierung – durch eine Revolution zur Realität werden ließen. Doch selbst dort dauerte es dann noch fast 150 Jahre und erforderte mehrere Revolutionen bzw. Bürgerkriege, bis die Sklaverei abgeschafft und die Ideale einigermaßen durchgesetzt waren. In Frankreich wurde das Frauenwahlrecht erst nach dem Zweiten Weltkrieg eingeführt.

Interessant ist auch die Frage, warum diese besondere Entwicklung gerade in Europa stattfand. Ursache war vermutlich die Geografie. Ein Blick auf die Karte der alten Welt zeigt Europa als eine zerfranste und von Meeren umtoste Halbinsel am Rande der großen Kontinente Afrika und Asien. Immer wieder waren es Seefahrer und Händler, die hier neue Impulse hervorbrachten: die Griechen, die Wikinger, die Hanse, die norditalienischen Stadtrepubliken, die Portugiesen und Spanier, die

Holländer, die Engländer. Sie konnten sich entwickeln, weil die großen agrarischen Zentralstaaten zu schwach waren, das zu verhindern. China dagegen war eine Landmacht, durch Gebirge abgeriegelt, schon früh als ein Reich geeinigt, das regionale Selbstständigkeit kaum zuließ. In China konnte der Kaiser zeitweilig die Schifffahrt verbieten und das Reich sich selbst genug sein lassen. In Japan wurden durch die Shogune sogar die Schusswaffen verboten, um den Frieden zu sichern. Auch in Indien, in Innerasien und im Vorderen Orient gab es stets große, mächtige Reiche, die die Eigenständigkeit der Kaufleute in den Hafenstädten und den Oasenstädten an den großen Handelsrouten unter Kontrolle hielten. Denn die Haupthandelsrouten verliefen in Asien und Nordafrika über Jahrtausende nicht über das Meer, sondern durch die Wüsten und Steppen, die militärisch leicht zu beherrschen waren.

In Europa dagegen mit seinen vielen Halbinseln und Inseln, mit den lange Zeit schwer zugänglichen Wäldern und trennenden Gebirgszügen war der Kaiser nie mächtig genug, um so etwas durchzusetzen. Die ständige Konkurrenz von Kleinstaaten und selbstständigen Städten brachte schließlich die Innovationen hervor, die das arme Europa militärisch überlegen machten. Spätestens seit der Renaissance gewann das Bürgertum immer mehr Selbstbewusstsein – bis schließlich in der Aufklärung die Gedanken von Freiheit, Gleichheit und Gerechtigkeit zunehmend klarer formuliert und eingefordert wurden.

Die Mittelschichten und das überschüssige Bewusstsein

Entscheidend scheint mir an dieser historischen Betrachtung, dass die Durchsetzung der Demokratie nicht allein von den armen, unterdrückten Schichten abhängt, denn die gab es überall auf der Welt. Schon Aristoteles war der Meinung, dass es am besten für eine stabile und gemeinwohlorientierte politische Ordnung ist, wenn es nur wenige Reiche und wenige Arme gibt, dafür aber eine breite Mittelschicht von Bürgern, die ein kleineres Vermögen besitzen.[188] Die Mächtigen und Reichen kamen ja zu allen Zeiten mit Diktaturen und Monarchien gut zurecht. Aber der Mittelstand braucht eine faire, gerechte Ordnung, die ihn vor Übergriffen der Mächtigen schützt.

188 Aristoteles, gest. 322 v. Chr.: *Politik – Schriften zur Staatstheorie.*

Fehlt diese Mittelschicht, dann ist die Gesellschaft immer wieder anfällig für autoritäre Strukturen. Diese Problematik hat zum Beispiel über lange Zeit die politische Entwicklung in Lateinamerika geprägt. Dort stand die Masse der armen Indios, der Schwarzen und Mischlinge einer kleinen herrschenden weißen Grundbesitzerschicht gegenüber. Ergebnis war eine Folge von Revolutionen, linkspopulistischen Autokraten und periodischen Putschen von Militär und Großgrundbesitzern. Erst mit der Herausbildung von stärkeren städtischen Mittelschichten hat sich das nun geändert.

Ein anderes Beispiel sind die Ölstaaten und andere Länder, deren Ökonomie vom Export weniger Rohstoffe abhängt. Die Milliarden aus dem Rohstoffverkauf können leicht von einer kleinen herrschenden Klasse monopolisiert werden. Die Rohstoffexporte führen meist zu erhöhten Wechselkursen, die Importe erleichtern. Das verhindert eine konkurrenzfähige eigene Produktion und damit die Entstehung einer selbstbewussten Mittelschicht (man spricht vom Ressourcenfluch). Deshalb dominieren dort oft die Rohstoffoligopole mit ihren Beschäftigten und ihrem Anhang. So ist es kein Wunder, dass die Golfstaaten oder auch Länder wie Russland oder Nigeria starke autoritäre Tendenzen beziehungsweise instabile Demokratien haben oder sogar von Magnaten wie den Ölscheich-Familien autokratisch beherrscht werden.

Warum es trotzdem in allen modernen Gesellschaften starke demokratische Tendenzen gibt, hatte der DDR-Regimekritiker Rudolf Bahro versucht, mit seiner These vom „überschüssigen Bewusstsein" zu erklären[189]: Die wachsende Zahl der gut ausgebildeten Intellektuellen wurde in der DDR daran gehindert, ihre Fähigkeiten für die Gesellschaft einzusetzen. Die herrschende Partei lähmte jedes kreative Engagement. Die Intellektuellen flüchteten sich ins Privatleben, ihr Wissen blieb ungenutzt. Dieses „überschüssige Bewusstsein" der intellektuellen Mittelschicht sprengte schließlich das System. Das gleiche Phänomen beobachtet Felix Lee, der China-Korrespondent der *taz*, jetzt in China: Die jungen Menschen mit mehr Bildung werden immer kritischer, obwohl es ihnen besser geht. „In der Mitte der Gesellschaft wächst (...) die Unzufriedenheit."[190]

189 Bahro 1977: *Die Alternative.*

190 Lee 2012: *Der kommende Mittelstand.*

Diese Analyse kann heute auf fast alle autoritär regierten Staaten angewandt werden. Denn trotz aller ökonomischen, historischen, kulturellen und politischen Unterschiede in Russland, China, den arabischen Staaten oder Südamerika gilt für alle Staaten, dass die Entwicklung des Landes und die Teilhabe an der modernen Welt immer mehr Bildung erfordert. Daran kommt keine Regierung mehr vorbei – es sei denn, sie will ihr Land bewusst von der modernen Entwicklung abkoppeln wie die Taliban in Afghanistan. So wächst in all diesen Staaten die besser ausgebildete Mittelschicht und mit ihr die Forderung nach mehr Demokratie. Wer die Demokratie auf Dauer verhindern will, muss die Schulen zerstören. Insofern sind die Taliban konsequent.

Die geniale Erfindung von Montesquieu

In den reichen Industriestaaten hat sich weltweit die Demokratie durchgesetzt. Und doch ist der Kampf um die Demokratie nicht beendet. Immer wieder setzen mächtige Interessengruppen oder einflussreiche Schichten Partikularinteressen durch. Das Desaster der Finanzmarktkrise, in der die Steuerzahler auf Jahre hinaus zur Kasse gebeten werden, um den Zusammenbruch der Wirtschaft zu verhindern, das einige gut bezahlte Zocker in den Banketagen verursacht haben, ist ein Fanal.

Auf der anderen Seite hat der Ruf nach mehr Demokratie ständig zugenommen. Ob in Athen, in New York oder am Stuttgarter Bahnhof – überall organisieren sich Menschen, um ihren Protest auszudrücken und ihre Interessen besser wahrzunehmen. Das Spektrum reicht von lokalen Bürgerinitiativen über thematische Interessenverbände bis hin zu der wachsenden Zahl nationaler und internationaler Nichtregierungsorganisationen wie Greenpeace oder Attac. Das ist Grund genug, sich die Frage zu stellen, was Demokratie eigentlich ausmacht und wie sie weiterentwickelt werden kann, um eine bessere Repräsentation der Menschen und eine bessere Berücksichtigung ihrer Interessen zu erreichen.

Den wichtigsten Beitrag zur Entwicklung der modernen Demokratie hat vermutlich der Aufklärer Charles de Montesquieu mit seiner Theorie der Gewaltenteilung geleistet.[191] Nach seiner Analyse reicht die Wahl einer Regierung nicht aus. Erst wenn es mehrere unabhän-

191 Montesquieu 1748: *Vom Geist der Gesetze.*

gige Gewalten in einem Staat gibt, die sich gegenseitig kontrollieren, wird der Machtmissbrauch verhindert, und ein freier und friedlicher Meinungskampf zwischen unterschiedlichen politischen Ideen wird möglich. Diese Trennung der Gewalten in eine Exekutive (Regierung), eine Legislative (Parlament) und eine Judikative (Justiz) wurde erstmals in der Verfassung Korsikas von 1755 und dann in der Verfassung der USA 1787 festgeschrieben. Letztere wurde dann zum Vorbild aller modernen demokratischen Verfassungen.

Dagegen gab es in der Verfassung der Französischen Revolution noch keine Gewaltenteilung. Hier siegte die Vorstellung der Jakobiner von der ungeteilten Volkssouveränität. Vielleicht erleichterte dies die Machtübernahme durch Napoleon. Marx und viele andere Sozialisten waren trotzdem Bewunderer der Konsequenz der Französischen Revolution und nahmen sie sich als Beispiel. Der daraus resultierende Mangel an Gewaltenteilung und damit an Demokratie hat sicherlich mit dazu beigetragen, dass die sozialistischen Staaten durchweg zu Diktaturen gerieten – womit wieder eine Utopie zur Dystopie degenerierte.

Neben der Teilung der drei Gewalten nach Montesquieu gibt es in allen modernen Demokratien eine weitere Form der Gewaltenteilung, die oft unterschätzt wird. Ich meine die vertikale Aufteilung der Staatsaufgaben auf die Kommunen, die Regionen und den Zentralstaat, die in Kapitel 6 schon behandelt wurde. Auch diese Aufgabenverteilung bewirkt in der Praxis eine gegenseitige Kontrolle der Gewalten. In vielen Demokratien werden die Autonomie der Kommunen und der föderale Staatsaufbau sogar in der Verfassung garantiert – in Deutschland zum Beispiel steht die Garantie der kommunalen Selbstverwaltung und der föderalen Struktur im Grundgesetz. Viele Staaten sichern den Föderalismus auch institutionell durch ein eigenes Parlament ab – so durch den Senat in den USA, den Ständerat in der Schweiz oder den Bundesrat in Deutschland.

Die vierte Gewalt

Der australische Medienmogul Rupert Murdoch kontrolliert mit seiner Firma „News Corporation“ über 170 Zeitungen und Dutzende von

Fernsehsendern in den USA, Großbritannien, Australien und Ostasien. Er ist für die massive einseitige Unterstützung von Politikern wie Margaret Thatcher in Großbritannien und George Bush in den USA sowie für seine Mobilisierung für den Irak-Krieg bekannt. Nach Umfragen glauben die regelmäßigen Zuschauer seiner Fernsehsenderkette (der Fox-Broadcasting-Company) in den USA noch heute mehrheitlich die Lüge, dass der Irak Massenvernichtungswaffen besessen habe.

Die Medien spielen seit der Aufklärung naturgemäß eine zentrale Rolle – entweder um einen breiten Dialog über politische Entscheidungen zu gewährleisten oder um die öffentliche Meinung zu manipulieren. Enthüllungen zu ganz unterschiedlichen Zeiten wie die Dreyfus-Affäre in Frankreich, die Spiegel-Affäre in Deutschland und der Watergate-Skandal in den USA erschütterten Regierungen. Schon Jean-Jacques Rousseau bezeichnete die Presse als vierte Säule (oft auch „vierte Gewalt") des Staates. Wie aktuell das Thema heute wieder ist, zeigt die erfolgreiche Monopolisierung des Fernsehens durch den ehemaligen italienischen Ministerpräsidenten und Medienmogul Berlusconi. Während seiner Regierungszeit weitete er sein Monopol systematisch auch noch auf die staatlichen TV-Kanäle aus und nutzte diese massiv für seine Wiederwahl.

Wer die Medien beherrscht, hat erheblichen Einfluss auf die öffentliche Meinung. Es ist daher kein Zufall, dass die erste Änderung der US-Verfassung die Aufnahme des Artikels über die Pressefreiheit beinhaltete. Unser Grundgesetz hat auch das übernommen. Im 20. Jahrhundert bekamen neben den Zeitungen das Radio und die Illustrierten eine immer wichtigere Rolle – bis sie schließlich nach dem Zweiten Weltkrieg durch die suggestive Kraft der Fernsehbilder abgelöst wurden. Seitdem werden bei politischen Umstürzen zuerst die Sender gestürmt. Die Kontrolle der Medien hat eine existenzielle Bedeutung für alle autoritären Regimes gewonnen. In Singapur sind nicht nur ausländische Zeitungen, sondern auch Satellitenschüsseln verboten, und das Internet wird zensiert. In China sind nicht mal „westliche" Suchmaschinen im Internet zugelassen, wenn sie sich nicht der Zensur unterwerfen. Bei den Revolutionen in den arabischen Ländern hat nicht zufällig das Internet als einzige nicht kontrollierte Informationsquelle eine wichtige Rolle gespielt.

Auch in Deutschland wird aktuell wieder über die Unabhängigkeit der vierten Gewalt diskutiert. Angesichts des Konkurses so angesehener Zeitungen wie der *Financial Times Deutschland* und der *Frankfurter Rundschau* wird bereits über die Einführung staatlicher Subventionen für Redaktionen nachgedacht. In Schweden und Frankreich gibt es diese bereits. Eine alte Forderung der Deutschen Journalisten-Union zielt auf die verbindliche Einführung von Redaktionsstatuten, um die Unabhängigkeit der Journalisten gegenüber den Zeitungsverlegern oder Rundfunkbetreibern zu sichern.[192] Auch der aktuelle Kampf um das öffentlich-rechtliche Fernsehen als Gegenpol zum „käuflichen" Privatfernsehen ist ein Kampf für die Pluralität der Meinungen. Bei der Besetzung der Rundfunkbeiräte geht es sowohl um Demokratie als auch um Gewaltenteilung. Die Erfahrungen aus der Ära Berlusconi in Italien machen dabei deutlich, dass nicht nur die Macht der Wirtschaft über die Medien eingeschränkt werden muss, sondern auch der direkte Einfluss der Politik.

Das radikalste Modell für die Pressefreiheit bildet Schweden. Dort existiert ein weltweit einmaliger Verfassungsparagraf: das „Öffentlichkeitsprinzip".[193] Alle Bürger haben das Recht auf unverzügliche kostenlose Information über alle internen Akten, Dateien und sonstigen Daten des Staates. Darüber gibt es ein Verzeichnis, das jedem offensteht und das auch alle vertraulichen Dokumente enthält. Vertraulichkeit ist aber die Ausnahme – und sie muss in jedem Fall konkret bezogen auf die geforderten Informationen begründet werden.

Unvorstellbar für deutsche Verhältnisse sind auch zwei weitere Blüten der schwedischen Offenheit: So gibt es ein Informationsfreiheitsrecht der Beamten, das diesen gestattet, jederzeit straffrei vertraulich oder offen die Presse über Regierungsinterna zu informieren. Nur die Weitergabe von Akten ist nicht erlaubt.

Weltweit einmalig ist auch die Öffentlichkeit aller Steuer- und Kraftfahrzeugdaten. Bei einer Taxifahrt durch Stockholm bekam ich dieses Prinzip live demonstriert. Der Taxifahrer identifizierte während der Fahrt den Besitzer einer vor uns fahrenden Luxuslimousine durch eine Online-Abfrage. Anschließend recherchierte er in einer Datenbank, wie viele Steuern dieser Herr im letzten Jahr bezahlt hatte. Für

192 Gerlof/Schneidewind 2006: *Redaktionsstatute und weiter?*

193 Axberger 2012: *Öffentlichkeitsprinzip.*

deutsche Datenschützer wäre das wohl unvorstellbar, in Schweden ist es ein Bürgerrecht. Man kann sich vorstellen, dass eine solche Offenheit auch Auswirkungen auf die Steuermoral hat.

Wer die Medien kontrolliert, übt dadurch Macht über die Köpfe der Menschen aus. Deshalb ist die Sicherstellung der Unabhängigkeit und der Pluralität der Medien – der vierten Gewalt – eine existenzielle Aufgabe in jeder Demokratie. Aber was folgt daraus? Sollen alle Medien staatlich sein? Auch das ist keine Garantie für Bürgerrechte, wie uns der weißrussische Diktator Aljaksandr Lukaschenka mit seiner Pseudo-Demokratie demonstriert. Wichtig ist vielmehr, dass eine Vielfalt garantiert wird und keine Monopole entstehen. Wichtig ist, dass staatliche Medien pluralistisch kontrolliert werden und verpflichtet sind, ein breites Meinungsspektrum darzustellen. Und wichtig ist auch, dass Medien und Journalisten vor Repressalien in besonderer Weise geschützt werden. Dies alles ist nicht selbstverständlich! Die Pressefreiheit muss deshalb immer wieder offensiv verteidigt werden, wenn eine Demokratie nicht zur Farce verkommen soll.

Die fünfte Gewalt

Karl Marx und andere Sozialisten glaubten, dass die Verfügung der Kapitalisten über die Produktionsmittel zu einer Akkumulation von Reichtum in wenigen Händen führt und unter solchen Bedingungen keine wirkliche Demokratie möglich ist. Lange Zeit wurden ihre Theorien in den Augen vieler Menschen durch die Entwicklung des Kapitalismus bestätigt. Als jedoch nach dem Zweiten Weltkrieg in fast allen Industriestaaten breite Mittelschichten entstanden, glaubte man, diese Thesen ad acta legen zu können.

Heute ist die Macht der Ökonomie – die Macht des Kapitals oder, moderner ausgedrückt, die Macht der Finanzmärkte – wieder in den politischen Diskurs zurückgekehrt. Diese „Wiederauferstehung" des Finanzkapitals begann etwa ab 1980 mit den konservativen Regierungen Reagan und Thatcher (siehe Kapitel 7). Seitdem wuchs der Druck der angeblichen „ökonomischen Zwänge" auf die Politik. Und der Druck hatte Erfolg. Die Finanzmärkte wurden dereguliert und ein weltweiter Wettbewerb zur Senkung der Steuern ausgelöst. In der Folge ging die Schere zwischen Arm und Reich weltweit wieder auseinander. Immer mehr Vermögen konzentriert sich in wenigen Händen.

Eine Form der Einflussnahme durch Geld ist die direkte Finanzierung der Politik über Spenden. Diese spielt insbesondere in den USA eine relevante Rolle. Denn dort gibt es keine Grenzen für die Wahlkampffinanzierung. Nach Angaben der Nichtregierungsorganisation Center for Responsive Politics war der Wahlkampf 2012 mit mehr als 6 Milliarden Dollar der teuerste Wahlkampf aller Zeiten. Politische Werbung – besonders im Fernsehen – muss überwiegend gekauft werden. Gekaufte Werbespots oder die Kontrolle über die Fernsehkanäle sind dann wichtiger als unabhängige journalistische Berichterstattung. Die Rücksicht auf die Sponsoren hat deshalb erhebliche Auswirkungen auf die Programmatik von politischen Parteien. Ohne Geld ins Parlament zu kommen, wie es in Europa den Grünen und zuletzt den Piraten in mehreren Staaten gelungen ist, scheint in den USA fast unmöglich. In Deutschland ist die direkte Einflussnahme durch Geld auf die Wahlkämpfe zum Glück deutlich eingeschränkt, und Wahlkampfspenden von Firmen sind in der Öffentlichkeit geradezu verpönt.

Anders sieht es mit der indirekten Einflussnahme aus. Lobbyismus und Medienkampagnen spielen auch in Deutschland eine wachsende Rolle – siehe zum Beispiel die Anzeigenserien der Energiekonzerne pro Atomenergie und gegen die Energiewende oder die erfolgreiche systematische Lobbyarbeit der Pharmakonzerne. Seit der Finanzmarktkrise 2007 hat auch der ökonomische Druck auf Regierungen über die Finanzmärkte zugenommen. Die Akteure in den Finanzinstituten sind mittlerweile in der Lage, ganze Staaten in die Krise zu stürzen und politische Sparprogramme zu erzwingen, die von einer großen Mehrheit der Menschen abgelehnt, aber von Politikern gerne als alternativlos dargestellt werden. Italien und Griechenland wurden zeitweilig von parteilosen „Experten“ regiert, die niemand gewählt hatte. So wird Demokratie ad absurdum geführt. Wenn Banken, Finanzinvestoren oder Ratingagenturen einen so bestimmenden Einfluss auf die Politik haben, dann wird dadurch mit der Demokratie auch die Gewaltenteilung ausgehebelt.

Daher fordern nicht nur Kritiker des Finanzsystems wie der Nobelpreisträger Joseph Stiglitz, dass das Primat der Politik und damit auch der Demokratie über die Ökonomie wiederhergestellt wird.[194] Selbst Spitzenbanker wie Jörg Asmussen, Ex-Neoliberaler und deutscher Vertreter im Vorstand der Europäischen Zentralbank, haben erkannt, dass die These von der Selbstregulierung der Wirtschaft zum Wohl des Ganzen ein großer Fehler war, und fordern eine starke Regulierung der Finanzmärkte und Banken durch den Staat.[195]

Olympe de Gouges

In Saudi-Arabien dürfen Frauen keinen Führerschein machen und selbstverständlich auch nicht wählen. Vielen erscheint das heute als ein archaischer Anachronismus, ein unglaubliches Relikt aus dem fernen Mittelalter. Aber so fern ist dieses Mittelalter auch uns nicht. In Deutschland wurde das Gesetz, dass eine Frau ihren Mann um Erlaubnis fragen muss, wenn sie arbeiten will, erst 1979 abgeschafft. Im Kanton Appenzell-Innerrhoden in der Schweiz durften Frauen erst 1991 zum ersten Mal wählen, nachdem eine Frau erfolgreich vor dem Schweizer Bundesgericht geklagt hatte. Zuvor hatten die Appenzeller Männer in drei Volksabstimmungen das Wahlrecht für Frauen abgelehnt. Als Hauptgründe dagegen wurden genannt, die Frauen würden dadurch vermännlichen, sie verstünden nichts von Politik, und es gäbe Streit in der Ehe.

BEGINN DER VOLLEN WAHLBERECHTIGUNG FÜR FRAUEN
(Wahlrecht auf gesamtstaatlicher Ebene)

Quelle: Johnson-Lewis: International Woman Suffrage Timeline

Neuseeland	1883	Türkei	1934
Australien	1902	Frankreich	1944
Finnland	1906	Italien	1946
Norwegen	1913	Argentinien	1947
Dänemark	1915	China	1947
Kanada	1917	Indien	1947
Polen	1917	Japan	1947

194 Stiglitz 2010.

195 Hoffmann u.a. 2012: *Wenn die erste Verlustschätzung kommt – nimm sie mal zwei.*

Russland	1917	Äthiopien	1955
Deutschland	1918	Ägypten	1956
USA	1920	Iran	1963
Schweden	1921	Schweiz	1971
Großbritannien	1928	Kuwait	2005
Brasilien	1932	UAE	2006

Demokratie heißt also noch lange nicht, dass alle Menschen gleiche Rechte haben. Für Aristoteles war es selbstverständlich, dass Frauen, Sklaven, Einwanderer, Handwerker und Tagelöhner nicht an Wahlen teilnehmen können. Frankreich gilt weltweit als eines der Mutterländer der Demokratie. Kaum bekannt aber ist, dass während der Französischen Revolution alle Frauenvereine verboten wurden. Die Schriftstellerin Olympe de Gouges wurde durch die Guillotine hingerichtet. Sie hatte öffentlich die Verfassung kritisiert, da die Menschenrechte (wörtlich „droits de l'homme", was man auch mit „Mannesrechte" übersetzen kann) nur für Männer galten. Danach dauerte es noch 151 Jahre, bis die Frauen 1944 auch in Frankreich zum ersten Mal wählen durften – immerhin zehn Jahre später als in der Türkei. Auch in den USA galt das Wahlrecht lange Zeit nicht für Frauen, natürlich auch nicht für Sklaven und meist auch nicht für indigene Einwohner. De facto war also nur ein Bruchteil der Bevölkerung wahlberechtigt.

Die bedeutendste verkarstete Bastion gegen die Gleichberechtigung in der westlichen Welt ist immer noch unverändert die katholische Kirche, die als einzige Institution an der Überlegenheit des Mannes festhält. Ansonsten gibt es nur noch zwei Staaten der Welt, in denen Frauen von den Wahlen ausgeschlossen sind[196]: Saudi-Arabien und Brunei. Und trotzdem bilden Frauen in den meisten Parlamenten der Welt, in Regierungen, Chefredaktionen und Konzernvorständen auch heute noch eine recht kleine Minderheit.

Häufig sind auch Vertreter von Minderheiten krass unterrepräsentiert. In einigen demokratischen Staaten gilt das sogar für Volksgruppen, die die Mehrheit der Bevölkerung stellen, die aber überwiegend zu den Unterschichten gehören. Das gilt für Indianer, Schwarze und Mestizen in einigen Staaten Südamerikas. In Malaysia bilden die Malaien zwar

196 Johnson-Lewis 2006: *International Woman Suffrage Timeline.*

die Mehrheit der Bevölkerung, aber Akademiker und Wirtschaftsführer sind überwiegend indischer und chinesischer Abstammung. Ähnliches gilt für die Letten in Lettland, wo die Wirtschaft von der russischen Minderheit dominiert wird, oder auch für die Schwarzen in Südafrika.

Ob Frauen oder unterprivilegierte Bevölkerungsschichten angemessen repräsentiert sind, hat unmittelbaren Einfluss auf die Entscheidungen in den betreffenden Gremien. So haben Untersuchungen in den USA nachgewiesen, dass die Einführung des Frauenwahlrechts regelmäßig zu einer signifikanten Ausweitung der Einnahmen und Ausgaben des Staates führte, wodurch mehr Sozialprogramme finanziert werden konnten.[197] Offensichtlich gewährleistet nur eine angemessene Vertretung der Betroffenen in den Parlamenten auch eine wirksame Berücksichtigung ihrer Anliegen. Wenn weltweit jede dritte Frau im Laufe ihres Lebens geschlagen und vergewaltigt wird und wenn in vielen Ländern – auch in der EU – Minderheiten wie die Roma systematisch verfolgt werden, zeigt das, welche praktische Bedeutung das Ringen um eine bessere Repräsentanz und die Rechte von Minderheiten auch heute noch hat.

Auch in Deutschland gibt es erhebliche Defizite. So sind Frauen nicht nur in allen Parlamenten unterrepräsentiert, sondern bilden auch in den Führungsgremien der Wirtschaft und der Hochschulen eine kleine Minderheit. Dies ist umso verwunderlicher, da Frauen hierzulande die besseren Bildungsabschlüsse haben. Einwanderer sind im deutschen Staatsdienst immer noch sehr selten zu finden. Und die Zahl der Vertreter der Unterschicht in den Parlamenten ist sogar deutlich rückläufig, seit der Einfluss der Gewerkschaften abgenommen hat.

Als Lösung für diese Repräsentanzprobleme werden deshalb Quotenmodelle vorgeschlagen. In den USA regeln solche Quoten die Vergabe von angemessen vielen Stellen im öffentlichen Dienst an Weiße, Schwarze, Latinos, Asiaten usw. Norwegen hat als erstes Land der Welt eine Frauenquote von 40 Prozent in den Aufsichtsräten von großen Unternehmen beschlossen. Spanien hat eine Frauenquote von 40 Prozent bei den Parlamentswahlen eingeführt. Jede dieser Lösungen mag umstritten sein. Vielleicht gibt es auch keine idealen Lösungen, um jede Gruppe zu repräsentieren. Aber eine suboptimale Maßnahme ist besser, als nichts zu tun. Auch in Deutschland muss sich die Politik mehr als bisher dem

197 Lott/Kenny 1999: *Did Women's Suffrage Change the Size and Scope of Government?*

Problem stellen, wie Frauen, Minderheiten und sozial schwächere Bevölkerungsgruppen besser repräsentiert werden können. Nur so kann eine Demokratie von allen Menschen als ihr Staat akzeptiert werden.

Das Minarettverbot

Im November 2009 stimmten 57,5 Prozent der Schweizer für ein Verbot des Baus von Minaretten – obwohl zuvor der Bundesrat (die Regierung der Schweiz) und beide Kammern des Parlamentes mit großer Mehrheit eine Ablehnung der Volksinitiative empfohlen hatten. Das Wort „Minarettverbot" wurde das Wort des Jahres. Der Nationalrat Andreas Groß bezeichnete das Verbot anschließend als Verstoß gegen die europäische Menschenrechtskonvention, da es gegen die Religionsfreiheit verstößt. Seiner Meinung nach hätte die Abstimmung gar nicht zugelassen werden dürfen – die Initiatoren hätten zuvor beantragen müssen, dass die Schweiz aus dem Europarat austritt und die Menschenrechte in der Schweiz nicht mehr gelten.

Bei der Abstimmung über das Minarettverbot ging es um Minderheitenrechte. Darf eine Mehrheit demokratisch entscheiden, dass die Rechte von Minderheiten außer Kraft gesetzt werden? Die Antwort auf diese und andere Konflikte in modernen Demokratien besteht in der Verabschiedung einer Verfassung nach dem Vorbild der USA. Dort werden Grundrechte bzw. Menschenrechte festgeschrieben, die nicht außer Kraft gesetzt werden dürfen. Diese Menschenrechte sind immer auch Minderheitenrechte. Gesetze des Parlaments und Verordnungen der Regierung dürfen deshalb nicht gegen die Verfassung verstoßen. Deren Schutz bedarf einer unabhängigen Justiz, die in der Lage ist, im Extremfall auch Minderheiten gegen Mehrheitsentscheidungen zu verteidigen. Und eine Änderung der Verfassung bedarf besonderer Mehrheiten.

In dieser Hinsicht ist die Schweiz tatsächlich ein Sonderfall, da Bundesgesetze auch dann ausgeführt werden müssen, wenn sie gegen die Verfassung verstoßen. Die Minarettentscheidung ist also ein Hinweis auf einen institutionellen Mangel. Es wäre gut, wenn es auch in der Schweiz ein Gericht gäbe, das prüft, ob eine Volksinitiative gegen die Menschenrechte verstößt.

Der Gotthard-Tunnel

Natürlich gefällt auch mir nicht alles, was das Volk in der Schweiz beschlossen hat. Und dennoch denke ich, dass wir von der direkten Demokratie der Schweiz viel lernen können. Denn Volksentscheide haben viele mutige politische Fortschritte überhaupt erst ermöglicht. So wurde 1990 nach einer mehrjährigen Debatte über den Unfall in Tschernobyl ein Moratorium gegen den Bau von Atomkraftwerken beschlossen. Seitdem ist in der Schweiz kein AKW mehr gebaut worden.

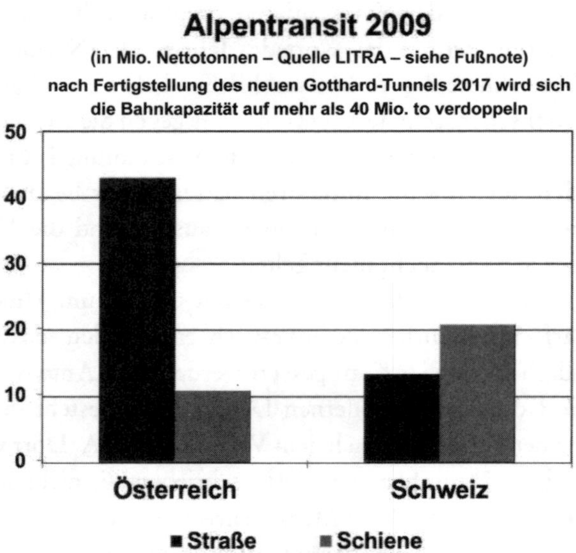

Einer der bedeutendsten Volksentscheide war die Alpeninitiative 1994: Es wurde beschlossen, dass zur Rettung der Alpen der Alpentransit von der Straße auf die Schiene verlagert werden soll. Daraufhin wurde der Bau von Autobahnen gestoppt, und zwei riesige Tunnelvorhaben am Lötschberg und am Gotthard wurden in Angriff genommen. Die Gesamtinvestitionen nur für die beiden Tunnelbauwerke werden sich auf etwa 28 Milliarden Franken belaufen. Außerdem wurde der Straßengüterverkehr flächendeckend mit einer Schwerverkehrsabgabe belastet, um den Ausbau der Schiene zu finanzieren. Das Ergebnis kann sich sehen lassen: Während in Österreich doppelt so viele Waren mit dem LKW wie auf der Schiene transportiert werden, ist die Relation in der Schweiz schon jetzt fast umgekehrt – obwohl der Gotthard-Tunnel noch gar nicht in Betrieb ist.[198]

Auch in Deutschland hat in den letzten Jahren die Debatte um mehr Bürgerbeteiligung zugenommen. Während einerseits von „Politikverdrossenheit" geredet wird, mischen sich andererseits die Bürger auf vielfältige Weise in die politischen Entscheidungen ein. Die Politik hat darauf mit neuen Beteiligungsformen reagiert. Stichworte dafür sind Bürgerräte, Planungswerkstätten, Jugendbeteiligungsverfahren oder Bürgerplattformen im Internet. Der Kreis Friesland hat probeweise die von den Piraten propagierte Software „Liquid Feedback" installiert, die es Bürgern ermöglicht, differenzierte Voten zu politischen Entscheidungen abzugeben. Aber die Resonanz auf diese intensiven Bemühungen der Politik blieb eher gering. Warum? Alle diese Beteiligungsverfahren erweitern zwar die Möglichkeiten zur Einmischung der Bürger. Sie haben aber ein wesentliches Manko: Sie erfordern ein hohes persönliches Engagement und erreichen daher nur einen kleinen, aufgeklärten Teil der Bürger. Oder sie werden nur von persönlich betroffenen Bürgern genutzt. Und letztlich dürfen die beteiligten Bürger doch nichts entscheiden.

Worum geht es also? Bürger in einer Demokratie können zwar alle paar Jahre ihre Vertreter ins Parlament wählen, aber damit wählen sie stets ein Gesamtpaket, ein Programm. Immer wieder kommt es jedoch vor, dass eine mit großer Mehrheit gewählte Regierung eine Einzelentscheidung trifft, die von der Mehrheit nicht getragen wird. Deshalb hat der Ruf nach Volksentscheiden zugenommen. Darauf hat die Politik – wenn auch nur zögerlich – reagiert. Alle Bundesländer haben nach und nach kommunale Bürgerentscheide und landesweite Volksentscheide eingeführt oder diese erleichtert. Die am weitesten gehenden Möglichkeiten bietet ausgerechnet die Verfassung in Bayern, wo deshalb über die Hälfte aller Entscheide in Deutschland stattfinden.

Der Verein „Mehr Demokratie e. V." fordert jedoch seit Langem auch die Einführung eines Volksentscheides auf Bundesebene. Die Hauptargumente der Gegner des Volksentscheids waren stets: a) Die Entscheidungen seien für die Bürger zu kompliziert. b) Es bestehe die Gefahr,

198 LITRA 2011: *Verkehrszahlen 2011.*

dass die finanziellen Folgen nicht bedacht werden. c) Es bestehe die Gefahr, dass Populisten sich das Instrument zunutze machen und so Minderheiten unterdrückt würden. Letzteres kann durch eine Verfassung und richterliche Überprüfung geheilt werden. Die anderen Argumente haben sich in der Praxis nicht bewahrheitet. Gerade die Erfahrungen in der Schweiz oder auch in Bayern zeigen, dass die Bürger meist durchaus verantwortlich entscheiden, wenn genügend Zeit und Raum für eine öffentliche Debatte gegeben sind. Und falsche Entscheidungen kommen auch bei Berufspolitikern vor. Ich denke daher, dass es Zeit wird, den Volksentscheid auch in Deutschland auf Bundesebene einzuführen.

Angesichts oft aufgeheizter politischer Debatten haben Volksentscheide darüber hinaus einen weiteren Vorteil: Sie haben auch eine befriedende Funktion. Vermutlich hätte sich in Deutschland kein demokratisch gewählter Politiker getraut, eine so gewaltige Summe für den Bau des Gotthard-Tunnels zu beschließen. Und wenn doch, dann wäre mit Sicherheit ein jahrelanger Krieg zwischen den Befürwortern und Gegnern entstanden. Volksentscheide befrieden dagegen, denn sie bilden in der Regel einen Schlusspunkt, der nur in seltenen, begründeten Fällen durch einen neuen Volksentscheid aufgehoben werden kann. Vielleicht werden wir das ausgerechnet bei dem Projekt „Stuttgart 21“ erleben – das in den letzten Jahren zum Symbol für den Protest von „Wutbürgern“ geworden ist – das aber dann per Volksentscheid befürwortet wurde.

Noch etwas ist in der Schweiz vorbildlich: Die Initiatoren eines landesweiten Volksentscheids haben 18 Monate Zeit, die nötigen 100 000 Unterschriften zu sammeln. Und anschließend dauert es zweieinhalb bis dreieinhalb Jahre, bis es zum Entscheid kommt. Ganz im Sinne von Amartya Sen besteht also ausreichend Zeit, das Für und Wider in der Öffentlichkeit zu diskutieren – also den Diskurs zu pflegen, der Grundlage jeder echten demokratischen Entscheidung sein sollte.

Hollywood

Die USA sind in vielen Teilen der Welt nicht gerade beliebt. Interessanterweise gilt dieses Verdikt aber nicht für den freiheitlichen, „westlichen“ Lebensstil – er ist im Gegenteil fast in aller Welt attraktiv. Am besten wird das bei den Themen Mode, Musik und Film deutlich. Hollywood transportiert den amerikanischen Way of Life in alle Welt – selbst dorthin, wo Diktaturen und Islamisten mit allen Mitteln versuchen, diesen zu bekämpfen. Für die meisten Menschen der Welt besteht die Alternative zu Hollywood nicht in den Regeln von orthodoxen Geistlichen, sondern bestenfalls in Bollywood-Seifenopern aus Mumbai, in Telenovelas aus Brasilien oder sogar in deutschen Krimiserien, die in den letzten Jahren sehr gut verkauft werden. In der Türkei protestierten Islamisten der Regierungspartei bislang vergeblich gegen die Ausstrahlung der beliebten historischen Fernsehserie „Muhte em Yüzyıl“ (Das prächtige Jahrhundert), in der selbstbewusste Haremsdamen den geilen Sultan Süleyman den Großen manipulieren. Das mag historisch nicht korrekt sein und erinnert an frühere Hollywood-Schinken über das alte Rom. Es ist aber weder eine Werbung für engstirnigen Nationalismus noch für einen orthodoxen Islam.

Es spricht also alles dafür, dass Freiheit auf die Menschen ansteckend wirkt. Ob John Rawls recht hat, wenn er die Freiheit an die erste Stelle vor allen anderen Kriterien für eine gerechte Gesellschaft stellt, darüber kann man unterschiedlicher Meinung sein. Für den, der verhungert, mag das Essen erst einmal wichtiger sein. Aber die Attraktivität von Freiheit und Demokratie ist unbestreitbar. Trotzdem wird die Demokratie stets durch eine Konzentration von Macht und Einfluss gefährdet und muss dagegen verteidigt werden. Dabei ergeben sich aus den obigen Überlegungen folgende Thesen:

1. Es gibt einen engen Zusammenhang zwischen Demokratie, sozialer Gerechtigkeit und Bildung. Je mehr eine Gesellschaft in Bildung investiert, desto mehr wächst das Engagement für Demokratie und Freiheit. Eine Gesellschaft mit gut ausgebildeten Bürgern, einer gerechten Einkommensverteilung und einem starken Mittelstand (und wohl auch einer großen kreativen Klasse – siehe Kapitel 9) ist mit Sicherheit demokratisch. Umgekehrt gilt auch: Wenn in einer Gesellschaft Konzerne und Monopole dominieren, wenn die soziale Gerechtigkeit verloren geht, wenn die Medien und die Politik durch die Reichen beherrscht werden, dann ist die Demokratie in Gefahr.

2. Wichtiger als formal demokratische Wahl- und Abstimmungsverfahren sind klare Regeln zur Gewaltenteilung, die eine Monopolisierung von Macht verhindern. Nur wo ein freier öffentlicher Diskurs möglich ist, kann Demokratie funktionieren. Gewaltenteilung umfasst deshalb:
    a. Die wirksame Trennung von Legislative, Judikative und Exekutive.
    b. Die Sicherung einer unabhängigen und pluralistischen Medienlandschaft.
    c. Klare Regeln, die die Einflussnahme der Wirtschaft auf die Politik in Schranken halten.
3. Die Menschen haben mehr Vertrauen in ihre lokalen Repräsentanten als in eine Regierung in einer fernen Hauptstadt. Deshalb liegt die Basis einer attraktiven funktionierenden Demokratie in starken, finanziell eigenständigen Kommunen und Regionen. Für die Verteilung der Zuständigkeiten von staatlichen Aufgaben sollte gelten: so dezentral wie möglich, so zentral wie unbedingt nötig.
4. Direkte Demokratie ist eine wichtige Ergänzung zur repräsentativen Demokratie. Sie verhindert insbesondere, dass eine politische Klasse Entscheidungen trifft, die sie der Mehrheit der Bürger nicht plausibel begründen kann oder will.
5. Demokratie erfordert eine angemessene Repräsentanz aller Bevölkerungsgruppen, Geschlechter, Religionen, Berufe usw. Nur dann kann das Parlament das gesamte Volk repräsentieren und von allen anerkannt werden.

Der chinesische Schriftsteller und Demokrat Liao Yiwu hat in seiner Rede bei der Verleihung des Frankfurter Friedenspreises davor gewarnt, mit dem tyrannischen System in China nur um der Geschäfte willen zusammenzuarbeiten. Und er widerspricht massiv der These, dass der wirtschaftliche Aufschwung zwangsläufig zu demokratischen Reformen führt. Dass er damit recht hat, wage ich zu bezweifeln.

Aber auf jeden Fall hat er recht, wenn er uns daran erinnert, dass eine gerechte, demokratische Gesellschaft immer wieder das Engagement von Menschen braucht, die für Freiheit und Gerechtigkeit kämpfen. Das Drama des 20. Jahrhunderts und die Millionen Opfer des Totalitarismus dürfen nicht vergessen werden. Nicht die Gespenster von Chinas Drachen und Singapurs Löwen sind heute die Gefahr für unsere Demokratie. Wenn sie scheitert, dann an einem Mangel an aktiven Demokraten, an Gemeinschaftssinn und Gerechtigkeit. Die weltweiten Rückschritte bei der Einkommensverteilung seit 1980, die gescheiterten internationalen Klimakonferenzen und die hilflosen Reaktionen auf die Finanzmarktkrise haben uns erneut daran erinnert, dass eine bessere Gesellschaft immer neu erkämpft werden muss.

KAPITEL 12

DIE FÖDERATION VON GAIA

Über Globalisierung, Europa
und eine neue internationale Ordnung

Während ich dieses Kapitel schreibe, geht in Doha, der Hauptstadt des arabischen Halbinselstaates Katar, wieder eine Klimakonferenz ohne konkrete Ergebnisse zu Ende. Die Forscher des Weltklimarates IPCC[199] melden, dass das Abschmelzen der Polkappen sich sogar beschleunigt hat, und prognostizieren jetzt eine Erwärmung um 5 Grad in diesem Jahrhundert. Katastrophale Konsequenzen wie Wirbelstürme, Dürren, Überschwemmungen und Hungersnöte werden vorausgesagt. Aber die Menschheit kommt nicht zur Vernunft.

Auch Europa befindet sich in der Krise und kann sich nicht einigen. Nicht nur Rechtsradikale, sondern auch der populistische Flügel von CDU/CSU und FDP und sogar einige Linke fordern einen Ausstieg aus der EU und eine Rückkehr zu nationalen Problemlösungen. Was ist also zu tun? Was können die Nationalstaaten noch leisten? Welchen internationalen Rahmen brauchen wir, um die Probleme zu lösen? Wie kommen wir dahin?

Globalisierung – Pros und Cons

Utopia war eine Insel, Ökotopia ein hermetisch abgeriegeltes Land. Das ist kein Zufall, denn schließlich wollten die Autoren eine völlig neue Gesellschaft ohne Abhängigkeiten und negative Einflüsse von außen darstellen. Allerdings ist das angesichts der weltweiten Verflechtungen keine realistische Option mehr – und war es wohl auch nie. Die zeitweiligen Versuche von Indien und einigen lateinamerikanischen Staaten, sich von der Weltwirtschaft loszulösen und stärker auf eine autarke Entwicklung zu setzen, sind gescheitert. Wer sich vom Weltmarkt abkoppelt, koppelt sich auch vom internationalen Wissens- und Technologietransfer ab und fällt unweigerlich schnell zurück. So geht es also nicht.

199 IPPC = International Panel on Climate Change.

Aber auch die Hoffnung auf den von vielen Ökonomen versprochenen Segen der Globalisierung endete für viele mit einer Enttäuschung. Nach dem Ende des Kalten Krieges glaubten viele Menschen, dass jetzt der Weg frei sei für vernünftiges Regieren und weltweite Völkerverständigung. Durch Frieden, mehr Demokratie und Freihandel würde die Welt besser und wohlhabender werden.

Teilweise hat das sogar funktioniert. Es kam zu einem bemerkenswerten Aufschwung in China, Indien, Südostasien, Brasilien und einer Reihe weiterer Staaten. Zumindest für einen Teil der Bürger dieser Staaten hat sich dadurch der Lebensstandard verbessert. Zugleich gab es aber auch brutale Rückwirkungen in Old Europe, Japan, den USA und vielen ärmeren Staaten.

Ursache dafür sind mehrere miteinander verknüpfte Fehlentwicklungen: Einmal der durch die USA und Großbritannien ab 1980 ausgelöste weltweite Steuersenkungswettlauf – der zum Abbau sozialer Standards führte. Zweitens wurden die Finanzmärkte in der Hoffnung auf mehr Wachstum systematisch dereguliert und destabilisiert, und schließlich wurden die Türen für die Steuerflucht in die sogenannten Steueroasen immer weiter geöffnet.[200]

Diese Maßnahmen erwiesen sich als folgenschwere Fehler. Die Steuersenkungen waren sinnlos und verteilungspolitisch fatal. Und die Deregulierung war ebenfalls kontraproduktiv. Die fortschreitende Globalisierung hätte im Gegenteil eine effektivere Regulierung der Märkte erfordert. Ergebnis dieser Politik war, dass immer mehr Reichtum in immer weniger Händen konzentriert wurde. Das beförderte die Spekulation an den Finanzmärkten und das Entstehen von Spekulationsblasen. So entstanden in immer schnellerer Folge Wirtschaftskrisen.

Es begann mit der Sparkassenkrise in den USA ab 1985. Die Sparkassen wurden durch die Deregulierung der Reagan-Regierung in einen expansiven Kurs getrieben, der zum Zusammenbruch des gesamten Sparkassensektors in den USA führte. Es folgte die Immobilienkrise in Japan ab 1990: Während der damaligen Immobilienblase war allein die Tokioter Innenstadt mehr wert als ganz Kalifornien. Dann kam die Ostasienkrise 1997, von der besonders die Tigerstaaten betroffen waren und die durch die falsche Reaktion des Internationalen Währungsfonds (IWF) auch noch verstärkt wurde. Im Jahr 2000 brach

200 Mehr dazu in Kapitel 7.

die Dotcom-Krise aus, als die Blase der völlig überbewerteten Technologieunternehmen im Silicon-Valley platzte. Die große Finanzmarktkrise ab 2008 bildete schließlich den traurigen Höhepunkt.

Wie ich bereits in Kapitel 7 dargestellt habe, hatte man zumindest etwas aus der Krise 1929 gelernt. Die G20 (die Gruppe der bedeutendsten Industrie- und Schwellenländer) vereinbarte 2008 ein weltweites Konjunkturprogramm, um einen Zusammenbruch der Weltwirtschaft zu verhindern. Einige Schwellenländer konnten die Situation sogar nutzen und Marktanteile gewinnen.

Doch mittlerweile brechen die Interessengegensätze wieder auf: Eine Gruppe der Staaten mit Deutschland an der Spitze setzt auf einen strikten Sparkurs, um die Schulden abzubauen. Die andere – an der Spitze die USA – setzt auf expansive Konjunkturprogramme, die durch Neuverschuldung finanziert werden. Keine Regierung traut sich aber bislang, das Übel an der Wurzel zu packen und den Reichtum umzuverteilen. Auch die Regulierungsversuche sind noch halbherzig. Dahinter steht die Angst, dass das Kapital das eigene Land verlässt. Die Leidtragenden dieser Politik sind neben Süd- und Osteuropa auch viele arme Entwicklungsländer – insbesondere in Afrika. Besonders die Spekulationen und Preisschwankungen auf den Agrar- und Ölmärkten verstärken dort das Elend.

Die Rückkehr des Nationalismus?

Nach der Weltwirtschaftskrise 1929 führte das Massenelend, das durch Sparprogramme noch verschärft wurde, in vielen Ländern zu einem Anwachsen der nationalistischen Strömungen. Demagogen gaben abwechselnd dem Ausland, den Juden, den Kapitalisten, den Kommunisten usw. die Schuld. In großen Teilen Europas ergriffen damals faschistische Diktaturen die Macht. So weit sind wir jetzt zum Glück noch nicht. Aber die nationalen Interessengegensätze nehmen auch heute wieder zu.

Konservative und wirtschaftsliberale Politiker erklären unablässig, dass sie nicht länger bereit sind, die von der Krise getroffenen Staaten zu unterstützen. Bundeskanzlerin Merkel bedient diese Klientel mit ihrem Image der sparsamen Hausfrau – auch wenn sie am Schluss jeweils einlenkt und allen Rettungspaketen zustimmt. So sendet sie zur Beruhigung ihrer Parteifreunde permanent gegensätzliche Signale an die Finanzmärkte mit katastrophaler Wirkung. Dabei weiß Frau Merkel genau, dass Deutschlands Wirtschaft ohne die Exporte zusammenbrechen würde – und dass gerade diese erheblich zu den Defiziten Südeuropas beigetragen haben.

So zerbröselt der Konsens in der EU. England schert ganz aus und spielt mal wieder Europas Enfant terrible. In der Klimapolitik setzt Polen auf seine Kohle, Frankreich auf Atom, während die EU halbherzige Beschlüsse für eine Energiewende fasst. Die USA hängen mehr denn je am Rockzipfel der Ölkonzerne und blockieren die Klimapolitik. Und Russland wird immer abhängiger von seinen Gas- und Ölexporten.

Wie sehr ein Industriestaat sich durch Nationalismus selbst schaden kann, demonstriert Japan. Die mangelnde Bereitschaft Japans, sich für die Kriegsverbrechen im Zweiten Weltkrieg bei China zu entschuldigen, hat dazu geführt, dass Japan vom Wirtschaftsboom in China kaum profitiert, obwohl es als Nachbar dazu prädestiniert wäre. Vergleicht man das mit Deutschland, dann kommt man zu dem interessanten Schluss, dass der Kniefall von Willy Brandt in Warschau nicht nur ein wichtiger Beitrag für den Frieden und die Versöhnung Europas war. Er hat auch viel für das deutsche Image getan und vermutlich für die deutsche Wirtschaft so manchen Markt geöffnet.

Katastrophal waren auch die Auswirkungen der Renationalisierung in den USA. Ausgelöst durch die islamische Revolution im Iran, wurde der Islam zum neuen Feindbild – quasi zum Kommunismus-Ersatz für die amerikanische Rechte. Die Politik der Stärke und Großmäuligkeit der Regierungen von Reagan bis Bush junior machten die USA immer unbeliebter. Heute muss man konstatieren, dass die Konflikte vom Iran über Kuwait, Somalia, das Attentat auf das World Trade Center, Afghanistan, Irak usw. eine Kette bildeten, in der sich arabische Islamisten und US-amerikanische Fundamentalisten gegenseitig zu immer mehr Hass aufgestachelt haben. Dieses Erbe kann – wenn überhaupt – von Präsident Obama nur mühsam wieder abgebaut werden.

Den größten Schaden hat die Renationalisierung bei den Umweltkonferenzen angerichtet. Bis Kyoto dominierte noch der gemeinsame Wille, die Probleme trotz der Interessengegensätze zu lösen. Die Abkommen von Rio, das Montrealer Protokoll zur Bekämpfung des Ozonlochs von 1989 und das Weltklimaabkommen von Kyoto 1997 waren Höhepunkte eines Geistes, die Probleme der Welt gemeinsam lösen zu wollen. Auch die 1982 beschlossene Ausdehnung der Dreimeilenzone vor den Küsten mit der Einführung der 200 Seemeilen breiten Ausschließlichen Wirtschaftszone (AWZ) gehört in diese Reihe. Dadurch wurden große Teile der Festlandsockel vor der ungehinderten Ressourcenplünderung und Überfischung geschützt. Aber das war einmal.

Seit die Ölkonzerne in den USA die Republikaner im Griff haben und die Unterzeichnung des Kyoto-Protokolls im US-Senat verhinderten, geht kaum noch etwas. Denn China, Indien und viele andere Nationen sind nicht bereit, Verträge zu unterzeichnen, die von den USA boykottiert werden.

Und es geht doch: Politik in Zeiten der Globalisierung

Die Alternative lautet nicht: Globalisierung oder Renationalisierung. Ein weiteres Zusammenwachsen der Welt ist unausweichlich. Und eine Renationalisierung stellt keine verlockende Perspektive dar. Der Zerfall Jugoslawiens hat wieder einmal allen vor Augen geführt, welche grausame und zerstörerische Sprengkraft der Nationalismus hervorbringen kann. Was kann also die Lösung sein, die aus dieser Sackgasse herausführt? Dazu sollen im Folgenden mehrere Handlungsoptionen ausgelotet werden.

Betrachten wir zunächst die verbliebenen Handlungsspielräume der Nationalstaaten. Tatsächlich sind diese viel größer, als die Politik sie oft darstellt. Eine Reihe von kleinen und ressourcenarmen Staaten wie Dänemark, die Niederlande, die Schweiz und Neuseeland demonstrieren mit großem Erfolg, dass sich kleine Staaten auch in Zeiten der Globalisierung den angeblichen Sachzwängen widersetzen und Erstaunliches leisten können. Sie sind in der Lage, eine gute Infrastruktur und gut funktionierende Sozialsysteme zu finanzieren, dabei Schulden abzubauen, ein gutes Bildungssystem zu gestalten und sogar eine vorbildliche Umweltpolitik notfalls gegen Widerstände durchzusetzen. Damit konterkarieren sie all diejenigen, die uns weismachen wollen, dass es angesichts der Sachzwänge keine Alternativen gibt.

Insbesondere Dänemark sticht heraus. Es gelang dem kleinen Staat durch geschickte Reformen, ein hohes Steuer- und Abgabenniveau aufrechtzuerhalten und trotzdem in der Liste der konkurrenzfähigsten Volkswirtschaften einen Spitzenplatz zu behaupten. Vielleicht sind gerade kleinere Staaten besser in der Lage, bürgernäher zu operieren und angepasste, gute Lösungen zu finden.

Die Tigerstaaten Südkorea, Taiwan und Malaysia sind ebenfalls Beispiele dafür, dass kleine Staaten in Zeiten der Globalisierung durchaus eine Chance haben, sich in der weltweiten Konkurrenz zu behaupten, eine eigene Exportindustrie aufzubauen und den Aufstieg vom Schwellenland zum Industrieland erfolgreich zu bewältigen.

Allerdings gibt es auch Bereiche, in denen eine nationale Politik ihre Grenzen hat. So zeigen die Analysen, dass selbst Dänemark an einer Senkung der Unternehmenssteuern und damit einer Entlastung der Reichen nicht vorbeikam. Eine Beendigung des Steuerdumpings erfordert eine international abgestimmte Politik, um die Steuervermeidungsstrategien der internationalen Konzerne zu durchkreuzen und die Steueroasen auszutrocknen. Das Gleiche gilt für eine erfolgreiche Klimapolitik, eine wirkungsvolle Neuordnung der Entwicklungspolitik, die Neuordnung der Finanz- und der Agrarmärkte.

Aber was kleinen Staaten nicht möglich ist, dürfte für größere Staaten oder die EU als Ganzes allemal machbar sein. So haben die USA gegenüber der Schweiz und allen Steueroasen die Aufhebung des Steuergeheimnisses für US-Bürger durchgesetzt. Sie haben den Banken, die sich dem verweigern, angedroht, dass sie keine Geschäftsbeziehungen mit den USA mehr haben dürfen. Das könnte auch die EU problemlos durchsetzen, wenn sie denn wollte. Die USA, die EU und China wären auch in der Lage, den internationalen Konzernen gegenüber eine einheitliche Besteuerung durchzusetzen, die keine Schlupflöcher für Gewinntransfers in Steueroasen offenlässt (siehe Kapitel 7). Das scheitert nicht an der Globalisierung, sondern am politischen Willen – insbesondere auch am politischen Willen in Deutschland.

Die Masse der armen Entwicklungsländer ist damit jedoch naturgemäß überfordert. Die Eliten dieser Länder transferieren jedes Jahr Milliarden in Steueroasen und entziehen sie damit den nationalen Volkswirtschaften und Steuerbehörden. Die dadurch eintretenden Steuerverluste sind um vieles größer als die gesamte Entwicklungshilfe, wie James Henry vom Tax Justice Network nachgewiesen hat.[201] Und daran wirken die EU und die USA auch noch aktiv mit! Während die USA von allen US-Bürgern weltweit volle Steuern verlangen, gestatten sie den Bundesstaaten Delaware und Nevada, für Ausländer als Steueroasen zu fungieren. Diese bieten Ausländern Dumpingsteuersätze und eine strikte Geheimhaltung der Kontodaten. Das Gleiche gilt für die EU, wo sich Staaten wie Luxemburg, Österreich und Zypern bis heute weigern, die Kontodaten an die Steuerbehörden der Partnerländer weiterzugeben.

In der Gefahr liegt die Chance

Die Europäische Union hat im letzten Jahr den Friedensnobelpreis bekommen. Ich finde, zu Recht. Nach über 1000 Jahren Klein- und Großstaaterei in Europa mit unaufhörlichen Kriegen ist die EU ein Wunder. Was den mächtigsten Herrschern mit brutaler Gewalt nicht gelang – nicht Hitler noch Napoleon, nicht Karl dem V. oder Karl dem Großen –, das gelang jetzt auf friedliche Weise: der Zusammenschluss eines großen Teiles des Kontinents unter einem Dach mit einem Parlament und einer – wenn auch leider noch schwachen – Regierung, der Kommission.

Die Attraktivität dieses Modells ist ungebrochen, wie die Beitrittswünsche aus Serbien, der Türkei und der Ukraine bekunden. Neue Länder werden von der EU nicht erobert, sie kommen freiwillig – weil sie sich Frieden und Wohlstand erhoffen. Jeremy Rifkin sah in der EU bereits den „europäischen Traum" – das positive Gegenmodell zu Amerika: „Europäer treten für universelle Menschenrechte und die Rechte der Natur ein und sind bereit, sich entsprechenden Gesetzen zu unterwerfen. Sie wollen in einer friedlichen, harmonischen Welt leben und befürworten größtenteils eine Außen- und Umweltpolitik, die

201 Henry 2012: *The Price of Offshore Revisited.*

diesen Zielen dient."[202] Zu diesem euphorischen Urteil gelangte er bei einem schlichten Vergleich der EU-Richtlinien und der gescheiterten EU-Verfassung mit der Rechtslage in den USA.

Den positiven Kern dieses Modells sehe ich darin, dass das wohlhabende Kerneuropa den anderen Staaten ein faires Angebot gemacht hat: Sie sind Teil eines gemeinsamen Marktes. Sie bekommen erhebliche Finanzausgleichsmittel über die Agrarfonds, die Sozialfonds und die Fonds für regionale Wirtschaftsentwicklung. Dafür müssen sie die Regeln der EU – unter anderem Regeln der Demokratie und der Menschenrechte, aber auch Umweltrichtlinien, Wirtschaftsregeln und vieles mehr in ihrem Land umsetzen.

Dieses Angebot war so attraktiv, dass sich mittlerweile 27 Staaten diesem Bund freiwillig angeschlossen haben. Und wer die Wirtschaftszahlen der Staaten seit ihrem Beitritt in die EU vergleicht, stellt fest, dass gerade die armen EU-Staaten erheblich von der EU profitiert haben. Das gilt auch für Griechenland, dessen BIP seit dem Eintritt in die EU bis zur Finanzmarktkrise kontinuierlich gestiegen war.

Nun aber droht dieses Jahrhundertwerk durch die permanente Unentschlossenheit und Engstirnigkeit der Hauptakteure zunichtegemacht zu werden. Sollte dieser Traum nun zu Ende sein? Hat die Finanzmarktkrise die europäische Solidarität zerstört? Ich denke: Das dürfen wir nicht zulassen. Im Chinesischen schreibt man zu Recht das Wort Krise mit den Schriftzeichen für wēi = Gefahr und jī = Chance. Denn große Schritte wurden meist in Krisen gemacht. Sowohl die EU als auch die UNO stehen dafür als Zeugen. Sie sind beide ein Ergebnis der Schrecken des Zweiten Weltkrieges. Erst nach diesem Gemetzel war es möglich, dass die feindlichen Kinder Karls des Großen, die Franzosen und die Deutschen, ihre Erbfeindschaft überwanden und zum Kern eines neuen Europas wurden.

Vielleicht ist es jetzt an der Zeit, einen neuen Anlauf zu nehmen. Daniel Cohn-Bendit, der Vorsitzende der grünen Fraktion im Europaparlament, hat vorgeschlagen, eine neue demokratische Verfassung auszuarbeiten und dann in allen Staaten darüber abstimmen zu lassen. Die Staaten, die dagegen stimmen, sind erst einmal draußen, die, die dafür stimmen, sind dabei. Bei einer solchen Abstimmung könnten nicht mehr nationale Befindlichkeiten dominieren – die Menschen

202 Jeremy Rifkin 2004.

müssten sich entscheiden, ob sie Europa wollen oder nicht. So könnte der Knoten durchschlagen und die EU zu einem handlungsfähigen demokratischen Gebilde mit gewählter Regierung werden. Ähnliches forderten interessanterweise jetzt Peter Wahl und Markus Henn in einem Papier der Nichtregierungsorganisationen WEED und SOMO: „In dieser historischen Situation brauchen wir eine offene Debatte in allen Mitgliedsländern über die Ziel-Vision für die Zukunft der EU. (...) Am Ende sollte jedes Land in einem Referendum entscheiden, was seine Bürger wollen. Denn die EU hat nur eine Zukunft, wenn sie vollständig demokratisch ist."[203]

Eine Union der Willigen für eine neue internationale Ordnung

Die letzten 67 Jahre seit dem Krieg haben eine Vielzahl von internationalen Organisationen hervorgebracht, die zunächst weitgehend von den USA und Europa plus Japan kontrolliert und dominiert wurden. Dafür stand der exklusive Club der G7, in dem die sieben mächtigsten Regierungschefs der „westlichen" Welt zusammenkamen und sich über grundlegende Entscheidungen verständigten. Auch die Präsidenten der Weltbank und des IWF werden bis heute stets von den USA und Europa gestellt. Kritiker sagten, der Imperialismus der Kanonen wurde durch den Imperialismus der Banken abgelöst. Als vielleicht wichtigste Institution zur Koordinierung der Weltwirtschaft entstand schließlich die WTO – die Welthandelsorganisation. Kritiker wie Attac, Greenpeace oder das Kirchenhilfswerk „Brot für die Welt" werfen dem IWF und der WTO vor, sie hätten mit ihren Maßnahmen mehrfach Krisen in Entwicklungsländern zulasten der Bevölkerung verschärft, sie würden Umweltschutz als Handelshindernis bekämpfen und Zölle zum Schutz der Wirtschaft von armen Staaten verhindern.

Doch diese Ära nähert sich ihrem Ende. Nach der Perestroika wurde die G7 um Russland erweitert und hieß nun G8. Nun hat die große Finanzmarktkrise endgültig die Wachablösung eingeleitet. Die Verständigung auf ein Weltkonjunkturprogramm nach der Krise wurde nicht

203 Henn u. a.: *Fighting the Hydra*; SOMO ist eine niederländische Entwicklungsorganisation, WEED engagiert sich gegen die sozialen und ökologischen Auswirkungen der Globalisierung.

mehr von der G8, sondern von der G20[204] getroffen, die immerhin zwei Drittel der Weltbevölkerung und 90 Prozent des Bruttoinlandsprodukts der Welt repräsentiert. Ohne eine Beteiligung von China, Indien, Brasilien und anderen Schwellenländern hätte eine Einigung auch keinen Sinn mehr gehabt.

Auch in der WTO tobt der Machtkampf. Seit 2001 scheiterten alle weiteren Welthandelsrunden, weil die armen Länder sich in einer Gruppe G90 zusammengeschlossen haben und jeden Kompromiss verhindern, solange die USA weiterhin den Import von Textilien aus armen Ländern blockieren und sich weigern, Agrarsubventionen abzubauen. Wie geht es nun weiter?

Angesichts der Probleme der Welt kann die Alternative zur Dominanz der G7-Staaten nicht der Verzicht auf internationale Organisationen sein. Im Gegenteil: Die internationale Zusammenarbeit muss weiter vertieft werden – aber mit grundsätzlich veränderten Regeln. Der Einfluss der Schwellen- und Entwicklungsländer muss und wird weiter zunehmen. Das Vetorecht der Siegermächte des Zweiten Weltkrieges im Sicherheitsrat der UNO ist längst ein Anachronismus geworden. Die Demokratisierung der Weltordnung steht auf der Tagesordnung. Aber wie soll sie aussehen, und wie kann sie erreicht werden?

Die Göttin Gaia war für die alten Griechen die Mutter Erde – die Ernährerin alles Lebendigen. Heute steht der Begriff „Gaia" für eine Sichtweise, dass die Erde unsere gemeinsame Lebensgrundlage ist, für die alle gemeinsam die Verantwortung tragen. Wir brauchen jetzt ein Regime, das für eine Schonung der Ressourcen sorgt. Wir brauchen eine Ächtung des Krieges als Mittel, nationale Interessen durchzusetzen. Wir brauchen eine stabile Wirtschaftsordnung. Und dazu werden geeignete Institutionen benötigt: internationale Gerichte, Friedenskräfte anstelle nationaler Armeen, Gremien zur Sicherung der Wirtschaftsordnung und eine demokratische Kontrolle. Klar ist, dass dies nur ein friedlicher Prozess des Zusammenwachsens sein kann. Aber bis dahin ist es noch ein weiter Weg. Denn solange sogar wichtige G20-Staaten wie China und Saudi-Arabien noch weit davon entfernt sind, selbst demokratisch zu werden, ist eine demokratische Weltordnung nicht in Sicht.

204 Zur G20 siehe im Anhang 1 Tabelle B.

In diesem Dilemma könnte deshalb das Modell der EU ein Vorbild sein. Es gibt keinen Zweifel, dass eine solche Union der Willigen auch über Europa hinaus attraktiv wäre. Vor allem aber würden die demokratischen Staaten mit einem solchen Modell dem undemokratischen Entwicklungsmodell Chinas endlich etwas entgegensetzen, das auch für arme Länder attraktiv ist.

Dabei müssten die Erfahrungen mit der EU und den USA auch kritisch bilanziert werden. Das zukünftige Europa – und erst recht die neue Weltordnung, die Föderation von Gaia – kann kein Zentralstaat sein. Die Akzeptanz einer Regierung oder Organisation ist umso geringer, je weiter sie von den Menschen entfernt ist. Alles, was vor Ort entschieden werden kann, das sollte vor Ort entschieden werden. Da muss auch die EU noch erheblich dazulernen – vielleicht auch von den USA. Denn gerade in den USA gibt es eine Tradition der Dezentralität; die Bundesstaaten verteidigen rebellisch ihre Autonomie.

Umgekehrt aber muss es Regeln geben, die verbindlich sind – und unter deren Fehlen sowohl die USA als auch die EU leiden:

1. Eine internationale Finanz- und Wirtschaftsordnung, die den Bankensektor und die Finanzmärkte reguliert, die Geldsysteme stabil hält und einheitliche Bilanzen für internationale Konzerne gewährleistet.
2. Ein internationales Nachhaltigkeitsregime, das allen Ländern entsprechend ihrer Einwohnerzahl den gleichen Zugriff auf die natürlichen Ressourcen gewährt und die Einhaltung der Belastungsgrenzen von Gaia sicherstellt.
3. Eine neue Entwicklungspolitik: Durch internationale Steuern (die Finanztransaktionssteuer könnte ein Anfang sein) und durch eine geordnete Handels-, Zoll- und Währungspolitik für die armen Länder sollen diese eine faire Chance bekommen, ihre Wirtschaft eigenständig zu entwickeln und dies zu finanzieren. Kernstück sollte kein Almosensystem wie die bisherige Entwicklungshilfe, sondern ein internationales Finanzausgleichssystem sein.
4. Die Abschaffung der nationalen Armeen und die Installation eines internationalen Sicherheitssystems.

Solche Regeln könnten die Grundlage eines neuen, erweiterten Kooperationsangebots sein, das die EU Staaten außerhalb Europas anbietet. Das Ziel sollte sein, zumindest innerhalb einer solchen Föderation zu verhindern, dass die Mächtigen die Schwachen ausbeuten, dass die Finanzmärkte aus dem Ruder laufen und dass die Verantwortungslosen vom Raubbau der gemeinsamen Ressourcen profitieren können.

Wie weiter nach Doha?

Doch selbst wenn die EU ihre Probleme löst und ein internationaler Prozess in der vorgeschlagenen Richtung gestartet wird, wird das nicht von heute auf morgen die Welt verändern – sondern Zeit benötigen. Es gibt aber viele Probleme, die nicht warten können. Das wohl drängendste ist der drohende Klimawandel.

Natürlich sind internationale Vereinbarungen zur Klimaveränderung nicht unmöglich. Das bekannteste Vorbild für solch ein Abkommen war das Montreal-Protokoll von 1987, das sogenannte Ozon-Abkommen. Es wurde vereinbart, die schädlichen Emissionen von Fluorchlorkohlenwasserstoffen (FCKWs) einzudämmen, die für das Ozonloch verantwortlich sind.[205] Nach aktuellen Schätzungen wird es bis etwa 2070 gelingen, die Ozonschicht im Umfang von 1970 wiederherzustellen. Dann sind 100 Jahre vergangen – eine lange Zeit –, aber immerhin sind wir diesbezüglich auf einem guten Wege. Als zehn Jahre nach Montreal das Kyoto-Protokoll zur Verhinderung des Klimawandels vereinbart wurde, glaubten viele Umweltschützer, nun sei endgültig der Durchbruch erreicht. Aber das erwies sich als Irrtum. Ausgerechnet der damals noch größte CO_2-Emittent, die USA, haben das Abkommen nie unterzeichnet. Danach fühlten sich auch andere Unterzeichnerstaaten nicht mehr daran gebunden, und die Schwellenländer weigerten sich, eigene Verpflichtungen einzugehen.

Warum scheitern anders als beim Ozonloch seither alle Bemühungen? Ich sehe drei entscheidende Unterschiede zwischen den beiden Problemen:

205 UNEP 2012: *OzonAction.*

Zum einen waren die Wirtschaftszweige, die von dem FCKW-Verbot[206] im Montreal-Protokoll betroffen waren, nicht so einflussreich. Beim Klimawandel dagegen finden sich unter den Betroffenen 16 der 20 umsatzstärksten Konzerne der Welt – unter den Top 100 sind es 34. Dazu gehören die großen Mineralölkonzerne wie Exxon, BP und Shell, die meist staatlichen Erdöl-, Erdgas- und Kohleproduzenten, die großen Stromkonzerne, die Kraftwerkhersteller wie Siemens und General Electric und schließlich die Automobilwirtschaft. Entsprechend brachial waren die Bemühungen, ein Klimaabkommen zu verhindern. Diese Firmen sind in der Lage, Milliarden aufzubringen, um Desinformationen zu streuen und die Politik unter Druck zu setzen. Patente von alternativen Technologien wie dem Elektroauto wurden rücksichtslos aufgekauft, um diese zu blockieren. Und schließlich werden sogar ganze Forschungsinstitute finanziert, die die Ergebnisse der großen Mehrheit aller Klimaforscher zumindest infrage stellen sollen.

Der zweite Grund für das Scheitern findet sich in der extrem unterschiedlichen Interessenlage und Betroffenheit der Staaten. Dieses Problem ist nicht neu: Schon bei den Fischfangabkommen waren die Interessen so verschieden, dass befriedigende Ergebnisse kaum möglich waren. Diesmal haben wir es aber mit Staaten zu tun, deren Wirtschaft existenziell vom Export fossiler Energieträger abhängt, wie Russland, den arabischen Ölstaaten oder Australien. Weiterhin gibt es Staaten wie vor allem die USA, deren Wirtschaftsmodell traditionell auf billigen Energiekosten beruht. Eine Energiewende in den USA erfordert andere Autos, Kühlschränke, Wäschetrockner, besser isolierte Häuser und vieles mehr und greift damit tief in das Lebensmodell des einfachen Bürgers ein. Und schließlich gibt es Staaten wie China, Indien und Brasilien, deren Wohlstand noch weit hinter dem der USA und Europas zurücksteht, die aber alles tun, um aufzuholen, und die allein durch ihre große Bevölkerungszahl heute zu den größten CO_2-Emittenten der Welt gehören.

Zum Dritten geht es diesmal um extrem einschneidende Maßnahmen: Um die Temperaturerhöhung unter 2 Grad zu halten, wird eine Reduzierung des CO_2-Ausstoßes um fast 90 Prozent in den kommenden 40 Jahren erforderlich sein. Das ist der Grund dafür, dass viele

206 Das Verbot von Emissionen von FCKWs (Fluorchlorkohlenwasserstoffen) war die entscheidende Maßnahme gegen das Ozonloch.

Politiker dieser Welt sich einfach nicht trauen, ihre Bürger mit den nötigen drastischen Konsequenzen zu konfrontieren – weder in den meisten Demokratien noch in den Diktaturen. Und deswegen wird es in absehbarer Zeit ein solches Abkommen wohl nicht geben.

Gibt es angesichts dieser Widerstände doch noch eine Lösung? Ich denke, ja: Gerade die ungleichen Interessen könnten eine Chance sein. Die EU-Staaten – mit Ausnahme von Großbritannien (Schottland) und Polen – haben wenige fossile Rohstoffe. Die Preise für deren Importe haben sich in der vergangenen Dekade verdreifacht und werden weiter steigen. Es ist absehbar, dass dieser Weg für Staaten ohne Rohstoffe irgendwann unbezahlbar wird. Deswegen haben viele EU-Staaten ein objektives, großes Interesse daran, möglichst schnell unabhängig von fossilen Energien zu werden. Es ist also kein Wunder, dass beim Climate Change Performance Index, den die Organisationen German Watch und Climate Action Network jährlich erstellen, auf den ersten zehn Plätzen neun EU-Staaten und die Schweiz liegen – mit Dänemark und Schweden an der Spitze. Deutschland ist leider (die Zahlen beziehen sich auf 2010) durch das Bremsen der schwarz-gelben Regierung vom dritten auf den fünften Platz zurückgefallen.[207]

Der Spitzenreiter Dänemark verfolgt seit Mitte der 1990er-Jahre eine systematische Politik, um die Umweltlasten und dabei insbesondere die CO_2-Emissionen zu reduzieren. 2009 wurde von der Regierung die Initiative „Green Growth" verabschiedet. Bis 2050 will Dänemark klimaneutral sein. Dazu sollen durch langfristig weiter wachsende grüne Steuern auf Wärmeverbrauch, Elektrizität, Schmutzwasser, Verpackungen und Pestizide sowie auf den Energieverbrauch und die CO_2-Emissionen im Verkehr die Belastungen der Lohnkosten reduziert und „grüne" Forschung gefördert werden.[208] Für Dänemark ist das sinnvoll, denn es handelt sich de facto fast immer um Importsteuern – so kann Dänemark die Lohnkosten niedriger halten und seinen Sozialstaat finanzieren und trotzdem international konkurrenzfähig bleiben.

Eine besondere Rolle schreibt der Bericht des Climate Action Network ausgerechnet Deutschland zu. Auch Deutschland importiert den Großteil seiner fossilen Rohstoffe (außer Braunkohle). Vor allem ist

207 German Watch, CAN 2012: *The Climate Change Performance Index – Results 2013.*

208 Embassy of Denmark in Beijing 2012: *Denmark Environment Profile 2012.*

Deutschland aber das Maschinenbauland Nummer eins in der Welt und hat sich bei der Förderung von erneuerbaren Energien zum Vorreiter entwickelt. Deutschland kann sich deshalb wie kein anderes Land der Welt Vorteile ausrechnen, wenn es als erster Staat die Energiewende schafft. Denn schließlich können sich die dazu notwendigen Technologien zum Exportschlager entwickeln.

Sicherlich sind die USA der größte Bremser. Aber ein Erfolg scheitert nicht nur dort. Der größte CO_2-Emittent der Welt ist inzwischen China. Und auch Indien emittiert doppelt so viel wie Deutschland. Trotzdem ist es kaum glaubhaft, von beiden mehr Anstrengungen zu fordern, solange der Pro-Kopf-Ausstoß in Deutschland den chinesischen um das Doppelte und den Indiens um das Fünffache übertrifft. Die Neubauwohnungen für die übliche fünfköpfige Familie in Shanghai haben heute noch 20 Quadratmeter. Übermorgen werden die Chinesen ebenfalls 100 Quadratmeter bewohnen wollen wie die Deutschen. Es ist kaum realistisch, dass China seine CO_2-Emissionen senken wird, solange das viel reichere Deutschland mit all seinen technologischen Möglichkeiten nicht zeigt, wie es geht. Auch deshalb wäre ein Vorbild Deutschland von unschätzbarem Nutzen. Diesmal sind wir an der Reihe, auch einmal ein Vorbild zu werden. Und wir können dabei nur gewinnen.

Angesichts der schwindenden Hoffnungen auf ein wirksames Klimaabkommen schlagen deshalb immer mehr Experten einen Strategiewechsel vor. Anstatt ewig auf einen unzureichenden Kompromiss zu warten, könnte eine Vorreiterstrategie von Europa mit Deutschland als Lokomotive erfolgreicher sein. Schon heute stehen die ausländischen Delegationen bei den Leitmessen Husum Wind oder New-Energy Schlange, um zu beobachten, was hierzulande passiert. Gelingt die Energiewende in Deutschland, dann würde das eine internationale Dynamik auslösen. Damit könnte der in Kapitel 3 beschriebene Kippeffekt ausgelöst werden: Das schleichende Vorankommen im zähen Ringen um jeden noch so kleinen Fortschritt würde um ein Vielfaches beschleunigt werden. Statt sich gegenseitig auszubremsen, würde ein Wettrennen entstehen, bei dem jeder Staat Angst bekommt, der Letzte zu sein und den Zug zu verpassen.

In den USA gibt es drei krass unterschiedliche Sichtweisen der deutschen Energiewende[209]: (1) als grünes Hirngespinst mit fatalen wirt-

209 Messner/Morgan 2013: *Die US-Mondmission als Vorbild für die Energiewende.*

schaftlichen Folgen; (2) als Prozess, in dem die Kosten erneuerbarer Energieerzeugung sukzessive gesenkt werden und Deutschland hohe Risiken als Innovationspionier schultert, und (3) als weitsichtige Innovationsstrategie mit großer internationaler Ausstrahlung. Präsident Obama sagte dazu: „Wir sollten grüne Innovationen nicht China und Deutschland überlassen."

Heute beobachtet die ganze Welt, ob die Energiewende ein Flop wird oder ein Erfolg. China stellt sich heute schon darauf ein, Deutschland zu folgen, wenn das Projekt sein Ziel erreicht. Quantitativ spielt es für die Welt keine große Rolle, ob Deutschland seine Energieerzeugung umstellt. Aber als Signal kann dies eine Revolution auslösen. Wenn der Maschinenbaumeister der Welt erfolgreich auf eine Zukunftstechnologie setzt, dann werden alle folgen, um den Zug nicht zu verpassen. Das kann sehr viel mehr bewirken als ein Dutzend weiterer Klimakonferenzen, auf denen jeder wartet, dass der andere einen halben Schritt tut.

Fazit

Die Weltlage ist kompliziert. Es ist also kein Wunder, dass die Antwort auf die Probleme nicht trivial sein kann. Trotzdem können die Ergebnisse auf der Suche nach einer neuen internationalen Ordnung in folgenden knappen Punkten zusammengefasst werden:

1. Trotz anscheinend großer Sachzwänge bestehen sogar in kleinen Staaten erhebliche Handlungsspielräume für eine gute, gerechte und nachhaltige Politik.
2. Die EU ebenso wie die USA und China sind groß genug, um wesentliche Regeln für eine internationale Besteuerung, eine Austrocknung der Steueroasen und eine Regulierung der Finanzmärkte durchzusetzen. Denn keine Firma oder Bank wird es darauf ankommen lassen, nicht mehr in der EU tätig sein zu können. Diese Möglichkeiten können und müssen endlich genutzt werden.
3. Langfristig sollte eine internationale Ordnung angestrebt werden, die möglichst dezentral und subsidiär organisiert ist, aber zugleich einen stabilen Ordnungsrahmen dafür schafft, dass jedes Land und

jedes Volk die gleiche Chance hat, in Wohlstand, Sicherheit und einer gesunden Natur zu leben.

4. Da eine solche Ordnung sich nur schrittweise entwickeln kann, sollte mit einer Föderation der Willigen nach dem Vorbild der EU gestartet werden. In einer solchen Föderation könnten reiche und arme Länder fair, gleichberechtigt und zum gegenseitigen Nutzen quasi die neue Weltordnung antizipieren. Eine solche Föderation könnte eine hohe Attraktivität gewinnen.
5. Da der Klimawandel nicht warten kann, sollten diejenigen, die von einer Energiewende und einer neuen ökologischen Wirtschaftsordnung am meisten profitieren können, als Vorreiter anfangen. Das gilt in besonderer Weise für Hochtechnologieländer ohne Rohstoffe wie Deutschland, Japan, Südkorea und einige andere Europäer. Auf diese Weise könnte ein Wettlauf beim Umbau gestartet und der Weg zu einer neuen Gleichgewichtswirtschaft enorm beschleunigt werden.
6. Gerechtigkeit und ökologischer Umbau sind keine Alternativen, die sich widersprechen. Im Gegenteil: Je gerechter es zugeht, desto mehr werden sich die Menschen für die Zukunft engagieren.

SCHLUSS

JONAS' KATEGORISCHER IMPERATIV

Bausteine einer realistischen Utopie

Gute Politik ist möglich – das ist das Credo dieses Buches. Natürlich kann Politik nicht jeden glücklich machen. Es gibt nicht die Utopie, das perfekte Gesellschaftssystem, das alle Probleme löst. Menschliche Gesellschaften sind höchst komplex. Aber die Analyse ergibt auch: Es gibt offensichtlich sehr viele Möglichkeiten, wie Politik besser gemacht werden kann. Viele dieser Optionen für „good governance" sind nicht nur leicht nachvollziehbar, sondern auch praktisch erprobt. Es erscheint fast unbegreiflich, warum vieles davon nicht längst in die Praxis umgesetzt wurde.

Menschen und Völker sind verschieden. Die Bedürfnisse und Reaktionen der Menschen können auch aufgrund von Geschichte, Kultur und Geografie sehr unterschiedlich sein. Die Utopie-Elemente, die dieses Buch vorstellt, kann man deshalb eher als einen Baukasten verstehen. Er enthält Werkzeuge und Bausteine, die uns auf dem Weg in die Zukunft helfen können. Aber aus vielen isolierten Steinchen kann ein beeindruckendes Mosaik entstehen. Am Schluss werde ich deshalb die Elemente guten Regierens, die ich beim Schreiben dieses Buches gesammelt habe, noch einmal kurz zusammenstellen:

Maßstab für eine gute Gesellschaft

Gradmesser der Politik sollte ein Index des Wohlbefindens sein – auf den sich die Gesellschaft verständigen muss. Ein solcher Index kann nicht auf eine Kennzahl wie den Gini-Index und das Bruttoinlandsprodukt reduziert werden. Erste Vorschläge liegen mit dem Human Development Index und anderen Ansätzen vor. Eine gute Orientierung liefert besonders der Verwirklichungschancen-Ansatz (capability approach, siehe Kapitel 1) von Amartya Sen und Martha Nussbaum:

Die Gesellschaft wird daran gemessen, wie weit sie allen Menschen ermöglicht, entsprechend ihren Fähigkeiten und Wünschen gleichberechtigt ihr Leben zu gestalten.

Wohlstand, Glück (was immer das ist), Gerechtigkeit, Freiheit sind alle wichtig für das Wohlbefinden und die Chancen, sich zu verwirklichen. Auf eine Hierarchisierung, wie sie von verschiedenen Autoren vorgeschlagen wird, sollte man aber lieber verzichten, denn Freiheit ohne Essen ist genauso schlecht wie ein Schlaraffenland ohne Freiheit.

Das Glück kann auch nicht wie ein Auto produziert werden. Die Gesellschaft soll deshalb einen Rahmen garantieren, der materielle und physische Sicherheit, eine intakte Umwelt, gute öffentliche Einrichtungen und anderes bietet. Er sollte aber auch die Freiheit gewähren, eigene Wege gehen zu können, und Mitwirkungsmöglichkeiten anbieten, damit alle die Chance haben, sich demokratisch an der Gestaltung der Gesellschaft zu beteiligen.

Gleichheit

Gerechtigkeit ist ein zentraler Schlüssel zum Wohlbefinden. Die Menschen sind verschieden und haben verschiedene Bedürfnisse. Absolute Gleichheit fordert daher kaum jemand. Aber zu viel Ungleichheit empfinden die Menschen als ungerecht. Kate Pickett und Richard Wilkinson haben überzeugend nachgewiesen, dass zu große Einkommensunterschiede massive negative Auswirkungen auf zahlreiche gesellschaftliche Probleme von der Gesundheit bis zur Kriminalität haben (siehe Kapitel 2). Ein hohes Maß an Gleichheit – wobei es nicht nur um materielle Gleichheit geht – kann viel zum Wohlbefinden der Menschen beitragen. Wo das Optimum liegt, kann sogar von Gesellschaft (Volk, Region?) zu Gesellschaft unterschiedlich sein. John Rawls hat dafür ein überzeugendes Kriterium angegeben: Ungleichheit ist nur in dem Maße gerechtfertigt, wie die Schwächsten (Ärmsten) davon profitieren (Kapitel 1). Davon sind wir allerdings noch ein erhebliches Stück entfernt.

Umwelt und Gleichgewicht

Die Ressourcen unseres Globus sind begrenzt. Die seit 250 Jahren währende Phase des exponentiellen Wachstums geht unweigerlich zu Ende. Es muss noch in diesem Jahrhundert ein Lebens- und Wirtschaftsmodell gefunden werden, das ein neues Gleichgewicht herstellt. Dafür wurden 6 Kriterien formuliert (Kapitel 3):

1. Umstellung auf erneuerbare Energien
2. Recyclingwirtschaft
3. keine schädlichen Emissionen
4. Erhaltung der Arten durch Naturschutz
5. Bevölkerungswachstum stoppen
6. Gleichgewichtswirtschaft

Bei den Punkten 1 bis 5 ist relativ klar, was getan werden muss, auch wenn es oft noch am politischen Willen oder an den politischen Mehrheiten mangelt. Dagegen wird noch kontrovers diskutiert, wie Punkt 6 umgesetzt werden kann. Sollen wir unseren Konsum reduzieren oder unsere Produktion und Konsumption effizienter und sparsamer gestalten? Wie wirkt sich das auf die Wirtschaft aus? In der Praxis wird es nicht um ein Entweder-oder, sondern um eine intelligente Kombination dieser Strategieansätze gehen.

Demokratie und Dezentralität

Eine gerechte Gesellschaft ist stets auch eine demokratische Gesellschaft. Aber Demokratie ist mehr, als alle vier Jahre zu einer Wahl zu gehen. Wichtige Elemente einer Bürgerdemokratie sind:

- Eine wirksame Gewaltenteilung zwischen Parlament, Regierung und Justiz, aber auch zwischen Politik, Medien und Wirtschaft.
- Gleichheit ist nicht nur eine Frage der Gleichheit vor dem Gesetz. Sie erfordert auch, dass Minderheiten, Frauen, ökonomisch schwache Gruppen, Kinder und andere geschützt werden (manchmal auch gegenüber der Mehrheit) und so in ihren Rechten ge-

stärkt werden, dass sie real an den Entscheidungen der Gesellschaft teilhaben.

- Dezentralität: Demokratie lebt am stärksten vor Ort – in Kommunen, Selbstverwaltungseinrichtungen, Vereinen, Verbänden. Es sollte so viel wie möglich vor Ort in Kommunen, Regionen und Ländern geregelt werden.
- Direkte Demokratie: Die Menschen müssen neben der Wahl der Regierung auf allen Ebenen auch Sachentscheidungen durch Volksentscheide treffen können.

Öffentliche Aufgaben und privates Engagement

Freiheit und Demokratie brauchen in wichtigen Politikfeldern einen wirksamen, zentral gesetzten Ordnungsrahmen, damit nicht Reiche oder Mächtige sich auf Kosten der Allgemeinheit durchsetzen oder die öffentlichen Ressourcen missbrauchen. Das gilt für Steuern und Finanzmärkte, für die internationale Sicherheit, für die Erhaltung der Umwelt und für die soziale Gerechtigkeit. Ein verbindlicher Ordnungsrahmen ist keine Einschränkung der Freiheit, vielmehr ist er die Voraussetzung der Freiheit.

Staatlich gewährleistete Infrastruktur und Dienstleistungen bilden das Rückgrat einer gerechten Gesellschaft: Das bezieht sich auf die Bildung und Betreuung von jungen und alten Menschen, Kunst und Kultur, Gesundheitssystem, Sicherheit, Verkehrsinfrastruktur, öffentliche Plätze und Foren für Demokratie, die Versorgung mit Energie und Wasser, Strom und schließlich eine intakte Natur sowie eine gesunde Umwelt.

Wie öffentliche Aufgaben wahrgenommen werden – ob staatlich, gemeinwirtschaftlich oder privat –, sollte jeweils sorgsam abgewogen und austariert werden:

- Gemeinwirtschaftliche und kommunale Lösungen sollten grundsätzlich Vorrang haben, wo dies möglich ist. Dies gilt insbesondere für soziale Dienstleistungen.
- Natürliche Monopole wie Stromnetze und Verkehrsnetze gehören in die Hand des Staates oder der Kommunen.

- Wenn bei öffentlichen Aufgaben private Initiative gewünscht wird, sollte auch auf privates unternehmerisches und finanzielles Engagement gesetzt werden. Das bedarf dann eines klaren Ordnungsrahmens mit gezielten Anreizen für Investitionen.
- Die Kernfunktionen des Staates wie Justiz, Polizei und Finanzwesen müssen staatlich und einheitlich organisiert sein, um Vorteilsnahme, Korruption und illegitime Einflussnahme auszuschließen.

Steuern und Abgaben

Die Politik muss den Mut haben, genügend Steuern und Abgaben einzunehmen und keine Schulden mehr zu machen. Die Mittel müssen ausreichen, um die nötige öffentliche Infrastruktur für eine gerechte Gesellschaft und die nötigen Investitionen für den ökologischen Umbau hin zu einer Gleichgewichtswirtschaft finanzieren zu können.

Die Belastung der Menschen und Firmen durch Steuern und Abgaben muss so erfolgen, dass eine Akkumulation von Reichtum in wenigen Händen verhindert und eine Einkommens- und Vermögensverteilung erreicht wird, die von den Menschen als gerecht empfunden wird.

Es spricht alles dafür, dass große Staaten beziehungsweise Staatenverbünde wie die USA, Europa oder China schon heute in der Lage sind, diese Ziele umzusetzen, wenn es dafür den politischen Willen gibt. Damit auch kleinere und arme Staaten eine Chance haben, muss die internationale Ordnung so gestaltet werden, dass Steuerflucht und Steuerdumping durch internationale Verträge geächtet und verhindert werden. Konzerne müssen dort besteuert werden, wo sie geschäftlich tätig sind und/oder wo sie ihre Produktionsstätten haben.

Sozialstaat

Ein moderner Sozialstaat sollte niemanden im Regen stehen lassen. Im Zentrum stehen deshalb ein qualitativ gutes und gerecht finanziertes Gesundheitssystem für alle und eine armutsfeste Basisrente im Alter. Deutschland sieht im OECD-Vergleich in beiden Punkten ausgesprochen schlecht aus. Deutschland ist eines von ganz wenigen Ländern, in denen die Beiträge der Sozialversicherungen nach oben gedeckelt sind, sodass Reiche prozentual umso weniger Abgaben zahlen müssen, je mehr sie verdienen. Diese Deckelung durch die Beitragsbemessungsgrenzen sollte abgeschafft werden. Außerdem darf eine allgemeine Grundrente nicht gegen selbst erworbene Ansprüche oder gegen Erspartes aufgerechnet werden. Im Moment lohnt es sich für Millionen Menschen nicht, eigene Vorsorge zu betreiben. Es gibt zahlreiche Beispiele in anderen Staaten, die zeigen, wie man es besser machen kann.

Bildung, Kultur und Familie

Bildung und Kultur sind das wichtigste Kapital einer modernen Gesellschaft. Erstaunlich ist daher, dass diese immer noch in keiner Bilanz auftauchen. Auch für die Chancengleichheit ist ein gutes und faires Bildungssystem von der Kinderkrippe bis zur Universität der mit Abstand wichtigste Faktor.

Ein solches Bildungswesen muss deshalb Kindertagesstätten, Schulen, Berufsbildungseinrichtungen und Hochschulen anbieten, die alle Kinder und Jugendlichen optimal fördern, gleichgültig welchen kulturellen und sozialen Hintergrund sie haben. Alle Einrichtungen sollten sich zum Ziel setzen, allen Kindern die gleichen Chancen zu bieten und, soweit möglich, Defizite, Schwächen und Behinderungen auszugleichen.

Gaia

Das Konzept Gaia sieht die Erde nicht als Plattform für den Menschen, sondern als die Ernährerin, die mit Mensch und Natur eine Einheit bildet. Mittelfristig sind die Nationalstaaten überholt. Aber sie werden sich nicht so schnell auflösen und ihre Egoismen überwinden.

In dieser Situation brauchen wir eine mehrstufige Strategie:

- Viele Probleme können schon heute auch im nationalen und regionalen Rahmen angepackt und gelöst werden.

- Ein Staat wie Deutschland, der auch wirtschaftlich von der Energiewende sehr stark profitiert, könnte Vorreiter sein und damit eine Dynamik auslösen.
- Staaten sollten nach dem Vorbild der EU eine Gruppe der Willigen bilden, die einander auf demokratischer Grundlage unterstützen und so die zukünftige Weltordnung antizipieren.
- Parallel dazu sollten die UNO und alle anderen internationalen Organisationen weiterentwickelt werden. Dabei geht es nicht um einen weltweiten Zentralstaat, sondern eher um eine Föderation, die sich auf wenige Punkte konzentriert wie eine internationale Friedensordnung, eine Ordnung der Finanzmärkte und ein ökologisches Nachhaltigkeitsregime, das allen Menschen die gleichen Rechte auf Ressourcen zubilligt.

Jonas' kategorischer Imperativ

Der Philosoph Immanuel Kant formulierte als allgemeines Sittengesetz den kategorischen Imperativ: „Handle so, dass du auch wollen kannst, dass deine Maxime allgemeines Gesetz werde."[210] Man kann das auch so ausdrücken: Handle gerecht, denn es kann auch dich selbst treffen. Und als Kinderreim habe ich diesen Kernsatz der Philosophie der Aufklärung so gelernt: „Was du nicht willst, das man dir tu, das füg auch keinem anderen zu."

Der österreichische Philosoph Hans Jonas hat dieses Gesetz 1979 in seinem Buch *Das Prinzip Verantwortung* neu formuliert.[211] Grund dafür war seine Erkenntnis, dass die technologische Macht des Menschen ihn erstmals in die Lage versetzt hat, die Lebensgrundlagen der späteren Generationen zu zerstören. Seine Maxime lautet nun: „Handle so, dass die Wirkungen deiner Handlungen verträglich sind mit der Permanenz echten menschlichen Lebens auf Erden." Jonas hat damit den kategorischen Imperativ um die zeitliche – man könnte auch sagen: ökologische – Dimension erweitert: Handle gerecht, denn es kann auch deine Kinder treffen. Es ist quasi der kategorische Imperativ in Zeiten des Klimawandels.

210 Kant 1785: *Grundlegung der Metaphysik der Sitten.*

211 Jonas 1979: *Das Prinzip Verantwortung.*

Aus Jonas' kategorischem Imperativ folgt unmittelbar: Ökologische Fragen sind auch Gerechtigkeitsfragen, und Gerechtigkeit – einschließlich der Generationengerechtigkeit – ist eine elementare Bedingung für einen wirksamen Umweltschutz und das Überleben auf unserem Planeten.

Hinzu kommt jedoch ein zweiter Perspektivenwechsel: Vor 100 Jahren verglichen die Arbeiter in Hamburg-Barmbek ihre Lage mit den Villenbewohnern in Blankenese. Heute vergleichen sich die Armen in den Slums von Mumbai und Johannesburg mit der Mittelschicht Europas und Nordamerikas. Die internationalen Fernsehprogramme ermöglichen es den Menschen aus aller Welt, in die europäischen und amerikanischen Wohnzimmer zu schauen. Auch deswegen spielt das Thema Gerechtigkeit für die Lösung aller Probleme, die wir bisher diskutiert haben, eine zentrale Rolle – von den entwickelten Gesellschaften wie Dänemark, wo die Menschen sich gegen die Unterminierung ihres Sozialstaates durch die EU wehren, über wütende Demonstranten in Athen bis hin zu den Slums und Dörfern um Mumbai und Johannesburg.

Wie uns Richard Wilkinson und Kate Pickett gelehrt haben, lässt sich dieses Paradigma für nahezu alle Politikbereiche empirisch nachweisen.[212] Ob wir Programme starten, um die Kriminalität zu reduzieren, um den Drogenkonsum einzudämmen, um die schlechten Essgewohnheiten zu verbessern oder um die Kindersterblichkeit zu verringern: Immer haben wir es sowohl mit ökologischen wie auch mit Fragen der Gerechtigkeit zu tun. Die ökologischen Grenzen sind die eine – aber der Mangel an Gerechtigkeit ist die andere Seite auf dem Weg in das neue Gleichgewicht.

Was bleibt: Die politische Agenda

Und nun? Warum werden all die Bausteine, die ich beschrieben habe, noch nicht umgesetzt? Was hindert uns?

Sicher ist: Der Weg nach Realotopia scheitert nicht an ökonomischen oder technischen Problemen. All das, was ich in diesem Buch beschrieben habe, ist praktikabel und realisierbar, und vieles gibt es

212 Wilkinson/Pickett 2010.

schon an dem einen oder anderen Ort auf diesem Globus. Gute Politik kann bereits heute und überall gemacht werden. Sicher erfordern einige Probleme eine internationale Koordination. Aber die meisten Probleme können im kleinen Rahmen sogar besser angepackt werden. Vieles kann vor Ort in den Kommunen und in den Ländern beginnen. Anderes erfordert Initiativen auf EU-Ebene. Aber wer, wenn nicht Deutschland als größter Partner in der EU, sollte dazu in der Lage sein, solche Initiativen zu starten? Niemand hindert uns daran, das Bremserhäuschen zu verlassen und eine innovative, vorantreibende Rolle zu übernehmen.

Letztlich fehlt nur eines für eine erfolgreiche politische Agenda: Es bedarf handelnder Akteure, Menschen, die sich nicht von Sachzwängen einschüchtern lassen, die die Angst vor der Zukunft überwinden und den politischen Willen haben, die Welt zu verändern. Hier sind alle gefordert, denen unsere Zukunft am Herzen liegt. Und das gilt sowohl in Europa und den USA als auch in Indien und Schwarzafrika. Es braucht also Wähler und Gewählte, Aktivisten und Multiplikatoren, Journalisten und Politiker – also alle, die überzeugt davon sind, dass wir eine gerechtere Welt gestalten können, und die gewillt sind, den jonasschen Imperativ zur Leitlinie ihres Handelns zu machen. Um diese Überzeugung zu verbreiten und zu stärken, wurde dieses Buch geschrieben.

ANHANG 1

TABELLEN

Tabelle A: Einkommensverteilung ausgewählter Staaten

Daten von CIA und UN: List of countries by income equality; gelesen in der englischen Wikipedia am 20.11.2011 (Daten teilweise aus den 1990er-Jahren), sowie OECD: Divided we stand – Why inequality keeps rising; OECD Publishing, 2011 (Daten von 2007 bis 2009)

10-%-Index: Wird berechnet, indem das Einkommen des reichsten Zehntels der Gesellschaft durch das Einkommen des ärmsten Zehntels geteilt wird.

20-%-Index: Wird berechnet, indem das Einkommen der reichsten 20 Prozent der Gesellschaft durch das Einkommen der ärmsten 20 Prozent geteilt wird.

Gini-Index: Die Berechnung dieses Index ist etwas komplizierter, da er die Gesamtverteilung der Einkommensunterschiede besser berücksichtigt. Beim Gini-Index bedeutet ein Wert von 100 Prozent, dass eine Person das gesamte Volkseinkommen allein bekommt und der Rest nichts. Ein Wert von 0 Prozent bedeutet, dass alle Einwohner genau das Gleiche bekommen (vollständiger Kommunismus).

Die Indizes können nicht nur für die Einkommensverteilung, sondern auch für die Vermögensverteilung berechnet werden. Die resultierenden Werte sind dann viel höher, da die Vermögensverteilung in allen Staaten viel ungleicher ist als die Einkommensverteilung.

Land	**UN Reich/ Arm 10%**	**UN Reich/ Arm 20%**	**UN Gini-Index**	**CIA Gini-Index**	**OECD Gini-Index**
Schweden	6,2	4,0	25,0	23,0	25,9
Finnland	5,6	3,8	26,9	26,8	25,9
Tschechische Republik	5,2	3,5	25,4	26,0	25,6
Japan	4,5	3,4	24,9	37,6	32,9
Dänemark	8,1	4,3	24,7	29,0	24,5

Österreich	6,9	4,4	29,1	26,0	26,1
Deutschland	6,9	4,3	28,3	27,0	29,5
Ukraine	5,9	4,1	28,1	31,0	
Frankreich	9,1	5,6	32,7	32,7	25,3
Pakistan	6,5	4,3	30,6	30,6	
Südkorea	7,8	4,7	31,6	31,4	31,5
Kanada	9,4	5,5	32,6	32,1	32,4
Türkei	6,6	4,6	41,2	41,0	40,9
Griechenland	10,2	6,2	34,3	33,0	30,7
Australien	12,5	7,0	35,2	30,5	33,6
Bangladesch	7,5	4,9	33,4	33,2	
Polen	8,8	5,6	34,5	34,9	30,5
Italien	11,6	6,5	36,0	32,0	33,7
Ägypten	8,0	5,1	34,4	34,4	
Großbritannien	13,8	7,2	36,0	34,0	34,5
Neuseeland	12,5	6,8	36,2	36,2	33,0
Indien	8,6	5,6	36,8	36,8	
Indonesien	7,8	5,2	34,3	39,4	
Israel	13,4	7,9	39,2	39,2	37,1
Ghana	14,1	8,4	40,8	39,4	
Russland	12,7	7,6	39,9	42,3	
USA	15,9	8,4	40,8	45,0	37,8
Iran	17,2	9,7	43	44,5	
China	21,6	12,2	46,9	41,5	
Costa Rica	23,4	15,6	48,9	48,0	
Mexiko	21,6	12,8	51,6	48,2	47,6
Chile	26,2	15,7	52,0	54,9	49,4
Brasilien	40,6	21,8	55,0	56,7	
Südafrika	33,1	17,9	57,8	65,0	
Haiti	54,4	26,6	59,5	59,2	
Bolivien	93,9	42,3	57,2	59,2	
Namibia	128,8	56,1	74,3	70,7	

Tabelle B: Die G20

Quelle: Wikipedia, gelesen am 10.1.2012, Stand: 2011.

Land	Einwohner (Mio.)	Einwohner (%)	BIP (Mio. US-Dollar)	BIP (%)
Welt	7000,0	100,0	69.659.626	100,0
Vereinigte Staaten	304,0	4,5	15094025	21,7
China	1.330,0	19,9	7.298.147	10,5
Japan	127,2	1,9	5.869.471	8,4
Deutschland	82,4	1,3	3.577031	5,1
Frankreich	64,0	1,0	2.776.324	4,0
Brasilien	196,4	2,9	2.492.908	3,6
Großbritannien	61,0	0,9	2.417.570	3,5
Italien	60,3	0,9	2.198.730	3,2
Russland	140,7	2,1	1.850.401	2,7
Kanada	33,2	0,5	1.736.869	2,5
Indien	1.148,0	17,1	1.676.143	2,4
Australien	21,0	0,3	1.488.221	2,1
Mexiko	110,0	1,6	1.154.784	1,7
Südkorea	48,4	0,7	1.116.247	1,6
Indonesien	237,5	3,5	845.680	1,2
Türkei	74,5	1,1	778089	1,1
Saudi-Arabien	28,1	0,4	577.595	0,8
Argentinien	40,5	0,6	447.644	0,6
Südafrika	48,8	0,7	408074	0,6
Europäische Union*	501,0	7,4	17.577.691	25,2
G20**	4385,7	65,5	60.411.989	86,7

* Einschließlich der G-20-Mitglieder DE, FR, GB, IT.
** Summe aller Zeilen außer DE, FR, GB, IT, weil deren Daten schon in der Zeile Europäische Union enthalten sind.

ANHANG 2

QUELLENVERZEICHNIS

Das folgende Verzeichnis enthält die wichtigsten benutzten Quellen. Meist wird durch Fußnoten auf die betreffende Quelle verwiesen, in den Grafiken wird die Quelle direkt benannt.

Zu Wikipedia: Auf das Online-Lexikon habe ich zur Erstrecherche regelmäßig zurückgegriffen. Darauf verwiesen habe ich nur, wenn dies die einzige Quelle war. In einem Fall – bei der Erstellung der Tabelle der Selbstverwaltungsebenen in Kapitel 6 – habe ich mich überwiegend auf Daten aus Wikipedia verlassen und sie lediglich stichprobenartig durch andere Webseiten verifiziert. Benutzt wurden die deutsche, englische, französische, schwedische, dänische, italienische und japanische Ausgabe von Wikipedia. Bei der japanischen Ausgabe habe ich mich auf die automatische Übersetzung von Google-Chrome verlassen, auch wenn es manchmal mühsam war, die Bedeutung nachzuvollziehen. Fehlinterpretationen sind in jedem Fall meine Schuld.

ACFS; Mercer: *Melbourne Mercer Global Pension Index.* Australian Centre for Financial Studies, Melbourne (Australien) 2011

AFP: *Heidelberg-Zement-Chef fordert Zerschlagung der Banken.* Gelesen in: www.stern.de/news2/aktuell/heidelberg-cement-chef-fordert-zerschlagung-der-banken-1879543.html am 25.8.2012

AFP: *Regierungspartei gewinnt erneut Wahlen in Singapur.* AFP-Meldung vom 8.5.2011

AMTAC: *Border Adjusted Taxation / Value Added Tax (VAT).* American Manufacturing Trade Action Coalition, gelesen in: www.amtacdc.org/Pages/Policy-Issues.aspx#VAT am 12.3.2012

Aristoteles: *Politik - Schriften zur Staatstheorie.* Herausgeber und Übersetzer: Franz Schwarz, Reclam, 2003 (Zusammenstellung von Originalschriften, Aristoteles lebte von 384–322 v. Chr.)

Auhagen, Hendrik: *Ohne Lastenausgleich keine reformpolitische Wende!* Kommune, Zeitschrift für Politik, Ökologie, Kultur, Frankfurt Nr. 1-1994

Auty, Richard M.: *Sustaining Development in Mineral Economies: The Resource Curse Thesis.* Routledge, London 1993

Axberger, Hans-Gunnar: *Öffentlichkeitsprinzip.* sverigede Lexikon, Svenska Institutet, Stockholm, Übersetzung: Barbro Wollberg, gelesen in: www.sverige.

de/lexi/lexi_oeff.htm am 7.11.2012
Bach, Stefan; Beznoska, Martin; Steiner, Viktor: *A Wealth Tax on the Rich to Bring down Public Dept? Revenue and Distributional Effects of a Capital Levy.* Deutsches Institut für Wirtschaftsforschung (DIW) – Discussion Paper 1137 – Berlin 2011
Bahro, Rudolf: *Die Alternative – Zur Kritik des real existierenden Sozialismus.* Europäische Verlagsanstalt (EVA), Köln/Frankfurt 1977
BCG - Rhodes, David; Stelter, Daniel: *Back to Mesopotamia? The Looming Threat of Debt Restrukturing.* The Boston Consulting Group, 2011
Beck-Delm, Claudia: *extra Bildung: Japans Schulsystem.* Jugendnetz Baden-Württemberg, eingestellt 14.10.2009, gelesen in: thema.jnbw.de/weltweit/10774 am 17.8.2012
Bentham, Jeremy: *An Introduction to the Principles of Morals and Legislation.* Dover Publication Mineola (USA, State of New York) 2007 – Nachdruck der Ausgabe von Clarendon Press, Oxford 1907 (Erstveröffentlichung 1780)
Bergheim, Stefan: *Fortschrittsindex - Den Fortschritt messen und vergleichen.* Zentrum für gesellschaftlichen Fortschritt, Frankfurt am Main 2010
Bertelsmann-Stiftung: *Faire Schulen. Starke Kinder – Für ein leistungsstarkes und chancengerechtes Schulsystem in Deutschland.* Positionen der Bertelsmann-Stiftung zum Schulsystem, Projekt „Heterogenität und Bildung, gelesen in: www.bertelsmann-stiftung.de/bst/de/media/xcms_bst_dms_31812_31813_2.pdf am 14.6.2012
Beske, Fritz: *Leistungskatalog des Gesundheitswesens im internationalen Vergleich.* Fritz-Beske-Institut für Gesundheits-System-Forschung, Kiel 2005
BFS: *Modalsplit im Güterverkehr.* Schweizerische Verkehrsstatistik, Bundesamt für Statistik, Neuchâtel (Schweiz) 2010
BFS: *Modalsplit im Personenverkehr.* Schweizerische Verkehrsstatistik, Bundesamt für Statistik, Neuchâtel (Schweiz) 2010
Binswanger, Mathias: *Die Tretmühlen des Glücks – Wir haben immer mehr und werden nicht glücklicher. Was können wir tun?* Herder, Freiburg 2006
BJS: *Prison and Jail Inmates At Midyear 2010 – Statistical Tables.* US Bureau of Justice Statistics, gelesen in: bjs.ojp.usdoj.gov/index.cfm?ty=pbse&sid=38 am 8.11.2012
Bloch, Ernst: *Geist der Utopie.* Suhrkamp Verlag Wissenschaft, Berlin 1985 (Erstausgabe München, 1918)
Blöchinger, Hansjörg: *Fiscal Policy Across Levels of Government in Times of Crisis.* OECD Network on Fiscal Relations across Levels of Government 2010, gelesen in: www.oecd.org/dataoecd/21/4/44729769.pdf am 22.1.2012
Blöchinger, Hansjörg: *Steuerautonomie und Finanzausgleich, Internationale Erfahrungen.* OECD Fiscal Federation Network, Vortrag in Berlin am 25.6.2008

Blume, Georg: *Die Hoffnung der Arbeitssklavin.* Die Tageszeitung, Berlin, 21.12.2011

Bofinger, Peter: *Ist der Markt noch zu retten? Warum wir jetzt einen starken Staat brauchen.* Econ, Berlin 2009

Boltze, Manfred; Reusswig, Achim: *First Review of Available Data: Modal Split in Different Countries.* Technische Universität Darmstadt, November 2000

Bundesministerium für Finanzen: *Belastung von Gering- und Normalverdienern mit Steuern und Sozialabgaben im internationalen Vergleich.* BMF – Monatsbericht 9, Berlin 2002

Bundesministerium für Verkehr, Bau und Stadtentwicklung/DIW: *Verkehr in Zahlen 2008/2009.* DVV Media Group GmbH, Hamburg 2008

Burck, Jan; Hermwille, Lukas; Krings, Laura: *The Climate Change Performance Index – Results 2013.* German Watch und Climate Action Network Europe (CAN), Brüssel, Bonn, Berlin 2012

Callenbach, Ernest: *Ökotopia – Notizen und Reportagen von William Weston aus dem Jahre 1999.* Rotbuch Verlag, Berlin 1978 (Originalausgabe: *Ecotopia.* Banyan Tree Books, Berkeley (California, USA) 1975)

CIA und UN: *List of countries by income equality.* Gelesen in English Wikipedia am 20.11.2011

CIA: *The World Factbook.* Central Intelligence Agency, Washington, gelesen in: www.cia.gov/library/publications/the-world-factbook/ am 6.6.2012

Cittàslow International: *Cittàslow International Network.* General Secretariat, Orvieto (Italien), gelesen in: www.cittaslow.org/ am 6.12.2012

Costner, Kevin; Reynolds, Kevin: *Waterworld.* (Film), USA 1995

Crozier, Patrick: *Why British Rail Privatisation Has Failed.* Libertarian Alliance, London 2001

Currid, Elizabeth: *The Warhol Economy – How Fashion, Art and Music Drive New York City.* Princeton University Press, Princeton (NJ, USA) und Oxfordshire (Großbritannien) 2007

Dauderstädt, Michael: *Wachstum durch Ausbau sozialer Dienstleistungen.* In WISO direkt, Friedrich-Ebert-Stiftung, Bonn, Ausgabe Februar 2012

Davies, James B.; Shorrocks, Anthony; Sandstrom, Susanna; Wolff, Edward N.: *The World Distribution of Household Wealth.* Center for Global, International and Regional Studies, UC, Santa Cruz 2007

Deaton, Angus: *Income, Health and Well-Being Around the World: Evidence From the Gallup World Poll.* Gallup, Washington 2007

Der Berliner Wassertisch: *Wer wir sind, was wir wollen und wofür wir kämpfen.* Gelesen in: berliner-wassertisch.net/assets/files/pdfs/Positionspapier20102010_Jan12.pdf am 26.9.2012

Deloitte: *2011 Survey of Health Care Consumers Global Report – Key Findings,*

Strategic Implications. Deloitte Center for Health Solutions, Washington 2011

Destatis (Statistisches Bundesamt), WZB (Wissenschaftszentrum Berlin für Sozialforschung): *Datenreport 2011 – Ein Sozialbericht für die Bundesrepublik Deutschland*. Bundeszentrale für politische Bildung (bpb), Bonn 2011

Dexia Credit Local (Direction des Etudes): *Die substaatlichen Haushalte in der Europäischen Union*. Dexia Credit Lokal, Paris 2006

Dexia Credit Local: *Chiffres clés 2009 de l'Europe locale et regionale (edition 2010–2011)*. Gelesen in: public-dexia-clf.dexwired.net/collectivites-locales/expertise/europe-international/Pages/europe-locale-regionale-2009.aspx am 31.8.2011

Diamond, Jared: *Kollaps – Warum Gesellschaften überleben oder untergehen*. Fischer Frankfurt 2005 (Originalausgabe: *Collapse. How Societies Choose to Fail or Succeed*. Verlag Viking, New York 2005)

Diefenbacher, Hans; Zieschank, Roland: *Woran sich Wohlstand wirklich messen lässt – Alternativen zum Bruttoinlandsprodukt*. Oekom, München 2011

Dill, Alexander: *Studie Opportunitätskosten Münchner Nahverkehr*. Basel Institute of Commons and Economics, Basel 2010

DIW (Bach, Stefan; Beznoska, Martin; Steiner, Viktor): *A Wealth Tax on the Rich to Bring down Public Dept? Revenue and Distributional Effects of a Capital Levy*. Deutsches Institut für Wirtschaftsforschung (DIW) – Discussion Paper 1137 – Berlin 2011

Ebert, Thomas: *Soziale Gerechtigkeit – Ideen Geschichte Kontroversen*. Bundeszentrale für Politische Bildung (bpb), Bonn 2010

Embassy of Denmark in Beijing: *Denmark Environment Profile 2012*. Gelesen in: www.globserver.cn/en/denmark/environment am 4.12.2012

Engels, Friedrich: *Die Entwicklung des Sozialismus von der Utopie zur Wissenschaft*. Dietz Verlag, Berlin 1972 (Deutsche Erstausgabe Zürich 1883)

ESS-Europe: *Europavergleich der Sozialsysteme*. Gelesen in: www.ess-europe.de am 10.5.2012

European Commission: *Public Opinion – Eurobarometer Surveys*. Gelesen in: ec.europa.eu/public_opinion/cf/step1.cfm am 22.5.2012

Eurostat: *Statistiken, Datenbank*. ©Europäische Union, Luxemburg, gelesen in: epp.eurostat.ec.europa.eu/portal/page/portal/statistics/search_database am 19.2.2012

Felber, Christian: *Gemeinwohlökonomie – das Wirtschaftsmodell der Zukunft*. Verlag Deuticke, Wien 2010 (siehe auch www.gemeinwohl-oekonomie.org)

Flechtheim, Ossip K.: *Ist die Zukunft noch zu retten?* Hoffmann und Campe, Hamburg 1987

Florida, Richard: *The Rise of the Creative Class – and How it's Performing Work, Leisure, Community and Everyday Life*. Basic Books, New York 2002

Florida, Richard: *Cities and the Creative Class.* Routledge (Verlag), New York und London 2005

Fortune Magazin: *Global 500 – Our annual ranking of the world's largest corporations.* CNN Money, gelesen in: money.cnn.com/magazines/fortune/global500/2012/full_list/ am 4.12.2012

fremdwort.de: *Infrastruktur.* ReeseOnline e.K., gelesen in www.fremdwort.de/suche.php?term=Infrastruktur am 10.9.2012

French, Hilary; Renner, Michael; Gardner, Gary: *Auf dem Weg zu einem Green New Deal – Die Klima- und die Wirtschaftskrise als transatlantische Herausforderungen.* Heinrich-Böll-Stiftung, Berlin 2009

Friedman, Thomas L.: *A Warning from the Garden.* The New York Times, 19.1.2007

Friedman, Thomas L.: *The Power of Green.* The New York Times, 15.4.2007

Gerlof, Kathrin; Schneidewind, Bernhard: *Redaktionsstatute und wie weiter?* In <M> - Menschen – Machen – Medien, Ausgabe 11, 2006

Germanwatch; CAN: *The Climate Change Performance Index – Results 2013.* Autoren: Jan Burck, Lukas Hermwille, Laura Krings, German Watch und Climate Action Network Europe, Brüssel, Bonn, Berlin 2012

Gisi, Roger Eric: *Föderalismus – eine Wachstumsbremse?* GISI Consult, Tuggen (Schweiz), gelesen in: www.gisi.ch/fileadmin/Dateien/PDF/baustelle_foederalismus.pdf am 24.5.2012

Gore, Al: *Wege zum Gleichgewicht – Ein Marshallplan für die Erde.* S. Fischer, Frankfurt 1992 (Originalausgabe: *Earth in the Balance – Ecology and the Human Spirit.* Rodale Books, New York 1992)

Government of the Hong Kong SAR: *Hong Kong in Figures – 2007 Edition.* Census and Statistic Department, Hong Kong SAR 2007

Graebner, David: *Schulden – Die ersten 5000 Jahre.* Klett-Cotta, Stuttgart 2012 (Originalausgabe: *Debt. The first 5,000 Years.* Melville House, New York 2011)

Hardin, Garrett: *The Tragedy of the Commons.* Science, Ausgabe 13, December 1968

Hauser, Hansgeorg: *Antwort auf die schriftliche Frage 26 des Abgeordneten Dr. Martin Pfaff (SPD).* Deutscher Bundestag, Drucksache 13/8162 vom 04.07.1997

Heinrich-Böll-Stiftung (French, Hilary; Renner, Michael; Gardner, Gary): *Auf dem Weg zu einem Green New Deal – Die Klima- und die Wirtschaftskrise als transatlantische Herausforderungen.* Heinrich-Böll-Stiftung, Berlin 2009

Helfrich, Silke u. a./Heinrich-Böll-Stiftung (Hrsg.): *Commons – Für eine neue Politik jenseits von Markt und Staat.* transcript Verlag, Bielefeld 2012

Helfrich, Silke u. a.: *Gemeingüter – Wohlstand durch Teilen.* Heinrich-Böll-Stiftung, Berlin 2010

Henn, Markus; Römgens, Indra; Vander, Myriam; Wahl, Peter: *Fighting the Hydra – A Balance of the Euro crisis 2012*. SOMO und WEED, Berlin 2012, gelesen: in somo.nl/dossiers-en/sectors/financial/eu-financial-reforms/newsletter-items/special-end-of-year-issue-december-2012/fighting-the-hydra am 10.1.2013

Henry, James S.: *The Price of Offshore Revisited – New Estimates for „Missing" Global Private Wealth, Income Inequality, and Lost Taxes.* Tax Justice Network, Chesham (Großbritannien) 2012

Hentschel, Karl-Martin: *Bürger, Kommune und Staat – Über die kommunale Basis des skandinavischen Sozialstaates.* In Kommune, Zeitschrift für Politik, Ökologie, Kultur, Frankfurt Nr. 6-2006

Hentschel, Karl-Martin: *Es bleibe Licht - 100% Ökostrom für Europa ohne Klimaabkommen – Ein Reiseführer.* Deutscher Wissenschafts-Verlag, Baden-Baden 2010

Hentschel, Karl-Martin: *Wege aus der Schuldenfalle – Vorschlag für eine Entschuldung der Republik nach dem Vorbild des Lastenausgleichs von 1952.* Kommune, Zeitschrift für Politik, Ökologie, Kultur, Frankfurt 2009

Hentschel, Karl-Martin: *Wonderful Denmark?* Kommune, Zeitschrift für Politik, Ökologie, Kultur, Frankfurt Nr. 2-1998

Hentschel, Karl-Martin: *Zeit für mehr Gerechtigkeit.* Gelesen in: www.attac-netzwerk.de /fileadmin/user_upload/AGs/AG_Finanzmarkt___Steuern/Docs/Foliensaetze/Zeit%20f%C3%BCr%20mehr%20Gerechtigkeit_Erl_KMH_12.2011.pdf am 23.5.2012

HM Revenue&Customs: *A brief history of income tax.* Gelesen in: www.hmrc.gov.uk/history/taxhis4.htm#top am 17.11.2011

Hoffmann, Andreas; Vornbäumen, Axel: *Wenn die erste Verlustschätzung kommt – nimm sie mal zwei. Dann bist du näher an der Wirklichkeit.* Stern, Hamburg, Nr. 30/2012.

Huxley, Aldous: *Schöne neue Welt - Ein Roman der Zukunft*. Fischer Taschenbuch, Frankfurt am Main 2007 (Originaltitel: *Brave New World.* Chatto and Windus, London, 1932)

ICPS: *The World Prison Brief Online (WPB).* Author: Roy Walmsley, International Centre for Prison Studies (ICPS), gelesen in: www.prisonstudies.org/info/worldbrief/wpb_stats.php?area=all&category=wb_poprate am 8.11.2012

IDHEAP; Chappelet, Jean Loup u. a.: *gov.ch – Verzeichnis der offiziellen Internetseiten des öffentlichen Sektors der Schweiz.* Institut de hautes études en administration publique, gelesen in: www.gov.ch/govchde.nsf/webfmMain am 4.6.2012

IEA: *World Energy Outlook (WEO) – Ausgaben 2006 – 2008.* OECD/IEA Paris 2006, 2007 und 2008

Informationsstelle AHV/IV: *Lohnbeiträge an die AHV, die IV und die EO*. Bundesamt für Sozialversicherungen, Bern (Schweiz) Oktober 2011

Ishikida, Miki Y.: *Japanese Education in the 21st Century*. Center for US-Japan Comparative Social Studies, Verlag iUniverse Inc., Lincoln (Nebraska, USA) 2005

Jackson, Tim: *Prosperity without Growth – Economics für a Finite Planet*. Earthscan, London 2009

Jarass, Lorenz; Obermair, Gustav M.: *Steuermaßnahmen zur nachhaltigen Staatsfinanzierung*. Verlagshaus Monsenstein und Vannerdat, Münster 2012

JLGBA: *Local Public Finance System in Japan – Sharing of Roles between the National and Local Government*. Japan Local Government Bond Association, gelesen in: www.chihousai.or.jp/english/03/public01.html am 6.6.2012

Jochem, Sven: *Der „vorsorgende Sozialstaat" in der Praxis – Beispiele aus der Arbeits- und Sozialpolitik der skandinavischen Länder*. Friedrich-Ebert-Stiftung, Internationale Politikanalyse (IPA), Berlin 2012

Johnson-Lewis Jone: *International Woman Suffrage Timeline - Winning the Vote for Women Around the World*. About.com Guide – Education – Women's History, Chicago 2006, gelesen in: womenshistory.about.com/od/suffrage/a/intl_timeline.htm am 16.12.2012

Jonas, Hans: *Das Prinzip Verantwortung: Versuch einer Ethik für die technologische Zivilisation*. Suhrkamp, Frankfurt, 1979

Jörges, Hans-Ulrich: *Wenn die Bestie erwacht*. In Stern, Hamburg, Heft 1/2013

Kammertöns, Bruno; Lebert, Stephan: *„Manchmal könnte ich schreien"*. Interview mit Hans Joachim Schellnhuber, in Zeit-online, Hamburg, 2.9.2009

Kant, Immanuel: *Grundlegung der Metaphysik der Sitten*. Herausgegeben von Jens Timmermann, Vandenhoek & Ruprecht, Göttingen 2004 (Originalausgabe Königsberg 1785)

Klein, Bettina: *Schweizer Minarett-Entscheidung verstößt gegen EU-Menschenrechtskonvention*. Deutschland Radio, Interview mit dem Chefredakteur der Schweizer „Weltwoche" Roger Köppel und dem Nationalrat Andreas Groß, 2012, gelesen in: www.dradio.de/dlf/sendungen/interview_dlf/1080625/ am 19.10.2012

Kohl, Jürgen: *Gesicherter Lebensstandard im Alter?* In Forschungsmagazin „Ruperto Carola", Universität Heidelberg Ausgabe 1/1999

Kollenberg, Kai: *Deutschland ist Nummer 1 in Europa*. Kieler Nachrichten, Kiel am 23.6.2012

Kucklick, Christoph: *Gute Lehrer*. GEO, Hamburg, Heft 2, 2011

Kwasniewski, Nicolai/dpa/AFP: *Altersarmut bei Frauen – 5 Jahre gearbeitet – 140 Euro Rente*. Spiegel-Online, Hamburg 28.3.2012

Layard, Richard: *Die glückliche Gesellschaft – Kurswechsel für Politik und*

Wirtschaft. Campus Verlag, Frankfurt am Main 2005 (Originaltitel: *The New Happiness.* Penguin, New York 2005)

Lee, Felix: *Der kommende Mittelstand.* Kommentar aus Beijing, in Die Tageszeitung, Berlin, 11.11.2012

Lenski, Gerhard; Nolan, Patrick: *Human Societies – An Introduction to Macrosociology.* McGraw-Hill, New York 1970

Leon, D. A.; Vagero, D.; Olausson, P. O.: *Social class differences in infant mortality in Sweden: Comparison with England and Wales.* In British Medical Journal 305, 1992

Liao Yiwu 2012: *Dieses Imperium muss auseinanderbrechen.* In „Friedenspreis des Deutschen Buchhandels", Börsenverein des Deutschen Buchhandels, Berlin 2012, gelesen in: www.friedenspreis-des-deutschen-buchhandels.de/sixcms/media.php/1290/Friedenspreisreden%202012.pdf am 8.1.2013

Liebert, Nicola: *Steuergerechtigkeit in der Globalisierung – Wie die steuerpolitische Umverteilung von unten nach oben gestoppt werden kann.* Verlag Westfälisches Dampfboot, Münster 2011

Linnarz, Paul: *Harmonie im Staatsauftrag – Wie Singapur mit Einwanderung und Integration umgeht.* Konrad-Adenauer-Stiftung, Auslandsinformationen 4/2011

LITRA: *Informationsdienst für den öffentlichen Verkehr – Verkehrszahlen 2011.* Bern 2011

Locke, John: *Zwei Abhandlungen über die Regierung.* Suhrkamp Taschenbuch 1977 (Originalausgabe: *Two Treatises of Government.* London 1690)

Lorna Bertrand u. a. (Hrsg. OECD): *PISA 2009 Ergebnisse: Was macht eine Schule erfolgreich? Lernumfeld und schulische Organisation in PISA (Band IV).* OECD Publishing, Paris 2011

Lott, John R.; Kenny, Lawrence W.: *Did Women's Suffrage Change the Size and Scope of Government?* In Journal of Political Economy, Nr. 6, 1999, gelesen in: www.people.fas.harvard.edu/~iversen/PDFfiles/LottKenny.pdf am 3.1.2013

Marohn, Anna: *Nicht so von Wahlen abgelenkt.* Die ZEIT Nr. 37, Hamburg 2010

Marrientos, Miguel; Soria, Claudia: *Index Mundi – Carts and Maps - Country Comparisons and Historical Data.* Gelesen in: www.indexmundi.com am 12.10.2012

Marx, Karl: *Das Kapital – Kritik der politischen Ökonomie.* 3 Bände, Dietz Verlag, Marx-Engels-Werke Band 23–25, Berlin 1972–1977 (Originalausgabe: Verlag Otto Meissner, Hamburg 1867, 1883 und 1894)

Mayer, Oliver: *Von Japan lernen heißt Qualität lernen – Wie die Japaner ihre Eisenbahnen betreiben.* Der Fahrgast, Zeitschrift des Fahrgastverbandes Pro Bahn, Berlin 2/2004

Meadows, Donella; Meadows, Dennis; Randers, Jørgen; Behrens, William: *Die*

Grenzen des Wachstums. DVA, Stuttgart 1972 (Originalausgabe: *The Limits to Growth*. Universe Books, 1972)

Meadows, Donella; Randers, Jørgen; Meadows, Dennis: *Grenzen des Wachstums – das 30-Jahre-Update*. S. Hirzel Verlag, Stuttgart 2006 (Originalausgabe: *Limits to Growth: The 30-Year Update*. Chelsea Green Publishing Company, White River Junction [VT, USA] 2004)

Messner, Dirk; Morgan, Jennifer: *Die US-Mondmission als Vorbild für die Energiewende – Deutschlands Energiewende ist ein international beachtetes Labor der Zukunft.* Zeit-Online, Hamburg 9.1.2013, gelesen in: www.zeit.de/politik/ausland/2013-01/Energiewende-Aussenpolitik/komplettansicht?print=true am 13.1.2013

MIC: *Local Government Finance System & Local Government Bond Market in Japan*. Ministry of Internal Affairs and Communication, Tokio 2008

Mill, John Stuart: *Der Utilitarismus.* Reclam, Ditzingen 1976 (Originaltitel: *Utilitarianism*, London 1861)

Misik, Robert: *Anleitung zur Weltverbesserung – Das machen wir doch mit Links.* Aufbau Verlag, Berlin 2010

MISSOC: *Dänemark – Alter*. Europäische Kommission, Gegenseitiges Informationssystem der sozialen Sicherheit in den Mitgliedsstaaten der EU und des EWR, gelesen in: ec.europa.eu/employment_social/missoc/2000/dk_part6_de.htm am 22.5.2012

Monetative: *Was will die Monetative? What are we up to?* Monetative e. V., Berlin 2012, gelesen in www.monetative.de am 19.10.2012

Montesquieu, Charles de: *Vom Geist der Gesetze.* Reclam, Stuttgart 1986 (Original: *Defense de l'Esprit des Loix.* Barriliot & Fils, Genf 1748)

Morgenstern, Martin; Zimmer, Robert: *Treffpunkt Philosophie 4 – Staatsbegründungen und Geschichtsdeutungen.* Patmos Verlag, Düsseldorf 2001

Morus, Thomas: *Utopia*. Reclam, Ditzingen 1986 (Originaltitel: *De optimo rei publicae statu deque nova insula Utopia*. Löwen (Niederlande) 1516)

Neuerer, Dietmar: *Amazon, Apple Co – Rezepte gegen die Steuertricks der Multis.* Handelsblatt Online, Düsseldorf, 15.2.2013

New Economics Foundation (nef): *The happy planet index 2.0 - Why good lives don't have to cost the Earth*. nef, London 2009

Nietzsche, Friedrich: *Jenseits von Gut und Böse – Zur Genealogie der Moral.* De Gruyter, Berlin 1999 (Originalausgabe: Verlag Naumann, Leipzig 1886)

Nussbaum, Martha: *Creating Capabilities – The Human Development Approach*. Harvard University Press, Cambridge (Massachusetts – USA) 2011

OECD: *Social Expenditure Database.* OECD 2007, gelesen in: www.oecd.org/els/social/expenditure am 4.6.2012

OECD: *Gesundheit auf einen Blick 2009 – OECD-Indikatoren*. OECD 2009

OECD: *Pensions at a glance 2009 – Retirement-Income Systems in OECD Countries.* OECD Publishing 2009

OECD: *Bildung auf einen Blick 2011.* OECD 2011

OECD/ Lorna Bertrand u. a.: *PISA 2009 Ergebnisse: Was macht eine Schule erfolgreich? Lernumfeld und schulische Organisation in PISA (Band IV).* OECD Publishing, Paris 2011

OECD: *Revenue Statistics 1965–2010.* OECD Publishing 2011

OECD: *Divided we stand - Why inequality keeps rising.* OECD Publishing, 2011

OECD: *Fiscal Decentralized Database.* OECD, Centre for Tax Policy and Administration, gelesen in: www.oecd.org/document/32/0,3746, en_2649_35929024_47467040_1_1_1_1,00.html am 20.1.2012

ONS: *Administrative Geography.* Office for National Statistics (Großbritannien), gelesen in: www.ons.gov.uk/ons/guide-method/geography/beginner-s-guide/administrative/index.html am 4.6.2012

Orwell, George: *Nineteen Eighty-Four.* Secker and Warburg, London, 1949 (deutsch: *1984.* Übersetzung von Michael Walter: Ullstein, Frankfurt am Main 1984)

Ostrom, Elinor: *Die Verfassung der Allmende – Jenseits von Staat und Markt.* Verlag Mohr Siebeck, Tübingen 1999 (Originalausgabe: *Governing the Commons: The Evolution of Institutions for Collective Action [Political Economy of Institutions and Decisions].* Cambridge University Press, Cambridge [Großbritannien] 1990)

Ostrom, Elinor (Herausgeberin Silke Hellfrich): *Was mehr wird, wenn wir teilen – Vom gesellschaftlichen Wert der Gemeingüter.* oekom Verlag, München 2011

Peukert, Helge: *Die große Finanzmarkt- und Staatsschuldenkrise – Eine kritisch-heterodoxe Untersuchung.* Metropolis-Verlag, Marburg 2010

Picciotto, Sol: *Towards Unitary Taxation of Transnational Corporations.* Tax Justice Network, Chesham (Großbritannien) 2012

Pitlik, Hans u. a.: *Einsparungs- und Effizienzsteigerungspotentiale in der öffentlichen Verwaltung – Ergebnisse einer international vergleichenden Analyse.* WIFO – österreichisches Institut für Wirtschaftsforschung 2009, gelesen in: www.wifo.ac.at/wwa/downloadController/displayDbDoc.htm?item=MB_2008_12_03_OEFFENTLICHE_VERWALTUNG$_SHOW.HTM am 26.9.2012

Platon: *Der Staat.* Reclam, Stuttgart 2000 (Original: *Politeia*, Athen, ca. 370 v. Chr.)

Popper, Karl: *Die offene Gesellschaft und ihre Feinde, Band 1: Der Zauber Platons.* Verlag UTB, Stuttgart 1992 (Original: *The Open Society and Its Enemies.* 1945)

Queisser, Monika: *Deutschland könnte von Skandinavien lernen.* Interview durch

Esther Alves, in Kieler Nachrichten am 22.2.2012
Rawls, John: *Eine Theorie der Gerechtigkeit.* Suhrkamp-Taschenbuch, Frankfurt am Main 1979 (Originalausgabe: *A Theory of Justice.* Cambridge (Massachusetts – USA), 1971)
Reichholf, Josef H.: *Das Rätsel der Menschwerdung – Die Entstehung des Menschen im Wechselspiel mit der Natur.* dtv, München 7. Auflage 2008
Rifkin, Jeremy: *Der Europäische Traum – Die Vision einer leisen Supermacht.* Campus Verlag, Frankfurt 2004 (Originalausgabe: *The European Dream.* Jeremy P. Tarcher/Penguin, New York 2004)
Rhodes, David; Stelter, Daniel: *Back to Mesopotamia? The Looming Threat of Debt Restrukturing.* BCG - The Boston Consulting Group, 2011
Rossbauer, Maria: *Frau Rossbauer sucht das Glück.* Die Tageszeitung, Berlin 9./10. Juli 2011
Rost, Norbert: *Homo Oeconomicus. Eine Fiktion der Standardökonomie.* Humane Wirtschaft Ausgabe 1/2009, gelesen in: www.humane-wirtschaft.de/01-2009/rost_fiktionen.pdf am 21.1.2013
Roth, Philip: *The Plot against America.* Vintage, Random House, London 2005
Schäfer, Claus: *"No Representation without Taxation" – WSI-Verteilungsbericht 2011.* WSI Mitteilungen 12/2011, S. 677
Sandberg, Britta: *Der Planet der anderen Mütter.* Spiegel Spezial, Hamburg 8/2006
Schaffner, David: *Tiefe Steuern vertreiben die Alteingesessenen im Kanton Schwyz.* Tagesanzeiger, Zürich am 22.7.2010
Schellnhuber, Hans Joachim: *„Manchmal könnte ich schreien".* Interview von Bruno Kammertöns und Stephan Lebert mit H. J. Schellnhuber, in Zeit-online, Hamburg, 2.9.2009
Schorlau, Wolfgang: *Fremde Wasser – Denglers dritter Fall.* Kiepenheuer & Witsch, Köln 2006
Schumacher, E. F.: *Die Rückkehr zum menschlichen Maß – Alternativen für Wirtschaft und Technik.* Rowohlt Verlag, Reinbek 1977 (Originalausgabe: *Small is Beautiful – Economics as if People Mattered.* Bond and Briggs Ltd., London 1973)
Schütz, Gabriela; Wössmann, Ludger: *Chancengleichheit im Schulsystem.* IFO Working Paper Nr. 15, München, Oktober 2005
Schwab, Klaus; World Economic Forum: *The Global Competitiveness Report 2011–2012.* World Economic Forum, Genf 2011
Schwengbeck, Josefine: *Singapur – Demokratie oder Diktatur ?!* Semesterarbeit, gelesen in: www.artikelpedia.com/artikel/geographie/5/singapur--demokratie-oder45.php am 14. Oktober 2012
Semler, Christian: *Das Risiko des Zerfalls.* Die Tageszeitung, Berlin 20./21.19 2012

Sen, Amartya: *Ökonomie für den Menschen – Wege zu Gerechtigkeit und Solidarität in der Marktwirtschaft*. Hanser Verlag, München 2000 (Originalausgabe: *Development as Freedom*. Alfred A. Knopf Inc., New York 1999)

Sen, Amartya: *The Idea of Justice*. Penguin Books, London 2010

Shostak, Marjorie: *Nisa erzählt – Das Leben einer Nomadenfrau in Afrika*. Rowohlt Taschenbuch, Reinbeck 1995 (Original: *Nisa: The Life and Words of a Kung Woman*. Harvard University Press 1981)

Sinn, Hans-Werner: *PISA und die deutsche Drei-Klassen-Gesellschaft*. ifo Institut, ifo Standpunkt Nr. 73, München 2006

Smidt, Wolbert: *Kafka kam bis Addis Abeba*. Die Tageszeitung, Berlin den. 24.9.2012

Smith, Adam: *Der Wohlstand der Nationen*. dtv, München 2009 (Originaltitel: *An Inquiry into the Nature and Causes of the Wealth of Nations*. London 1776)

Snowdon, Christopher: *The Spirit Level Delusion: Fact-checking the Left's New Theory of Everything*. Democracy Institute, Little Dice (Großbritannien) 2010 – siehe auch der Blog: spiritleveldelusion.blogspot.com/

SRU: *100% erneuerbare Stromversorgung bis 2050: klimaverträglich, sicher, bezahlbar*. Sachverständigenrat für Umweltfragen, Stellungnahme Nr. 15, Berlin, Mai 2010

Statistiska centralbyrån: *Regional Statistik*. Gelesen in www.scb.se am 26.10.2011

Stern, Nicholas: *Stern Review: The Economics of Climate Change*. Cambridge University Press, Cambridge (Großbritannien) 2006

Stern, Nicholas: *The Global Deal – Climate Change and the Creation of a New Era of Progress and Prosperity*. PublicAffairs, New York 2009

Stiftung für Zukunftsfragen (BAT-Stiftung): *Dänemark kinderfreundlichstes Land Europas*. Hamburg 26.9.2011, gelesen in: www.stiftungfuerzukunftsfragen.de/de.html am 28.11.2011

Stiftung für Zukunftsfragen (BAT-Stiftung): *Dänen sind die glücklichsten Europäer*. Hamburg 15.8.2011, gelesen in: www.stiftungfuerzukunftsfragen.de/de.html am 28.11.2011

Stiglitz, Joseph: *Im freien Fall – Vom Versagen der Märkte zur Neuordnung der Weltwirtschaft*. Siedler Verlag, München 2010 (Originalausgabe: *Freefall. America, Free Markets, and the Sinking oft the World Economy*. W. W. Norton & Company, New York 2010)

Stöger, Harald: *Rentensysteme und Altersarmut im internationalen Vergleich*. Friedrich-Ebert-Stiftung, Berlin 2011

Swedish Tax Agency: *Taxes in Sweden 2010 – An English Summary of Tax Statistical Yearbook of Sweden*. Stockholm 2010

Tax Justice Network (James S. Henry): *The Price of Offshore Revisited – New Estimates for „Missing" Global Private Wealth, Income Inequality, and Lost*

Taxes. Tax Justice Network, Chesham (Großbritannien) 2012
Tax Justice Network (Sol Picciotto): *Towards Unitary Taxation of Transnational Corporations.* Tax Justice Network, Chesham (Großbritannien) 2012
The Tax Foundation: *Federal Individual Income Tax Rates History.* Washington 2011, gelesen in: www.taxfoundation.org am 17.11.2011
UN und CIA: *List of countries by income equality.* Gelesen in English Wikipedia am 20.11.2011
UNDP: *Bericht über die menschliche Entwicklung 2010 – Der wahre Wohlstand der Nationen: Wege zur menschlichen Entwicklung.* Deutsche Ausgabe: Deutsche Gesellschaft für die Vereinten Nationen e. V., Berlin 2010 (Originaltitel: *Human Development Report 2010*)
UNEP: *OzonAction*. United Nations Environment Programme, gelesen in: www.unep.org/ozonaction/Home/tabid/5467/Default.aspx am 7.12.2012
UNODC: *World Drug Report 2011*. United Nations Office on Drugs and Crime, Wien 2011
Veenhoven, Ruut: *World Database of Happiness.* Erasmus University Rotterdam, gelesen in: worlddatabaseofhappiness.eur.nl am 13.7.2011
Verheyen, Hans: *Vermögenssteuer, Vermögensabgabe und neues Stiftungsrecht.* Unveröffentlichte Ausarbeitung für die Landtagsfraktion von Bündnis90/Die Grünen Nordrhein-Westfalen, Düsseldorf 1999
Vester, Frederic: *Die Kunst, vernetzt zu denken – Ideen und Werkzeuge für einen neuen Umgang mit Komplexität; ein Bericht an den Club of Rome.* dtv, München 1999
Vester, Frederic: *Ecopolicy – ein kybernetische Strategiespiel.* Westermann Schulbuchverlag, Braunschweig 2000
Walmsley, Roy: *The World Prison Brief Online (WPB).* International Centre for Prison Studies (ICPS), gelesen in: www.prisonstudies.org/info/worldbrief/wpb_stats.php?area=all&category=wb_poprate am 8.11.2012
Watts, David: *Dampfross (Gesellschaftsspiel) – Spiel des Jahres 1984 – Kritikerpreis.* Verlag Schmidt-Spiele, Eching 1983
Wegener, Alexander; Arbeit, Ute: *Regionalisierungstendenzen in europäischen Staaten – Studie im Auftrag der Bertelsmann-Stiftung*. interpublic berlin, Berlin 2006
Weizsäcker, Ernst U. v.; Hargroves, Karlson; Smith, Michael (unter Mitarbeit von Cheryl Desha und Peter Stasinopoulos): *Faktor Fünf: die Formel für nachhaltiges Wachstum.* Droemer, München 2010
Weizsäcker, Ernst U. v.: *Erdpolitik, Ökologische Realpolitik an der Schwelle zum Jahrhundert der Umwelt.* Wissenschaftliche Buchgesellschaft, Darmstadt 1989
WHO: *Finanzierung der Gesundheitssysteme – Der Weg zu universeller Absicherung – Der Weltgesundheitsbericht (Kurzfassung).* Weltgesundheitsorganisation, Genf 2010

WHO: *Global Health Observatory Data Repository.* World Health Organization 2011, gelesen in: apps.who.int/ghodata/ am 3.5.2012

WHO: *The World Health Report 2000 – Health Systems: Improving Performance.* World Health Organisation – WHO Library, Genf 2000

Wikipedia: *siehe obige Vorbemerkung*

Wilkinson, Richard; Pickett, Kate: *The Spirit Level – Why Equality is Better for Everyone.* Penguin Books, London 2010 (deutsch: *Gleichheit ist Glück – Warum gerechte Gesellschaften für alle besser sind.* Zweitausendeins, Hamburg 2009)

Wössmann, Ludger: *Letzte Chance für gute Schulen – Die 12 großen Irrtümer und was wir wirklich ändern müssen.* ZS Verlag Zabert Sandmann, München 2007

World Economic Forum; Schwab, Klaus: *The Global Competitiveness Report 2011–2012.* World Economic Forum , Genf 2011

Xinhua News Agency: *Protection of Natural Resources Pays off in Hong Kong.* China Internet Information Center Hong Kong 2002, gelesen in: www.china.org.cn/english/2002/Mar//29801.htm am 24.11.2012

ANHANG 3

PERSONEN- UND SACHINDEX